行政文秘工作

从入门到精通

胡潇予　施顺喆————编著

电子工业出版社
Publishing House of Electronics Industry
北京·BEIJING

内 容 简 介

《行政文秘工作：从入门到精通》是一本全面介绍行政文秘实务的宝典。

本书以新时代为背景，系统地阐述了行政文秘工作的核心知识和技能。作者精心梳理了从办公接待、文件文档管理到公关、法务等行政文秘工作的实务操作技巧，旨在帮助读者快速掌握并应用于实际工作中。

本书内容丰富、实用性强，是行政文秘工作者不可或缺的指导手册。

通过对本书内容的学习，读者可以全面提升自身行政工作能力，成为新时代行政办公实务的全能型人才。

无论是初学者还是资深从业者，都能从本书中获得宝贵的经验和知识，为职业生涯注入新的活力。

本书适合各类政府机关、事业单位、企业的行政秘书人员、办公室管理人员、培训人员等阅读，也可作为高校行政文秘专业、经管类专业等的教材。

未经许可，不得以任何方式复制或抄袭本书之部分或全部内容。
版权所有，侵权必究。

图书在版编目（CIP）数据

行政文秘工作：从入门到精通 / 胡潇予，施顺喆编著. -- 北京：电子工业出版社，2025.3. -- （弗布克行政文秘办公系列）. -- ISBN 978-7-121-49491-8

Ⅰ.C931.46

中国国家版本馆CIP数据核字第2025HH7526号

责任编辑：张　毅
印　　刷：三河市鑫金马印装有限公司
装　　订：三河市鑫金马印装有限公司
出版发行：电子工业出版社
　　　　　北京市海淀区万寿路173信箱　　邮编：100036
开　　本：787×1092　1/16　印张：21.25　字数：422千字
版　　次：2025年3月第1版
印　　次：2025年3月第1次印刷
定　　价：79.00元

凡所购买电子工业出版社图书有缺损问题，请向购买书店调换。若书店售缺，请与本社发行部联系，联系及邮购电话：（010）88254888，88258888。
质量投诉请发邮件至zlts@phei.com.cn，盗版侵权举报请发邮件至dbqq@phei.com.cn。
本书咨询联系方式：（010）68161512，meidipub@phei.com.cn。

前 言

在新时代的行政文秘工作中，行政文秘人员肩负着重要的职责和使命。

行政文秘工作不仅仅包括文字处理和事务管理，它还涉及企业的形象塑造、内外沟通、决策支持等诸多方面。一个优秀的行政文秘人员，应当在组织内部的工作中承担枢纽作用，能够高效、有序、有礼地处理各项事务。行政文秘工作是组织协调、信息传递、决策支持的核心环节，是保证组织各环节高效有序运转的关键。

在信息爆炸、技术日新月异的21世纪，行政文秘工作作为各类政府机关、事业单位、企业等组织的重要工作内容，正面临着前所未有的挑战与机遇。为了帮助广大行政文秘人员更好地应对工作挑战，我们编写了本书。

本书旨在帮助广大行政文秘人员全面掌握行政文秘实务工作技能，迅速实现从新手到专家的转变。

本书以实践为基础，以理论为指导，全面系统地介绍了行政文秘工作的各个方面，深入浅出地讲解了新时代行政文秘工作实务的知识和技能。无论是办公室事务处理、办公接待、会议组织、文书写作、文档处理，还是公关、活动、调研，甚至是资产管理、后勤管理、法务、经费以及ChatGPT在行政文秘工作中的应用，都在本书中得到了详尽的讲解。我们旨在帮助每一位行政文秘人员成为行政文秘工作实务的全能型工作者，做到随机应变、游刃有余。

在编写过程中，我们注重理论与实践的结合，力求使读者通过阅读本书，掌握行政文秘工作的理论知识，并在实际操作中加以运用。同时，本书还配备了大量的实例和案例分析，帮助读者更好地理解和掌握相关知识和技能。

我们希望，本书能够成为广大行政文秘人员在工作实践中的应用指南和实务宝典，为广大行政文秘人员提供全方位的支持和帮助，帮助广大行政文秘人员在行政文秘领域取得更大的成就。

我们相信，无论是初入职场的新人，还是已经有一定工作经验的行政文秘人员，都能从本书中获益匪浅。认真学习和运用本书中的知识与技能，能促使读者在行政办公工作实务中游刃有余，展现出卓越的能力和素质。

祝愿大家在行政文秘工作中获得快乐和成功！让我们一起迈入行政文秘工作的新境界！

目 录

第1章 办公室 / 1

1.1 办公室事务 / 1
1.1.1 办公室管理规定 / 1
1.1.2 行政文秘人员行为管理 / 4
1.1.3 行政文秘人员能力要求 / 8

1.2 印章证照管理 / 9
1.2.1 印章申请使用流程 / 9
1.2.2 印章保管 / 11
1.2.3 证照申请使用流程 / 12
1.2.4 证照保管 / 13

1.3 差旅管理 / 14
1.3.1 出差计划管理 / 14
1.3.2 出差汇报管理 / 16
1.3.3 出差费用管理 / 17

1.4 日程管理 / 19
1.4.1 线下日程管理 / 19
1.4.2 线上日程管理 / 20

1.5 办公环境管理 / 22
1.5.1 办公环境标准 / 22
1.5.2 改善办公环境 / 25

1.6 接打电话 / 26
1.6.1 接听电话 / 26
1.6.2 拨打电话 / 28

第2章 接待 / 31

2.1 接待工作基本流程与要求 / 31
2.1.1 接待工作基本流程 / 31
2.1.2 接待工作基本要求 / 33
2.1.3 接待工作注意事项 / 36

2.2 接待礼仪 / 38
2.2.1 仪容仪表仪态礼仪 / 38
2.2.2 迎送礼仪 / 39
2.2.3 指引礼仪 / 40
2.2.4 握手礼仪 / 40
2.2.5 名片礼仪 / 41
2.2.6 宴请礼仪 / 42
2.2.7 座次礼仪 / 43

2.3 接待管理 / 45
2.3.1 公务接待 / 45
2.3.2 商务接待 / 47
2.3.3 参观接待 / 49
2.3.4 来访接待 / 50
2.3.5 外事接待 / 51
2.3.6 投诉接待 / 54

第3章 会议 /56

3.1 会议工作流程与要求 /56
- 3.1.1 会议工作流程 /56
- 3.1.2 会议工作要求 /58

3.2 会前 /60
- 3.2.1 会议规划 /60
- 3.2.2 人员配置 /62
- 3.2.3 经费预算 /63
- 3.2.4 文件准备 /63
- 3.2.5 用品准备 /64
- 3.2.6 会场布置 /65
- 3.2.7 后勤保障 /69
- 3.2.8 注意事项 /70

3.3 会中 /71
- 3.3.1 会议签到 /71
- 3.3.2 发放资料 /72
- 3.3.3 引导入场 /73
- 3.3.4 执行议程 /73
- 3.3.5 会议记录 /74
- 3.3.6 注意事项 /75

3.4 会后 /76
- 3.4.1 引导退场 /76
- 3.4.2 离会服务 /76
- 3.4.3 清理会场 /77
- 3.4.4 报销费用 /78
- 3.4.5 整理文件 /79
- 3.4.6 会后跟进 /80
- 3.4.7 注意事项 /80

3.5 典型会议的举办 /81
- 3.5.1 办公会 /81
- 3.5.2 研讨会 /82
- 3.5.3 企业年会 /84
- 3.5.4 总结表彰会 /85
- 3.5.5 新闻发布会 /86
- 3.5.6 经营分析会 /87

第4章 文书 /89

4.1 公文写作基础 /89
- 4.1.1 公文的种类 /89
- 4.1.2 公文写作流程 /90
- 4.1.3 公文写作要求 /91
- 4.1.4 公文行文规则 /92
- 4.1.5 公文格式要求 /93

4.2 党政机关公文 /95
- 4.2.1 决定 /95
- 4.2.2 公告 /99
- 4.2.3 通告 /101
- 4.2.4 意见 /103
- 4.2.5 通知 /105
- 4.2.6 通报 /109
- 4.2.7 报告 /112
- 4.2.8 请示 /115
- 4.2.9 批复 /116
- 4.2.10 函 /117
- 4.2.11 纪要 /120

4.3 规章类公文 /122
- 4.3.1 条例 /122
- 4.3.2 办法 /124
- 4.3.3 制度 /125
- 4.3.4 章程 /127

4.4 事务类公文 /130
- 4.4.1 计划 /130
- 4.4.2 总结 /132

目 录 VII

  4.4.3 启事 / 133
  4.4.4 声明 / 135
  4.4.5 工作简报 / 136
  4.4.6 述职报告 / 138
4.5 会议类公文 / 139
  4.5.1 主持词 / 139
  4.5.2 演讲稿 / 140
  4.5.3 开幕词 / 142
  4.5.4 闭幕词 / 143
  4.5.5 会议记录 / 144
4.6 礼仪类公文 / 145
  4.6.1 贺信（电） / 145
  4.6.2 邀请函 / 146
  4.6.3 颁奖词 / 146
  4.6.4 欢迎词 / 147
  4.6.5 欢送词 / 148
  4.6.6 祝酒词 / 149
  4.6.7 答谢词 / 149
  4.6.8 唁电 / 150

第5章 文档 / 151

5.1 文件管理 / 151
  5.1.1 文件管理常见问题 / 151
  5.1.2 文件签发与保管 / 153
  5.1.3 文件查阅与复制 / 155
  5.1.4 特殊文件管理 / 157
  5.1.5 文件遗失处理 / 158
5.2 档案管理 / 161
  5.2.1 档案的分类 / 161
  5.2.2 档案的整理与检索 / 162
  5.2.3 档案借阅 / 163
  5.2.4 档案保管 / 164
  5.2.5 档案遗失处理 / 165
  5.2.6 档案销毁 / 167
5.3 电子文档与特殊档案管理 / 168
  5.3.1 电子文档管理 / 168
  5.3.2 音像档案管理 / 170
  5.3.3 硬盘档案管理 / 171
  5.3.4 实物档案管理 / 172

第6章 公关 / 174

6.1 公共关系工作流程与要求 / 174
  6.1.1 公共关系工作流程 / 174
  6.1.2 公共关系工作要求 / 175
6.2 公共关系协调 / 176
  6.2.1 内部公共关系协调 / 176
  6.2.2 外部公共关系协调 / 177
6.3 新媒体公关 / 179
  6.3.1 新媒体公关管理流程 / 179
  6.3.2 新媒体公关策略技巧 / 180
  6.3.3 新媒体公关注意事项 / 181
6.4 危机公关 / 181
  6.4.1 危机公关组织设立 / 181
  6.4.2 危机公关预警制度 / 182
  6.4.3 危机公关处理原则 / 183
  6.4.4 危机公关处理流程 / 184
  6.4.5 新媒体危机公关 / 185

第7章 活动 / 187

7.1 商务活动 / 187
  7.1.1 招商活动 / 187

- 7.1.2 商务洽谈 / 189
- 7.1.3 商务谈判 / 190
- 7.1.4 签约仪式 / 191
- 7.1.5 展览活动 / 193
- 7.1.6 商业赞助 / 194

7.2 内部活动 / 199
- 7.2.1 团建活动 / 199
- 7.2.2 娱乐活动 / 200
- 7.2.3 竞赛活动 / 202
- 7.2.4 文化活动 / 204
- 7.2.5 庆典活动 / 206

7.3 公益活动 / 207
- 7.3.1 公益赞助 / 207
- 7.3.2 慈善捐赠 / 209

第8章 调研 / 211

8.1 调研基本流程 / 211
- 8.1.1 主题设定 / 211
- 8.1.2 方案拟定 / 212
- 8.1.3 组织分工 / 212
- 8.1.4 前期准备 / 213
- 8.1.5 调研实施 / 214
- 8.1.6 调研报告撰写 / 215
- 8.1.7 调研总结 / 216

8.2 调研基本内容 / 217
- 8.2.1 调研目的 / 217
- 8.2.2 调研对象 / 218
- 8.2.3 调研方式 / 218
- 8.2.4 调研组织 / 219
- 8.2.5 调研时间和地点 / 220
- 8.2.6 调研经费 / 221

8.3 调研主要方法 / 222
- 8.3.1 问卷调查法 / 222
- 8.3.2 文献调查法 / 223
- 8.3.3 实地观察法 / 224
- 8.3.4 访谈调查法 / 225
- 8.3.5 典型调查法 / 226
- 8.3.6 全面调查法 / 227
- 8.3.7 抽样调查法 / 228

第9章 资产 / 229

9.1 办公用品管理 / 229
- 9.1.1 办公用品采购 / 229
- 9.1.2 办公用品领用 / 231
- 9.1.3 办公耗材管控 / 233

9.2 办公设备管理 / 236
- 9.2.1 办公设备采购 / 236
- 9.2.2 办公设备维护与维修 / 239
- 9.2.3 办公设备报废 / 240

9.3 固定资产管理 / 243
- 9.3.1 固定资产管理 / 243
- 9.3.2 固定资产盘点 / 244
- 9.3.3 固定资产处理与清理 / 245

第10章 后勤 / 247

10.1 车辆管理 / 247
- 10.1.1 车辆使用与调度管理 / 247
- 10.1.2 车辆维保与费用管理 / 250
- 10.1.3 车辆安全与事故管理 / 251
- 10.1.4 车辆年检与违章处理 / 254

10.2 餐厅管理 / 255
- 10.2.1 员工就餐满意度管理 / 255

10.2.2 餐厅食品安全管理 / 255
10.2.3 餐厅环境卫生管理 / 256
10.2.4 餐厅人员安全管理 / 259

10.3 宿舍管理 / 260
10.3.1 员工宿舍使用管理 / 260
10.3.2 员工宿舍安全管理 / 261
10.3.3 员工宿舍环境管理 / 262

10.4 卫生区管理 / 264
10.4.1 卫生清洁与检查 / 264
10.4.2 传染病防控 / 266

第11章 法务 / 268

11.1 合同管理 / 268
11.1.1 合同拟订 / 268
11.1.2 合同审查 / 270
11.1.3 合同签订 / 272
11.1.4 合同解除 / 272
11.1.5 合同保管 / 274

11.2 知识产权管理 / 275
11.2.1 商标申请 / 275
11.2.2 专利申请 / 277
11.2.3 知识产权代理公司甄选 / 278
11.2.4 知识产权变动 / 280

11.3 纠纷处理 / 282
11.3.1 劳动纠纷处理 / 282
11.3.2 合同纠纷处理 / 284
11.3.3 侵权纠纷处理 / 285

11.4 合规管理 / 287
11.4.1 合规体系建设 / 287
11.4.2 合规监督管控 / 289

第12章 经费 / 292

12.1 行政经费项目与预算 / 292
12.1.1 行政经费支出项目 / 292
12.1.2 行政经费预算管理 / 293
12.1.3 行政经费开支标准 / 297

12.2 行政经费使用与审批 / 298
12.2.1 行政经费使用 / 298
12.2.2 行政经费审批 / 300

12.3 行政经费报销与内审 / 301
12.3.1 行政经费报销 / 301
12.3.2 行政经费内审 / 303

12.4 行政经费内控与合规管理 / 305
12.4.1 行政经费内控管理 / 305
12.4.2 行政经费合规管理 / 307

第13章 ChatGPT在行政文秘中的应用 / 309

13.1 ChatGPT 在问题解决中的应用 / 309
13.1.1 案例1：合同问题 / 309
13.1.2 案例2：纠纷问题 / 312
13.1.3 案例3：公关问题 / 314

13.2 ChatGPT 在文案写作中的应用 / 317
13.2.1 应用1：活动策划方案 / 317
13.2.2 应用2：调查研究方案 / 320
13.2.3 应用3：会议接待方案 / 324

第1章 办公室

1.1 办公室事务

1.1.1 办公室管理规定

办公室管理规定在国家机关、企事业单位的日常运营中具有重要意义。其意义主要在于它能够维护正常的办公秩序，提高工作效率，营造良好的办公环境，并增强员工的认同感和归属感。

1. 办公室管理内容

（1）办公室日常事务管理

①办公室清洁卫生。主要集中在清洁桌椅、地板、窗户、墙壁、电脑、灯具、文件柜、饮水机、日用品等。

②办公室设备的维护。包括电脑、打印机等办公自动化设备、空调和通风系统、饮水机、照明设备及其他设备。

③文档管理。建立文档分类系统和文档保管期限，制定文档使用和访问规定，定期审查文档管理流程，定期清理、淘汰过期的文档。

④通知发放。办公室通过电子邮件、办公系统、公告栏、会议发放等方式发放相关文件、决定。

（2）办公室人事管理

①为了补充办公室人员，相关负责人应向人力资源部提出岗位招聘申请，明确任职要求。

②办公室需要制订员工培训计划，包括新员工入职培训、专业技能和业务知识培训，提高员工的工作能力和素质。

③办公室负责人应协助人力资源部进行本部门的绩效考核，帮助制定考核标准，参与

绩效面谈与改进。

④办公室需组织团建活动，帮助员工之间建立良好的人际关系，增强团队凝聚力和合作精神，团建活动包括聚餐活动、户外活动、义工活动及知识竞赛等。

（3）办公室财务管理

①明确办公费用的预算总额和各项费用的预算，制订办公室预算计划，报请财务部审核审批，同时在执行预算计划的过程中，根据实际情况对预算进行调整。

②办公室资产管理是办公室贝格管理的重要组成部分，有效的资产管理可以为办公室财务管理提供准确的数据支持，帮助制订更合理的财务计划和预算。办公室资产管理分为固定资产管理和非固定资产管理。固定资产包括土地、房屋、建筑物、设备和运输工具等，非固定资产包括办公用品、设备、软件等。办公室资产管理即对资产进行维护管理，确保资产的顺利运行，降低企业维护成本，并记录资产的采购、使用、维修和报废等财务信息。

（4）办公室文件、档案管理

办公室文件、档案管理是指对文件、档案等纸质资料进行收集、整理、保存和利用，确保文件管理的规范化和有效性。

（5）办公室安全管理

安排人定期巡检，记录安全检查信息，并对办公室人员进行安全教育培训，增强员工的安全意识。

（6）办公室公共关系管理

办公室公共关系管理分为内部关系管理和外部关系管理。内部关系管理指办公室内部员工之间的关系维护、团队建设等；外部关系管理指办公室与其他部门、其他单位之间的关系维护与处理。

（7）办公室后勤保障管理

办公室后勤保障管理是指为保证办公室的正常运转而提供的一系列管理和服务，包括物资管理、场所管理、车辆管理、食堂管理、会议管理、安保管理。

（8）办公室信息及数据管理

办公室信息及数据管理是指对办公室内的各种信息、数据进行收集、整理、储存和使用。办公室信息及数据包括财务信息数据、图片信息、音频信息、视频信息等。

2.办公室制度规范

（1）办公室行为规范

①办公室员工着装要求得体、大方、整洁，服装样式不宜怪异、暴露，饰物不宜过

多。上班时间不得穿背心、短裤、拖鞋等。

②上班时间保持良好的精神状态，精力充沛，乐观进取；对待同事要尊重、礼貌、热情，处理工作保持头脑清醒冷静；保持良好坐姿、行姿，切勿高声呼叫他人；出入会议室或上司办公室时，主动敲门示意，出入房间随手关门。

③与他人交谈，要面带微笑，言语平和，语意明确；同事之间沟通问题时，应本着"换位思考、解决问题"的原则，语言应礼貌、平和；向上级汇报工作时应简明扼要、实事求是。

④办公室人员在接电话时，应认真倾听，并记下要点；未听清时，及时与对方确认。如接到的电话不在自己的业务范围之内，应尽快转接给相关业务人员接听，如无法联系应做好书面记录，并及时转告。

⑤未经相关领导批准，办公室人员不得复印、打印其他部门资料。

⑥未经批准，办公室人员不得向任何人泄露涉及本机构商业机密，以及本部门不宜对外公开的相关信息。

（2）办公室纪律规范

①办公室员工应按时上下班，不迟到、不早退；任何人不得替他人打卡或签到。

②上班时间，不得大声喧哗，应保持办公室的安静；工作期间，不得做与岗位工作无关的事情。

③爱护办公室财产，注意节水节电，办公设备需爱惜使用；不得利用企业电脑等设备进行非法活动。

④员工个人办公区域应保持整洁，办公桌上不应放置杂物。

⑤未经允许，员工禁止将组织机构内部文件、资料等带出办公室。

（3）办公室安全卫生规范

①办公室内的公用设备，如打印机、饮水机等附近不得存放个人物品，打印废纸须整理整齐后放在打印机旁。

②办公室人员的办公电脑要定期清理，需做到表面干净、无污渍灰尘；资料摆放整齐。

③办公室内严禁吸烟，禁止在办公室内食用有气味的食品。

④办公室内的电器设备要按照安全用电的要求使用，不得私拉乱接电缆线等。

（4）办公室文件、档案管理规范

①收集上级文件、企业内部文件、外部来文等，要做到及时、齐全、准确。

②整理文件、档案时需要按照一定的规则和标准进行归类和排序，以便查找和利用。

一般可按照文件、档案的性质、时间等特征进行分类，并编制文件、档案的目录或索引。

③保存文件、档案时要做到安全、保密、防霉、防虫、防火、防盗等。定期对文件、档案进行鉴定和评估，确定其价值和保存期限，对不必要的文件、档案进行销毁。

④使用文件、档案时应遵守相关的保密规定和制度，确保文件、档案的安全和保密性。同时，要积极发挥文件、档案的价值，为企业的管理和决策提供支持。

⑤将传统的纸质文件、档案转换为电子文件、档案，通过电脑、网络等手段进行管理和利用。节约空间和成本，提高文件的利用效率和安全性。

⑥保密文件不得随意放置，对于发明专利、软件、图纸要重点管理，不得随意泄露。

（5）办公室信息及数据规范

①采用多种安全措施，如加密、备份、防火墙等，确保数据的安全和完整。

②建立规范的数据管理流程和标准，确保数据的收集、整理、储存和使用过程的有序进行。

③利用各种信息技术，如数据库、搜索引擎、数据分析工具等，提高数据管理的效率和准确性。

④培训员工如何收集、整理、储存和利用数据，提高员工的数据管理能力。

（6）办公室物品规范

①办公桌面上除电脑、电话、文件框（盘）、笔筒、水杯、日历等必需的办公用品及绿植外，不得放置其他物品；个人办公桌面上不得放置与工作无关的个人生活用品。

②办公桌抽屉等私人空间，不得摆放过大、过高的物品；抽屉中物品要摆放整齐；抽屉无物品时应保持清洁。

③文件柜、文件夹、资料夹等应按照从大到小（高度、宽度、厚度）的顺序依次摆放，文件夹、资料夹等要在同一平面上。

④办公区域内的垃圾、废纸等要及时清理，不得随意堆放。纸篓应放置在隐蔽位置，并保持干净整洁。

⑤办公室内的铭牌、标志、装饰等要按照相关规定进行摆放和设置，要与整体环境协调一致。

1.1.2 行政文秘人员行为管理

行为管理是一种有效的方法，旨在通过明确的计划目标、标准和能力要求来理解和实施管理行为，从而促进整个企业、团队和个人的持续发展。通过行为管理，行政文秘人员能够遵循一系列原则和规范，以最大限度地节约时间并提高工作效率。

1.行政文秘人员行为管理内容

（1）工作方式

①接待工作

a.统一接待。对于来访者，行政文秘人员可以采用统一接待的方式，即由指定的接待人员负责接待，根据来访者的需求和情况，安排不同的接待规格和方式。

b.预约接待。对于重要的来访者，可以提前了解来访者的行程和需求，制订详细的接待计划，确保接待工作的顺利进行。

c.随机接待。对于突然到访的来访者，根据当时的实际情况和接待能力，采取相应的接待措施，保证接待工作的及时、稳妥。

d.联合接待。对于大型的接待活动或者比较复杂的接待活动，可以与其他部门或人员共同负责接待工作，保证接待的协调性和完整性。

②公文处理

a.拟订和办理公文。党政机关、企事业单位行政文秘人员须按照党和政府的公文处理法规和标准，对公文进行拟订、核签、缮印、审核、签发、立卷和归档等处理程序；对收到的文件进行签收、登记、审核、拟办、批办、承办和催办等处理程序；对需要发布的文件进行草拟、审核、签发、复核、缮印、用印、登记和分发等。

b.管理文件。行政文秘人员需要对公文进行统一收发、审核、用印、归档和销毁等工作，确保文件的保密性。

c.立卷归档。在公文办理完毕后，行政文秘人员应根据《中华人民共和国档案法》及相关规定，及时将公文立卷归档，并对立卷范围内的文件进行系统化整理和编目，编制成案卷，在规定的时间内移交档案部门。

③档案管理

a.建立档案管理制度。规范档案的收集、整理、保管、借阅和使用等，确保档案管理的规范化和标准化。

b.文件分类和归档。按照时间、部门或项目对文件进行分类；将文件进行归档，一般需要将文件进行装盒、编目、上架等处理，确保文件的完整性和安全性。

c.保管档案。对档案进行保管，需要确保档案的保密性和安全性，防止档案的损坏和丢失。

d.档案电子化。对档案进行电子化处理，包括数字化、信息化等。

e.定期处理。定期整理和销毁过期或无用的档案，提高档案管理的效率和便利性。

④会议安排

a.安排会议场所。根据会议的需要,选择合适的会议场所,确保会场的环境、设施和设备等能够满足会议的需要。

b.发布会议通知。制定会议通知,通过电子邮件、办公系统、公告栏等渠道,及时将会议通知发布给相关人员。

c.制作会议资料。制作会议资料,包括会议背景资料、相关数据和材料等,确保参会人员能够了解会议的相关情况。

d.会议记录和总结。做好会议记录和总结,及时整理会议内容和会议讨论结果,向有关领导和人员反馈会议情况。

(2)工作态度

①积极向上。行政文秘人员应具备积极向上的心态,主动承担工作任务,积极响应领导和同事的需求,推动工作的开展。

②认真负责。行政文秘人员应具备高度的责任心和敬业精神,对待工作要认真负责,保证工作的质量和效率。

③细致周到。行政文秘人员应具有细致周到的工作态度,注意细节,能够及时发现并解决问题,确保工作的顺利进行。

④灵活应变。行政文秘人员应能够适应不同的工作环境和任务需求,快速调整自己的工作方式,积极应对各种突发情况。

⑤团队合作。行政文秘人员需要能够与团队成员协调工作,保持良好的沟通和合作关系,共同完成工作任务。

⑥学习提升。行政文秘人员需要具备自我提升的意识,不断学习和提升自己的综合素质,提高工作效率和质量。同时,也需要不断关注行业动态和企业发展情况,为领导提供相关资讯和建议。

(3)工作形象

①仪容仪表良好。行政文秘人员应保持良好的仪容仪表,做到发型整洁、大方,着装得体,妆容合适,卫生习惯良好等。

②言谈举止有礼。行政文秘人员应具备良好的言谈举止,包括用语文明、礼貌,态度热情、友善,行为举止得体等。

2.行政文秘人员行为管理方法

(1)建立规章制度

①制定行政文秘的工作流程和标准。为了提高工作效率,党政机关、企事业单位应制

定一套科学合理的行政文秘工作流程和标准，明确各项工作的具体要求和标准，以指导行政文秘人员更好地履行职责。

②建立行政文秘人员的培训和教育机制。行政文秘人员需要具备专业技能和知识，如语言文字处理、信息管理等，还应了解政策法规等方面的知识，因此需建立完善的培训和教育机制，提高行政文秘人员的专业素质和能力水平。

③建立监督和奖惩机制。为保证行政文秘人员的工作质量和效率，需要建立监督和奖惩机制，对工作表现优秀的行政文秘人员进行表彰和奖励，对工作不力的行政文秘人员进行批评和惩罚。

（2）加强教育培训

①制订培训计划。为不断提升行政文秘人员的专业素质和能力水平，培训部门应制订具体的培训计划，包括培训内容、培训形式、培训时间等。

②实施培训。在实施行政文秘人员培训的过程中，需要注意培训过程的质量控制，确保培训内容的实用性和有效性。同时，也需要根据培训效果进行适时调整，不断完善培训计划和内容。

③建立培训评估机制。在行政文秘人员培训结束后，对培训效果进行评估和反馈，及时发现问题和不足，以便不断完善培训计划和内容。

（3）明确职责权限

①制定岗位职责说明书。制定详细的行政文秘岗位职责说明书，明确职责范围、工作任务、工作要求等，以便行政文秘本人和同事们了解、遵守。

②制定权限划分表。行政文秘人员要处理各种文件和事务，因此需要明确其权限范围，制定详细的权限划分表，明确各项工作的审批权限、审批流程等。

（4）强化监督考核

①定期评估绩效。定期评估行政文秘人员的绩效，包括工作完成情况、工作效率、工作质量等，以便及时发现问题和不足，并采取相应的改进措施。

②设立激励机制。根据评估结果设立激励机制，对表现优秀的行政文秘人员进行表彰和奖励，激励其继续保持优秀的工作表现，并对其他行政文秘人员起到示范和激励作用。

（5）引入竞争机制

①开展竞赛活动。通过举办业务竞赛、创意竞赛、服务竞赛等，让行政文秘人员在竞赛中互相比较、互相学习、共同进步。

②实施岗位轮换。通过岗位轮换，使行政文秘人员了解不同岗位的工作内容和要求，激发他们的求知欲和好胜心，从而在工作中更加积极主动。

③建立晋升机制。建立行政文秘人员的晋升机制，让行政文秘人员看到自己在企业中的发展前景，激发其竞争意识。

（6）加强团队协作

①建立有效的沟通机制。行政文秘团队应定期召开会议，设立沟通渠道，加强团队成员之间的交流，以便信息共享、解决问题、协同工作。

②开展团队建设活动。通过开展各种团队建设活动，如拓展训练、集体旅游、文艺演出等，增强行政文秘团队成员之间的默契和合作意识，提高团队协作能力。

1.1.3 行政文秘人员能力要求

行政文秘人员所需的能力广泛而多样，包括但不限于公文写作、语言表达、沟通协调和软件应用等方面。这些能力的提升对于他们在工作中的表现至关重要。

1.公文写作能力要求

这是行政文秘人员最基本的能力，行政文秘人员需要具备准确、简练、鲜明、规范的公文写作能力，熟悉并掌握各种文体格式，掌握一定的写作技巧，包括各类通知、请示、报告、计划、总结等文书的撰写技巧。

2.语言表达能力要求

（1）口语表达能力要求

行政文秘人员需要清晰、流畅、得体地传达上级领导的思想，给领导和同事留下良好的印象。

（2）书面表达能力要求

行政文秘人员需要准确理解领导的意图，并用流畅、简练、得体的文字进行公文写作来传达领导的意图，让受众能够清晰地理解并接受。

（3）行业术语表达能力要求

行政文秘人员还需要了解、精通所在行业的专业术语，能够准确传达信息，更好地完成工作任务。

（4）跨文化表达能力要求

如果是在涉外企业或者需要与国外机构进行沟通，行政文秘人员还需要了解对方的文化背景和风俗习惯，避免因为文化差异而引起误解和冲突。

3.沟通协调能力要求

（1）与不同类型人员的沟通协调要求

①行政文秘人员与领导沟通时，需要了解领导的工作需求和意图，为领导提供必要的帮助和服务。

②行政文秘人员需要与同事进行沟通，协调各项工作，包括企业会议、文件传递、对外联络等。

③行政文秘人员需要与客户进行沟通，了解客户的需求和反馈，协调解决客户的问题和投诉。

（2）团队协作能力要求

团队协作能力是指团队成员之间能够相互合作、沟通、协调，达到共同目标的能力。行政文秘人员应学会与其他部门密切合作，共同完成工作任务。

4.办公软件应用能力要求

行政文秘人员需要学会的办公软件如下所示：

①Office三件套（Word、Excel、PowerPoint）。

②文件传输工具，如微信、QQ、邮箱等。

③图片影音系列，如Photoshop工具、视频剪辑工具等。

④人工智能应用，如ChatGPT、文心一言等。

⑤表单和调查工具，如问卷星、金数据等。

⑥各种其他工具，如解压缩、加解密、看图等。

当然，除上述4方面能力之外，行政文秘人员还需要具备组织协调能力、时间管理能力、机密保管能力及解决问题和适应变化的能力等。优化这些能力将有助于提升行政文秘人员的综合素质和工作效率。

1.2　印章证照管理

1.2.1　印章申请使用流程

印章的申请与使用必须符合规定和程序，以确保其安全、合法、合规，防止滥用和盗用的风险。遵循相关规定和程序可以有效地管理印章的申请、使用等，保护印章的权威性和可信度，维护机构的利益和形象。

1.印章申请流程

（1）填写用印申请表

①当申请人需要以组织机构名义对外办理、协调相关事务或出具、呈报、发布说明、请示等文件时，申请人须填写用印申请表。填写内容包括申请日期、申请部门、申请人、用印说明等。

②对于用印申请人，填写用印申请表是必要的手续，既要保证申请人用途的真实性和合法性，也要确保申请人的用印要求和审批要求得到满足；对于印章使用审核人，用印申请表是重要的依据，使得审核者能够迅速审核申请单，及时处理审核事宜，确保印章的合法、合规使用。

（2）印章保管人接收申请

印章保管人收到申请后，应核实申请人的身份和资格，确保申请合法完整，并填写用印审批台账，上报审批。

（3）相关部门负责人审核

用印申请可能涉及的部门有行政部、财务部、法务部。相关部门对用印申请的审批内容为申请表单是否填写齐全、用印说明是否充分、表单是否经过逐级审批。

（4）组织机构总负责人审批

组织机构的总负责人即一把手做最后审批，对用印申请的审批事项包括用印材料是否符合相关法律法规及规范，是否明确了责任人及使用时限等，以确保用印的合法性和必要性。

2.印章使用流程

（1）填写印章使用登记表

印章使用申请审批通过后，用印申请人应在印章保管人处领取印章使用登记表，填写使用日期并署名。填写错误的用印申请表要及时收回作废。

（2）加盖印章

根据组织机构规定及申请人需求，印章保管人在用印材料上加盖印章。用印申请表、印章使用登记表留于行政部存档。

（3）资料存档

加盖印章的资料、材料原件或复印件统一交行政部资料室归档保管。通过归档印章使用材料，可以有效地记录和监控印章的使用情况，防止出现滥用、盗用等不法行为，确保印章使用的合法性和安全性。

1.2.2 印章保管

印章作为组织机构合法行使职权的象征物，具有法定性和权威性，是处理组织机构日常公务、对外往来的合法凭证。因此，科学、合理地保管印章至关重要，这样做不仅能保证印章的安全性和权威性，还能预防印章被滥用、盗用的风险，维护组织机构的利益和形象。

1.印章保管方法

（1）建立印章管理制度

建立完善的印章管理制度，对印章的分级保管、使用流程、审批权限等进行明确规定。制度中应明确每个岗位的印章使用权限，以及违反制度的惩罚措施等。

（2）分级保管

组织机构对不同种类的印章进行分级保管，明确每个岗位的印章使用权限。

（3）专人负责

组织机构应指定专人负责印章的管理和维护，确保印章的保管和使用符合规定。印章保管人员应经过严格的筛选和培训，具备高度的责任心和职业道德。

（4）印章登记

组织机构在印章使用和归还过程中应进行登记，记录印章的使用时间、用途、经手人等信息。

（5）安全措施

组织机构应采取一些安全措施来保护印章的安全，采取技术手段确保印章不被伪造或非法使用。

（6）定期检查

组织机构应定期对印章进行检查，确保印章的完好无损。如果发现印章有损坏或遗失，应立即报告上级并采取相应措施进行处理。

（7）涉密管理

对于涉及机密的印章，应采取更加严格的保密措施。例如，限制印章使用范围，对印章使用进行审批等。

2.印章保管要求

（1）印章要指定专人保管

组织机构应指定专人负责印章的保管，被指定的保管人员应具备良好的职业道德和操守，对印章的使用范围和权限有清晰的了解，能够严格遵守印章使用流程。

（2）印章保管的安全措施

印章应存放在指定的安全的地方，确保印章不会损坏或丢失。保管人员应定期检查印章的安全情况，确保印章不被盗用。在保管过程中，保管人员应遵守企业规定的安全措施，如签字登记、密码保护等。

（3）印章的监督和登记

保管人员应对印章的使用进行监督和登记，确保印章的使用符合相关规定。在登记印章使用情况时，应详细记录使用时间、使用部门、使用目的等信息，并留存备查。

（4）印章的损坏、废止和销毁

当印章出现损坏或废止时，应立即通知保管人员，并按照相关规定进行处理。对于损坏或废止的印章，应及时销毁处理，确保印章不被继续使用。

1.2.3　证照申请使用流程

证照的核心作用是为组织机构提供合法性的证明。各种证照，如营业执照、税务登记证、组织机构代码证等，都是组织机构在行政管理和业务活动中证明自身合法身份的重要依据。这些证照的存在和合法性可以向相关方面（如政府机构、合作伙伴、客户等）提供确凿的证明，以确保组织机构在法律和商业交易中的合法地位。证照的正确申请使用对于组织机构的正常运营和业务发展至关重要。

1.员工申请证照流程

（1）填写证照领用申请表

员工需要使用组织机构证照时，需要向证照管理部门提出申请，并填写证照领用申请表。申请表需要包含员工姓名、工号、所在部门、领取证照类型、领取数量等信息。

（2）证照领用申请审核审批

证照领用申请由证照保管人、证照管理部门审核，根据证照的重要性和安全性要求，确定审批人员的权限和审批流程，一般最后由组织机构一把手进行审批。

2.证照使用流程

（1）填写证照使用登记表

证照申请审批通过后，申请人应在证照保管人处领取证照使用登记表，填写使用日期并署名。证照保管人将证照发放给申请人。

（2）员工使用和保管证照

员工必须按照规定使用和保管证照，不得伪造、变造、出租、出借、转让、出卖证照。如果需要变更证照信息或更换证照，需要按照相关规定提交申请并重新审核。

（3）资料存档

证照复印件统一交行政部资料室归档保管。通过归档证照使用材料，可以有效记录和监控组织机构证照的使用情况，避免出现滥用、盗用等不法行为，同时，也有助于统计、分析证照使用情况。

1.2.4 证照保管

组织机构证照的保管在行政管理工作中十分重要，应当引起足够的重视。妥善保管证照，可以避免证照被滥用、盗用或丢失造成的风险和不良后果，有助于提升组织机构的管理效率和形象。

1. 证照保管方法

（1）明确证照保管的岗位与职责

①证照必须由专人负责保管，通常由财务部或办公室指定专人负责证照保管。

②证照保管专员应使用专用保险柜存放证照，并掌握相应的密码和钥匙，不能随意将证照移交给他人。

③在使用证照时，证照使用者必须载明用途，并在完成工作后及时归还证照。

④如果证照保管专员离职，需要办理证照交接手续，以确保证照的安全。

（2）制定证照保管的制度与流程

①组织机构应制定证照保管的制度和流程，包括证照的申领、使用、交接和注销等。

②在证照交接时，需要办理书面交接手续，注明证照的名称、数量、交接时间和交接人员等信息。

③在证照使用过程中，需要经过相关领导的审批和授权，以确保证照不被滥用。在使用证照时，应注意保管，避免丢失或损坏。

④如果证照遗失，应公告补办，以避免给组织机构造成损失。

（3）保障证照保管的安全与保密

①组织机构证照属于重要商业机密，必须采取安全措施，保证其保密性和完整性。

②证照保管专员应设置复杂的密码和权限，并将证照存放在安全的地方。

③在证照保管过程中，应注意保密工作，避免泄露相关信息。

（4）及时验证

证照保管专员须针对到期的证照，提醒主管领导安排相关人员及时验证。

（5）及时挂失与补办

证照保管专员必须妥善保管各类证照，如出现损坏或丢失，除立即向主管领导报告外，还应与发证机关联系，及时办理证照的挂失和补办手续。

2.证照保管要求

（1）明确责任人

证照保管责任人应该具备高度的责任心和认真细致的工作态度，对证照的管理和使用有深入的了解，能够熟练掌握证照管理的相关工具和技术，并能够及时发现和处理证照管理中的问题。

（2）证照分类保管

证照应根据不同的类别进行管理，如营业执照、经营许可证、税务登记证等，并建立相应的电子档案和纸质档案，确保每一类证照都有对应的保管和使用记录。

（3）选择合适的保管位置

证照的保管位置应进行设定，根据证照的类别和性质，选择合适的保管位置。例如，营业执照需要悬挂在企业办公场所的显要位置，而税务登记证则可以存放在企业的档案室中。

（4）建立记录台账

应建立证照记录台账，记录每个证照的基本信息、颁发日期、有效期、使用部门等信息，并及时更新和补充。记录台账应该由责任人进行维护和更新，以确保证照的管理和使用符合组织机构的要求和规范。

（5）定期检查、更新和评估

证照保管责任人应该定期对每个证照进行检查，确保证照的信息准确、完整、有效，并及时更新证照的复印件和电子档案。评估内容应该包括证照的保管、使用、更新等方面，并应该由证照保管责任人进行记录和报告。

1.3 差旅管理

1.3.1 出差计划管理

出差计划管理对于一个组织机构来说非常重要，它能够规范组织机构的差旅审批、差旅费预借、报销、记账统计等工作，实现差旅管理的规范化、标准化，从而提高差旅费的使用效率。通过合理的出差计划管理，组织机构可以更好地掌握员工差旅行程和花费情况，及时了解差旅支出情况，及时调整差旅计划，保证差旅费用的合理性和可控性。此外，出差计划管理还能规范差旅申请和审批流程，加强对差旅费使用的监督和控制，降低差旅成本和损失。

1. 出差计划管理内容

（1）出差申请

出差申请需要明确出差人员、出差目的地、出差时间、出差目的、差旅费预算等信息，通常需要提前一定时间进行申请，以便相关部门安排行程和预算。

（2）出差预算

出差预算的制定需要考虑到组织机构的财务状况和差旅实际需求，同时需要预留一定的弹性空间，以应对突发情况和临时变化。

（3）出差方案设计

根据出差申请和预算，组织机构需要设计合适的出差方案，包括交通方式、住宿选择、行程安排等，需要考虑到出差目的、时间、预算等因素，同时需要对比不同方案的效果和成本，选择最优方案。

（4）出差费用报销

差旅结束后，出差人员需要按照相关流程进行费用报销，包括交通费、住宿费、餐饮费等，同时需要提供相关发票和证明材料，确保报销费用的合理性和真实性，避免浪费和滥用。

（5）出差数据分析

组织机构需要定期对出差数据进行分析，包括差旅预算执行情况、差旅方案的执行效果、出差人员的费用报销情况等，以便优化差旅管理，节省成本，提高效率。

2. 出差计划管理方法

（1）目标管理法

①确定出差的目标。出差目标包含参加会议和谈判、调查和研究、培训学习、检查审核、活动宣传等。

②确定出差的时间。确定出差时间需要考虑多种因素，包括工作安排、出差目的、交通方式和任务时间限制等。

③确定出差的地点。根据业务需要、交通、住宿、安全等因素确定出差的地点。

④确定出差的人员。出差人员应根据工作能力、工作经验、个人性格、出差目的等因素来确定。

（2）绩效管理法

①明确考核目标与指标。需要明确对出差人员考核的目标和指标，如销售额、客户满意度、工作质量等。这些目标和指标需要与企业的战略目标保持一致。

②制订考核计划。根据设定的考核目标和指标，制订相应的出差人员考核计划。考核计划应包括考核周期、考核内容、考核方法等。

③收集数据与信息。根据考核计划，收集相关数据与信息。

④进行绩效考核。根据收集到的数据和信息，对出差人员进行绩效考核。在考核过程中，需要保证评估的公正性和客观性，避免主观因素对考核结果的影响。

⑤反馈与改进。在考核结束后，及时向出差人员反馈考核结果，并指导其改进工作。同时，根据考核结果，对出差人员的薪酬和奖金进行相应的调整。

⑥定期评估与调整。定期对出差人员的工作进行评估和调整，以确保其工作与企业战略目标保持一致。在评估和调整过程中，需要充分考虑出差人员的意见和建议，以确保评估结果的公正性和客观性。

1.3.2 出差汇报管理

1.出差汇报管理内容

（1）出差时间

出差人员定期向相关领导汇报出差的开始时间和结束时间，以便领导掌握员工出差的时间长度和周期。同时，还可以汇报每日的工作情况，如每日的拜访记录、工作进展情况等。

（2）出差地点

出差人员应汇报出差目的地的地址、交通方式、住宿地点等信息，以便相关领导掌握员工的出差行程。

（3）出差任务

出差人员应汇报出差的目的、任务内容、完成情况等信息，以便相关领导了解员工出差的任务和目标，评估员工的工作绩效和表现。

（4）出差费用

出差人员应向相关部门汇报住宿费、交通费、餐费等各项费用的支出情况，有助于相关部门掌握员工的出差费用，进行费用管理和报销。

（5）出差成果

出差人员应向相关领导汇报出差达成的目标、解决的问题、获得的经验教训等，这些信息可以使得相关领导了解员工出差的成果和价值，评估员工的工作绩效和贡献。

2. 出差汇报管理方法

（1）建立汇报制度

制定出差汇报制度，明确汇报时间和内容要求，让员工明确出差期间需要完成的任务和目标，提高出差效率和质量。具体包括汇报时间、汇报方式、汇报内容要求等。

（2）明确汇报流程

明确出差汇报流程，包括汇报方式、汇报内容审核、汇报时间等，确保汇报工作的顺利进行。具体包括汇报方式（如口头汇报、书面汇报等）、审核流程（如部门主管审核、分管领导审核等）、汇报时间（如每天晚上下班前汇报当天的出差情况等）。

（3）建立数据库

建立出差汇报数据库，将员工的出差汇报进行统一管理，方便企业进行数据分析和优化资源配置。具体包括建立数据库系统、设计数据表格、录入数据、数据维护等。

（4）考核与激励

根据员工的出差汇报情况和绩效表现，进行考核和激励，鼓励员工更好地发挥自己的价值。具体包括制定考核标准、定期考核（如每月底对员工的本月出差汇报情况进行考核）、激励措施（如对于考核优秀的员工给予奖金、晋升等激励）等。

（5）不定期抽查

不定期对员工的出差汇报进行抽查，确保员工出差期间的工作表现和成果真实有效，同时也可以帮助企业了解员工的工作情况和遇到的问题，为以后的工作提供参考。

1.3.3　出差费用管理

1. 出差费用管理方法

（1）制定完善的出差费用管理制度

完善的出差费用管理制度，应该明确出差人员的费用标准、报销流程、借款要求、审批程序等，确保出差费用的合理使用和管理。

（2）实行全流程管控

出差费用的管理应该实行全流程管控，包括事前申请、事中控制、事后报销和审核等环节。出差前，员工需要填写出差申请表，经过审批后才能出行；出差期间，对员工的出差行程和费用进行监控和管理，确保符合相关规定和要求；出差结束后，员工需要按照规定的流程进行报销，需要对报销材料进行审核和统计。

（3）建立差旅费标准

企业应根据不同的出差目的、行程、住宿和交通等因素，建立合理的差旅费标准。出差人员的费用应该严格控制在标准范围内，超标部分需要由个人自理。

（4）加强财务审计和报销管理

加强财务审计和报销管理，确保出差费用的合规性和合理性。在报销环节，员工需要提供合法、合规的发票和原始凭证，企业需要对报销材料进行审核和统计，确保报销金额符合相关规定和要求。

（5）引入科技手段进行管理

可以引入科技手段进行出差费用管理，如使用差旅管理系统、电子发票、移动支付等技术手段，提高管理效率。

2.出差费用管理标准

（1）交通费用管理标准

出差人员的交通费用实行凭据报销，超出标准部分自理。报销时，应提供交通费发票和原始凭证，按费用标准核定报销金额。

（2）住宿费用管理标准

出差人员的住宿费用实行限额内凭据报销的办法，按实际住宿天数在规定的限额标准内凭据报销。住宿费用标准可以根据不同的出差目的地进行制定，不同级别的城市的住宿费用标准不相同。

（3）伙食费用管理标准

出差人员的伙食费按出差的自然天数计算报销，伙食费用标准可以根据不同的出差城市进行制定。

（4）差旅费借款和报销的规定

出差人员借款需要填写借款申请表，并按照程序进行审批；借款的额度、还款期限、报销的时限等都应该有明确规定。

1.4 日程管理

1.4.1 线下日程管理

线下日程管理是指使用传统的纸质工具（如日程表、备忘录、笔记本等）记录待办事项、重要活动的管理方式。它对于个人、组织机构都具有重要的作用。

通过线下日程管理，我们可以将各种任务和活动有条理地记录下来，更好地规划时间和安排工作。在忙碌的日常工作中，我们可以通过纸质工具来提醒自己需要完成的任务，预留足够的时间来处理重要事务。此外，线下日程管理还可以帮助我们跟踪和记录工作进展，及时调整任务的优先级，以提高工作效率。

对于组织机构来说，线下日程管理可以促进员工之间的协作和沟通。通过共享和交流纸质日程表等工具，团队成员可以更好地了解彼此的工作安排和时间表，避免冲突和误解，提高团队的协同效率。

尽管现代科技已经提供了许多电子化的日程管理工具，但线下日程管理仍然具有一定的优势，如可靠性高、便捷性强等。因此，线下日程管理在个人和组织机构中仍然扮演着重要的角色。

1.日程表

（1）计划和安排

日程表可以用来规划和安排一天、一周或一个月的工作和生活。通过制定日程表，员工可以更好地掌控自己的时间和事务，提高工作效率和生产力。

（2）协调和沟通

日程表可以与其他人共享，以协调工作和生活安排。通过共享日程表，团队成员可以了解彼此的工作和生活安排，避免冲突和时间浪费，提高团队协作效率。

（3）记录和跟踪

日程表可以记录任务的完成情况，跟踪时间使用情况，帮助员工更好地管理自己的时间和事务。通过查看日程表，员工可以了解自己的时间使用情况，发现时间浪费的问题，并及时进行调整。

2.备忘录

（1）事件提醒

提醒事件包括会议、活动、出差等。备忘录可以设置提醒时间，帮助员工记住重要的事件，避免错过。

（2）任务清单

任务清单包括待办事项、易遗忘的任务等。备忘录可以将任务按照优先级排序，帮助员工更好地管理自己的时间和事务。

（3）记录信息

记录的信息包括电话号码、邮箱地址、密码等。备忘录可以帮助员工快速查找需要的信息，避免遗失或遗忘。

（4）想法和灵感

备忘录可以随时记录员工的写作灵感、创意想法、思考片段等，方便员工随时回顾和整理。

3.笔记本

（1）记录活动内容

笔记本主要用于记录会议纪要、听课笔记、培训内容等。当参加会议、听课、培训等活动时，建议将关键信息记录在笔记本中，包括活动的时间、地点、主题、发言人的观点、重要的数据等。活动结束后，可以对笔记进行整理和总结，加深对内容的理解和记忆。

（2）记录个人输出类内容

笔记本可以记录个人灵感、文章构思、论文大纲等。这些内容可能是个人的思考和见解，具有较高的价值。建议在记录时，将内容按照不同的主题或章节进行分类，方便后续的整理和总结。

（3）记录零散信息

笔记本可记录临时需要的电话号码、地址等。这些信息可能是常用的联系方式或者需要尽快找到的资料。建议在记录时，将信息按照不同的主题或分区进行分类，方便后续的查找和使用。

1.4.2 线上日程管理

线上日程管理是指使用线上日程管理工具（如钉钉、企业微信等）来记录待办事项、重要活动的管理方式。它可以实现流程共享和协同办公，提高工作效率，防止工作疏忽，使工作有序地进行。

通过线上日程管理工具，我们可以将各种任务和活动以电子形式记录下来，并设置提醒和通知功能，帮助我们及时了解需要完成的任务和重要事件。与传统纸质工具相比，线上日程管理具有更高的可靠性和易用性，能够随时随地访问和更新。此外，线上日程管理还支持多人共享和协同编辑，团队成员可以实时查看和修改日程安排，避免冲突和误解，提高团队的协同效率。

线上日程管理还能够与其他工作相关的应用程序（如任务管理、项目管理等）进行集成，实现信息的互通和自动化。例如，当一个任务完成时，相关人员可以自动收到通知，进一步推动工作流程的顺利进行。

总之，线上日程管理工具为个人和组织机构提供了便捷、高效和协同的工作方式。它能够帮助我们更好地规划、安排和跟踪任务，提高工作效率，确保工作有序进行。

1.钉钉

（1）创建和管理日程

①创建日程。员工可以在钉钉上创建日程，包括设置日期、时间、地点、参与人员等信息，并支持设置提醒时间。

②同步日程。员工可以在多个设备上同步日程信息，如电脑、手机、邮箱等，避免遗漏重要日程。

③设置优先级。员工可以设置日程的优先级，以方便安排日程的优先顺序。

④共享日程。员工可以将日程共享给团队成员，以便团队协作和沟通。

⑤外部成员同步。员工可以邀请外部成员参加日程，同步日程信息，方便跨部门协作。

（2）会议邀请和提醒

①聊天中发起会议邀请。员工可以在聊天中发起会议邀请，邀请同事和外部成员参加会议。

②订阅日历。员工可以创建订阅日历，向所有订阅的员工同步日程信息，方便团队成员了解整个团队的日程安排。

③提醒时间设置。员工可以设置提醒时间，在指定时间提醒自己参加日程。

④循环提醒。员工可以设置循环提醒，以在固定时间提醒自己完成重要事项。

2.企业微信

（1）会议管理

会议是企业日常管理工作的重要环节之一，通过企业微信日程管理，可以轻松地安排和管理会议，员工可以通过企业微信查看会议议程、参加会议及在会议中共享信息。这可以大大提高会议的效率，降低会议成本，减少时间浪费。

（2）项目进度管理

企业微信日程管理也可以用于项目进度管理。通过企业微信日程管理，可以跟踪项目的进度，了解项目进展情况，及时发现和解决问题。保证项目按时完成，提高项目的成功率。

（3）个人日程管理

员工可以通过企业微信日程管理记录自己的日程安排，包括工作、学习和生活等方面。帮助员工更好地管理自己的时间，提高工作效率和生活质量。

（4）团队协作管理

企业微信日程管理还可以用于团队协作管理。通过企业微信日程管理，可以了解团队成员的日程安排，协调团队的工作，保证团队的合作顺畅。提高团队的工作效率，减少沟通成本，增强团队的合作精神。

1.5　办公环境管理

1.5.1　办公环境标准

为员工提供舒适和良好的办公环境十分重要，舒适、良好的办公环境不仅可以提高员工的工作积极性和创造力，促进员工的身心健康，还可以展现组织机构的良好形象。

1.温湿度标准

（1）温度

一般情况下，办公室温度应保持在20～25℃，最高温度不应超过25℃，最低温度不应低于16℃。温度的稳定和变化幅度对员工的舒适度和工作效率都有影响。

（2）湿度

办公室相对湿度应该保持在40%～60%，过高或过低的湿度都可能对设备和文件造成损坏，同时也影响员工的舒适度和工作效率。

2.采光标准

（1）窗户设计

窗户的面积、朝向和数量等因素都会影响办公室的采光效果。在设计办公室窗户时，需要考虑办公室所在地区的光照情况、建筑物的布局和室内空间布局等因素，以提供足够的光照度。

（2）照明设备

照明设备应选用节约能源、维护方便、操作安全的产品。根据办公室的面积、空间布局和工作需求等因素，确定照明设备的种类、数量、功率和照射角度等参数，以达到规定的光照度。

（3）照度水平

办公室的照度水平应满足标准规定，如国际照明委员会（CIE）制定的《室内照明指南》建议办公室内的照度在100~200勒克斯。此外，不同类型和大小的办公室对照度要求也不尽相同，需要根据实际情况进行计算和布置。

（4）光线色彩

办公室的光线色彩应接近自然光，以避免员工在光照下感到疲劳和不适。自然光源和人工光源的色彩温差也应考虑在内，一般情况下，人工光源的色温在3000~5000K比较适宜。

（5）遮光设备

办公室应设置适当的遮光设备，如窗帘、百叶窗等，以调节光线强度和照射方向，满足员工的工作需求和健康需求。遮光设备应选择透光性良好、遮光性能强、易于清洁和保养的材料，以保证办公室内的光线质量。

（6）能效要求

在保证办公室采光质量的前提下，应尽量减少能源的消耗。可以通过采用高性能的照明设备、智能控制系统和自然光源的利用等方式，提高办公室的能效比，实现节能减排的目标。

3.通风标准

（1）空气流通

办公室内应保持空气流通，通风不良会导致氧气不足，影响员工的工作效率和健康。可通过通风设备，如空调、风扇等，促进空气流通。

（2）空气净化

办公室内应采用空气净化设备，如空气净化器、新风系统等，过滤空气中的污染物，消除异味，保证室内空气的质量。

（3）通风管道

通风管道应采用适当的材料和设计，以保证通风效率，同时注意管道的清洁和维护，避免产生噪声和污染物。

4.卫生标准

（1）清洁维护

办公室内应定期进行清洁和维护，清洁维护对象包括地面、桌面、墙壁和天花板等。在清洁过程中，应采用适当的清洁剂，保持清洁卫生。

（2）垃圾处理

应在办公室内合适位置放置垃圾桶、垃圾袋等垃圾收集设施。垃圾应在分类后及时清理，避免产生异味和污染。

（3）卫生设施

办公室区域内应设置洗手间、洗手槽、蹲便器等卫生设施，并对该设施定期清洁、维护，同时应提供足够的卫生用品，如洗手液、纸巾等。

（4）卫生消毒

应定期对办公区域进行卫生消毒，以预防疾病的传播。消毒方法可包括化学消毒剂、紫外线灯、臭氧消毒等，根据实际情况选择合适的方法。

（5）虫害控制

办公室内应避免虫害（如老鼠、蟑螂、蚊虫等）的滋生。组织机构应采取有效的措施，如设置粘虫板、喷洒杀虫剂等，消灭或防止虫害的出现。

（6）废弃物处理

办公室内产生的废弃物应根据其性质和种类进行分类处理。有害废弃物应交由专业机构处理，可回收废弃物应进行回收利用，以实现资源的循环利用。

5.安全标准

（1）消防安全

办公室消防设计应符合消防安全标准，包括设置灭火器、烟雾探测器、紧急出口指示等。同时，员工应定期接受消防培训，了解消防知识，掌握消防设备的使用方法，以及如何在火灾等紧急情况下逃生。

（2）化学品安全

办公室使用的化学品应符合安全标准，储存在安全的位置，避免误食或误触。在使用化学品时，员工应佩戴个人防护装备，如手套、防护眼镜等，并遵循正确的操作流程。

（3）电气安全

办公室的电气设施应符合相关安全标准，如设置漏电保护器、过载保护等设备。员工在使用电器时,应遵循正确的操作流程,避免出现电线过度拉扯、插头松动等情况。

(4)机械安全

办公室使用的机械设施应符合安全标准,如设置防护罩、锁定装置等设备。员工在使用机械设施时,应遵循正确的操作流程,避免机械伤害的发生。

(5)光照安全

办公室的光源应符合安全标准,如使用LED灯等光源。同时,员工在操作光源时,应遵循正确的操作流程,避免光源直射眼睛等危险情况。

(6)信息安全

办公室的信息安全也是安全标准的重要组成部分。企业应采取有效的信息安全措施,如设置防火墙、定期更新软件等,保护企业信息的安全。

6. 美观标准

(1)空间布局

办公室的空间布局应该合理、通透、舒适。办公桌的摆放应该有序、整齐,过道应该宽敞、流畅,让员工能够在舒适的环境中工作。

(2)装饰风格

办公室的装饰风格应该符合组织机构的文化和形象,可以是简约、现代、古典等不同的风格,但要保持一致性。装饰品的选择应该符合员工的审美需求,增加办公室的美感。

(3)植物装饰

办公室中放置一些植物装饰可以增加办公室的美感和生气,同时还可以净化空气、调节湿度等,提高员工的工作效率和舒适度。

1.5.2 改善办公环境

改善办公环境有助于降低员工压力,提升员工专注力,改善员工的身心健康,提高员工满意度,从而减少员工流失率。

1. 声音环境

在办公过程中,有时候需要保持安静以便集中注意力,有时候需要一些背景音乐来营造氛围。因此,可以采用耳塞、耳机等工具来减少噪声,或者在会议室中安装隔音设备。同时,也可以制定相应的规则,如禁止在特定时间内使用手机等。

2.光线环境

光线环境对视力有重要影响，因此，可以使用自然光线来照明，以减少眼部疲劳。同时，也可以使用一些植物来减少视觉疲劳。

3.物理环境

物理环境包括温度、湿度、空气质量等。因此，可以使用空调、加湿器、空气净化器等设备来控制办公室的温度、湿度和空气质量，营造一个舒适的办公环境。

4.办公家具

办公家具的舒适程度对办公效率和质量都有重要影响。因此，可以选择符合人体工程学的办公桌椅、书柜等家具，以及舒适的坐垫、靠垫等配件，来提高员工办公的舒适度。

5.装饰布置

办公室的装饰布置也会影响办公效率和氛围。因此，可以在办公室中放置一些艺术品、照片、绿植等装饰物，营造一个美观、舒适的工作环境。

1.6 接打电话

1.6.1 接听电话

接听电话不仅是行政文秘人员获取信息的重要途径，也是处理问题的关键手段。作为行政文秘人员，需要与组织机构内外的各个部门和人员进行有效沟通和协调。在接听电话时，行政文秘人员应以专业、认真和负责的态度对待来电者的咨询和问题，确保及时解答并提供帮助。

1.接听电话礼仪

（1）接听普通来电礼仪

①当电话铃声响起时，行政文秘人员应该尽快接听电话，以避免铃声响过多次而让对方感到尴尬。

②在接听电话时，应该使用礼貌用语向对方问好，并报上所在单位或所处部门。

③行政文秘人员应该主动询问对方是否需要帮助，并尽可能地提供协助。在通话过程中，行政文秘人员应注意保持礼貌，如果需要记录来电的内容和要点，应该及时记录下来，以便后续跟进和处理。

④在结束通话前，行政文秘人员应该向对方致谢并道别。

（2）接听转接电话礼仪

①如果来电需要转接给其他人，行政文秘人员应该先询问对方是否需要等待，如果需要等待，应该告诉对方需要等待的时间。

②如果来电找其他人，行政文秘人员应该主动询问对方是否需要留言，并记录对方的信息和联系方式，及时将留言转达给被找的人。

（3）接听重要来电礼仪

①如果来电较为重要，行政文秘人员应该及时准确地判断来电方的意图，并主动提供帮助。

②如果来电方需要等待，行政文秘人员应该告诉对方最长等待时间，并尽快联系被找的人，让对方尽快接听电话。

③如果来电方需要留言，行政文秘人员应该主动询问对方是否需要留言，并记录对方的信息和联系方式，及时将留言转达给被找的人。

（4）接听找领导的来电礼仪

如果来电找领导，行政文秘人员应该准确判断来电方的意图。并根据其意图选择合理的处理方式。可以主动询问对方是否需要留言，并记录对方的信息和联系方式，也可以根据对方意图告诉对方领导的联系电话或者其他联系方式，或者告诉对方领导回来后回复的时间。

2.接听电话程序

（1）接听准备

铃声响三声内必须接听电话，如果超过三声才接起电话，需要向来电人道歉并解释原因。

（2）接听问候

在接听电话后，行政文秘人员应首先礼貌问候对方，自报单位名称或职位，然后询问对方有什么需要帮助的地方，例如，"您好，这里是××单位，请问您有什么需要帮助的地方吗？"

（3）认真倾听

行政文秘人员应认真倾听每一个来电，尤其要注意听取对方的身份和需求。如果需要进一步了解情况，可以请对方重复或者解释，并记录来电内容。

（4）记录信息

①为了更好地跟进和处理来电事项，行政文秘人员应做好每日来电记录，写清楚来电

人姓名、事由、电话号码等信息。

②如果来电人需要留言，行政文秘人员需要询问对方的姓名、电话号码、留言内容和留言时间等信息，并及时记录。

（5）致谢告别

在结束电话前，行政文秘人员需要向来电人致谢并礼貌告别，如"谢谢您对我们的信任和支持，我们将尽快给您回复"。

（6）转告留言

行政文秘人员应及时根据记录的信息内容，向相关人员转告来电人的留言或需求，避免延误重要业务或重大信息。

1.6.2 拨打电话

拨打电话是行政文秘人员工作中必不可少的环节，可以用于传递信息、报告工作进展、安排和协调各项工作、帮助员工或客户解决问题等。

通过有效的电话沟通，行政文秘人员可以更好地推进工作进程，提高组织内部沟通协调的效率，同时也能给客户和外部合作伙伴留下良好的印象，提升组织形象和信誉度。

1.拨打电话礼仪

（1）选择合适的时间

行政文秘人员应避免在联系人上班前、下班后、午休及吃饭等时间拨打工作电话。如果通话时间较长，应事先征求对方意见，并在结束通话时略表歉意。

（2）确认对方身份并问候

①在拨打电话时，行政文秘人员应先确认对方的身份，以便在通话中使用适当的称呼和语气。

②接通电话后，行政文秘人员应主动友好，恭敬地以"您好"为开头问候对方，并自我介绍。

（3）说话温和清晰

①控制语速。在通话过程中，行政文秘人员应该控制好语速，不要过快或过慢，以免影响通话效果。

②调整音量。行政文秘人员应根据实际情况调整音量，让对方能够听清楚自己的话语，同时避免过于大声而造成对方的不适。

③发音清晰。行政文秘人员通话时应发音清晰、准确，避免模糊或含糊其词，以免造

成对方的误解或困惑。

④注意语气。行政文秘人员需要保持礼貌、友善、诚恳的语气，避免冷漠或不耐烦，以体现职业素养和礼貌修养。

（4）内容精练简洁

①说明目的。行政文秘人员应先清晰地说明自己的目的，让对方了解自己打电话的原因和需求。

②确认内容。行政文秘人员应该与对方确认通话的内容，确保理解正确，避免出现误解或失误。

③尊重对方。在通话过程中，行政文秘人员需要尊重对方的意见和要求，不能过于自我或主观。

④表达感谢。在通话结束时，使用表达感谢的话语，以增加对方的信任感和好感。

⑤注意用词。行政文秘人员需使用礼貌、正式的用词，避免使用过于口语化或粗俗的词语；尽量简洁明了，不要啰唆或混乱，以免让对方感到困惑或不舒服。

2.拨打电话程序

（1）准备事项

明确打电话的目的，准备好纸笔或电脑等工具，以备记录或操作之需。同时，也要确认对方的联系电话和工作时间，并选择一个对方方便接听电话的时间。

（2）自我介绍

在拨打电话时，行政文秘人员应先自我介绍，让对方知道自己是谁，并确认对方身份。可以用以下语言："您好，我是×××单位的行政文秘，请问您是×××吗？"

（3）确认对方是否方便

在自我介绍后，要确认对方是否方便接听电话，如果对方不方便，则需要约定合适的时间再打电话。可以用以下语言进行询问："请问您现在方便接听电话吗？"如果对方不方便，可以约定时间再打电话。

（4）说明目的

在通话中要明确说明打电话的目的，并询问对方是否有时间和意愿接听电话。可以用以下语言进行说明："我想和您谈谈关于×××的事情，需要占用您的一些时间。您现在方便接听电话吗？"如果对方愿意接听电话，则要询问对方的意见，确认是否需要记录或转接电话。

（5）结束通话

在通话结束前，要再次确认对方是否还有其他重要信息需要记录或处理，并礼貌地结束通话。可以用以下语言结束:"谢谢您抽出宝贵的时间沟通这件事,祝您生活愉快。"

(6)安排后续工作

根据通话结果,如果需要进一步处理或转接电话,要及时安排后续工作,并记录下来。

第2章 接待

2.1 接待工作基本流程与要求

2.1.1 接待工作基本流程

通过设置详细的工作流程,可以提高行政文秘接待工作的工作效率和质量,明确其工作职责,促进接待工作的规范化和标准化操作,增强透明度和信任度。

详细的接待工作流程可以确保每个环节都被妥善处理,避免遗漏和混乱,提高工作效率。同时,明确的工作职责和责任分配可以让每个人都了解自己的任务和职责,提高团队的协作性和协调性。

接待工作基本流程如下。

1.接待准备

(1)了解来宾信息

在接待前,行政文秘人员需要充分了解来宾的基本信息,包括来宾的单位、姓名、性别、年龄、民族、国籍、职务、级别、人数、到达日期等信息。

(2)掌握来宾需求

在接待前,行政文秘人员应了解清楚来宾的需求及意图,制定请示报告书,向上级领导汇报来宾的情况、需求及意图,同时根据实际情况制定接待方案,并报请上级领导批示。

(3)制定接待方案

①行程安排

行政文秘人员应制定详细的行程安排,包括来往交通、住宿、餐饮、观光游览、会议等方面的时间安排和具体内容。

②人员安排

对接待人员进行分组，一般分为礼仪接待组、翻译组、导游组、司机组等。在执行接待工作前，相关负责人应对各组成员进行接待培训。

③费用预算

行政文秘人员需要制定接待工作的费用预算，确定支付方式，费用项目包括住宿费、餐饮费、交通费、门票费等，同时还需要考虑是否需要赠送礼品。

④预案管理

结合以往接待经验，针对以上流程中易出现的问题制定预案，避免接待工作中出现问题而无法解决的情形。

（4）检查盘点

在执行接待工作前，行政文秘人员应拟定接待事项清单，用来检查和审核来宾信息和人数是否属实、接待流程是否完善、物资数量及情况是否能充分应对接待工作等。

2.任务实施

（1）迎接工作

①专项负责。迎接工作一般实行专项小组负责制，包括设立专门的礼仪小组、报到登记小组、安保小组等，由相关负责人统筹管理。

②专项检查。相关负责人检查各专项小组的工作执行情况，并对小组成员的执行情况实施奖惩。

③迎接时间。在迎接来宾时，接待人员及重要领导应准时出现。如果因为某些原因无法准时到达，应提前告知来宾，并尽可能缩短等待时间。

④迎接礼仪。接待人员在见到来宾时，主动与来宾打招呼，并自我介绍。在打招呼时，要使用礼貌用语，同时应保持站立、微笑、眼神交流等，展现出热情、专业的形象。

⑤迎接细节。在迎接来宾时，提供细致周到的服务，包括开车门、提行李等，可以让来宾感受到关怀和尊重。

（2）活动安排

行政文秘人员在安排活动时，要提供多样化的选择，包括实地考察、培训讲座、文娱活动、旅游观光等，以便来宾可以根据自己的兴趣和需求进行自由搭配，同时合理安排时间，确保活动之间的过渡顺畅，避免来宾浪费时间或在等待中疲劳。

（3）宴请工作

①宴请形式。宴请形式有宴会、招待会（茶会、酒会）、便餐、工作餐四种。行政文秘人员应根据接待主题及来宾情况，确定宴请形式。

②宴请时间。行政文秘人员应派专人事先与来宾代表团进行对接，提前预约宴请时间。宴请时间一般在中午、晚间。

③宴请地点。宴请地点应当选择在环境良好、卫生整洁、交通便利的餐厅，以保障宴请效果。宴请地点一般为企业内部餐厅、本地特色餐厅、酒店等。

④宴请菜单。宴请菜单应当有主食、副食、甜品和饮料等，同时需要注重菜品的多样性、营养搭配和视觉效果等。

（4）住宿安排

①预订住宿。预订住宿需要提前了解住宿地信息、来宾信息、房型信息等。住宿地信息包括住宿酒店名称、地址、联系电话、房间价格等；来宾信息包括来宾姓名、性别、年龄、入住日期、离店日期、支付方式等；房型信息包括房间类型、房间数量、是否需要连房，以及是否需要无烟房、早餐等。

②接送服务。行政文秘人员需安排司机为来宾提供接送服务，以确保其安全抵达住宿地。

③登记入住。在来宾到达后，住宿酒店有专人协助来宾进行登记入住，并介绍住宿酒店的设施和服务。

（5）送行工作

派专人了解来宾的离开时间，事先检查行李，安排送行车辆，准时安排司机为来宾送行，并跟进来宾的送行工作，以确保来宾安全离开。

3.接待总结

行政文秘人员应根据接待的情况及效果，进行总结评估，分析此次接待的优点和不足之处，并提出改进方向和建议，为今后的接待工作提供更好的参考和指导。

2.1.2 接待工作基本要求

行政文秘接待工作是组织机构对外交流的形象展示的重要窗口，通过规范接待工作的基本要求，可以更好地展示组织机构的良好形象，提升接待服务的质量和水平，使来宾享受到更出色的体验和服务。

通过规范化的接待流程和标准化的操作，行政文秘人员可以有效地处理来访者的需求，提供专业、周到的服务，展现组织机构的专业素养和责任担当。

1.准备充分

（1）方案准备充分

行政文秘人员负责制定详细的接待方案，包括根据来宾的饮食喜好、娱乐需求和生活习惯等，安排行程、确定交通方式、选择合适住宿地点、安排餐饮、提供文化娱乐活动等。

（2）应急准备充分

在接待过程中，可能会出现一些突发情况，包括交通拥堵、天气突变、现场断电等，因此行政文秘人员需要提前做好应急预案，以应对突发情况，确保来宾的安全和舒适。

（3）心态准备充分

作为接待人员，在执行工作前，应进行技能、认知上的培训，具备足够的自信和耐心，以应对各种突发情况。同时，也需要有积极的态度和良好的沟通能力，让来宾感到舒适和受欢迎。

（4）培训准备充分

讲师通过视频教授、模拟演练，对参与接待工作的人员进行业务、技能、认知上的培训，降低或避免接待工作中出现差错。

2.经费合规

（1）标准合规

制定详细、明确、合理的接待经费标准，包括住宿、餐饮、交通、活动等方面的经费标准，并严格执行。

（2）管理合规

建立专门的接待经费账户，统一管理接待经费。各部门的接待经费应纳入统一管理，避免出现违规使用和挪用接待经费的情况。

（3）监督合规

对接待经费的使用情况进行审计和监督，发现问题及时整改。审计和监督的结果应向相关部门和人员公开，确保透明度和合规性。

（4）问责合规

制定接待经费问责制度，对违规使用和挪用接待经费的行为进行严肃问责，追究相关人员的责任。同时，对严格遵守接待经费标准的人员给予表彰和奖励。

3.规格适度

接待规格根据接待目的、来宾身份、双方关系、重视程度、亲疏程度及接待经费的承受能力来确定。

（1）对于特别重要的来宾，应采用高规格接待，派身份较高的人作陪，以使来宾感到高度尊重。

（2）对于一般重要的来宾，应采用同等级别的礼仪，派对等的负责人作陪。

（3）对于普通来宾，采用低规格的礼仪接待，派一般工作人员或职位较低的人员作陪。

4.礼仪规范

（1）语言规范

接待人员需主动、热情地问候来宾"您好""欢迎您""见到您很高兴"；称呼来宾时，一般可称"先生""女士""小姐"，如果对方已婚，可称"先生""太太"，但在无法确定的情况下最好称"先生""女士"。

（2）仪表规范

头发梳理整齐、面部保持清洁、口气保持清新、指甲修剪整齐，男员工不留长发，女员工不化浓妆；接待人员应该统一着装，佩戴工牌。

（3）仪态规范

接待人员站立时要挺拔自信，不弯腰驼背，不东倒西歪，不双脚交叉，双手不插袋；坐时要姿态端正，不频繁转换姿势，不仰靠椅背，不盘腿，不抖动腿脚；行走时要保持平衡，不跑跳，不背手走路，不踏响地板。

（4）举止规范

面对来宾时，接待人员应该注意站立端正，上身稍向前倾，面带微笑，注视对方。与来宾握手时，力度适中，每次握两三下即可。

（5）介绍规范

介绍时一般可先将人数少的一方介绍给人数多的一方，将年轻的介绍给年长的，将职级低的介绍给职级高的，将男士介绍给女士。

5.安排有序

（1）流程有序

接待工作可以分为接待前工作、接待中工作和接待收尾工作三个方面。在接待前，要明确接待的准备工作，包括确定接待人员、接待车辆、预订住宿、材料准备、会议室准备等。在接待中，要明确接站牌、欢迎词、路线安排、就餐安排、参观考察、娱乐活动等。在接待收尾工作方面，要明确离宿时间、送行车辆、返程车票等。通过明确流程，可以让接待工作更有序。

（2）管理有序

①合理分工。在接待前，应成立礼仪组、登记组、车辆组、会议组等负责专项工作；在接待中，应安排好主持人、餐厅服务员、专车司机、导游等人员开展各自工作；在接待收尾时，有序安排住宿地服务人员、送行司机、购票人等。

②精心策划。行政文秘人员应制定符合来宾身份的完善的接待工作方案和实施细则，详细安排日程、接站、用车、就餐、住宿、参观等各项活动，充分考虑到各方面的细节，并体现一定的创意与创新。

③规范运作。行政文秘人员应严格按照接待流程及接待方案进行程序化运作，必要时可以制作接待工作清单，对接待工作中的各要素进行全面梳理。

④关注细节。相关负责人应随时根据接待工作的需要对接待方案予以调整；具体接待人员则要主动进行全程模拟思考，从准备会议室到用车，从参观到进餐，思索每个流程的细节，以便及时弥补可能存在的疏漏。

2.1.3 接待工作注意事项

了解接待工作注意事项的意义在于保证接待工作的质量，展示组织机构的良好形象。对接待工作中的各个环节进行周密的安排和规划，并注重服务过程中的细节，可以让来宾感受到组织机构的专业素养和服务能力，提高其对组织机构的信任和好感，从而达到提升组织机构形象，提升来宾体验的目的。

1. 安全保障

（1）交通安全

行政文秘人员应选择具有良好驾驶习惯的司机承担接送来宾的工作；同时通过检查车辆的行驶证、保险、年检等信息来确保交通工具的安全可靠。

（2）人身安全

安保组应保证接待人员及来宾的人身安全，避免出现拥挤、滑倒、碰撞等意外事件；接待场所要符合消防安全标准，有明显的消防疏散通道标识，各类消防设施设备要保持完好无损，以保障人员生命财产的安全。

（3）住宿安全

行政文秘人员应确保接待住宿的房间、走廊、卫生间等的安全性，这些场所应配备烟雾报警器、防盗门锁、消防器材等安全设施。

2.确保工作准确无误

（1）购票无误

行政文秘人员应了解来宾的行程和出行购票需求，包括出发地、目的地、列车班次或航班号、购票时间等，仔细核对车票或机票信息。

（2）登记无误

行政文秘人员应事先准备好当天来访的宾客的资料，并准确登记来访宾客的姓名、职位、企业、来访日期、接待方式、求见人、离开时间等信息。

（3）布置无误

①会议室布置。行政文秘人员应按照参会人数要求布置桌椅、茶水、纸笔、水果、会议资料等；提前设置好会议室内温度、照明，准备好组织机构宣传片、PPT等，并试放，确保无误。

②宴请现场布置。行政文秘人员应合理安排座次，居中位置一般为主席台；在宴请现场，可以适当摆放花卉和装饰物，并选择柔和的灯光和轻松的音乐；每张桌子铺好桌布，备好餐具、酒水等。

3.做好保密工作

（1）来宾信息保护

①在接待来宾时，不过度收集个人信息。同时在收集信息时，应明确告知来宾信息的用途和保护措施，征得他们的同意。

②可将来宾信息储存在加密数据库或安全云服务器中，避免信息泄露，并定期对信息进行备份，防止因意外情况导致数据丢失。

（2）工作机密保护

①在接待来宾时，应控制信息的交流，只提供必要的信息，避免谈论敏感话题。同时，确保交流过程是在安全的环境中进行，如使用内部网络或加密通信工具。

②如需带领来宾参观组织机构环境时，应限制参观区域，避免来宾接触到敏感区域。同时，确保参观人员遵守规定，不擅自拍摄。

4.应对突发事件

接待工作中难免出现各类突发事件，如突然断电、突发会议、宾客投诉等。为了避免因突发事件阻碍接待工作顺利进行，组织机构应在接待方案的基础上制定应对各类突发事件的处理预案。

5.周到的礼仪

细致周到的接待工作礼仪不仅能营造良好的氛围，还能提升组织机构的形象。组织机构应从接待人员的仪容仪表仪态、迎送、指引、握手、名片、宴请，以及座次安排等各礼仪入手，做到全面周到。

6.尊重风俗习惯与宗教信仰

不同的国家和地区可能存在不同的习俗和信仰。在接待工作中，接待人员应该尽可能多地了解并尊重各位来宾所遵循的文化习俗和宗教信仰，以确保接待工作的顺利进行。

2.2 接待礼仪

2.2.1 仪容仪表仪态礼仪

仪容仪表仪态礼仪是接待人员职业素养的体现，也是党政机关、企事业单位对外展示形象的名片之一。

组织机构接待来宾时，接待人员的仪容仪表礼仪有以下基本要求。

1.仪容仪表规范

（1）仪容

良好的仪容是对来宾的尊重，也使得接待人员能以愉快的心情去服务来宾。修饰仪容的要求为美观、整洁、简单、得体。

（2）仪表

接待人员的仪表着装要求为美观、整洁、大方、适合接待环境。服装样式不宜怪异、暴露，饰物不宜过多，需充分考虑服装样式、颜色与组织机构环境的协调性。

2.仪态规范

（1）站姿

接待人员的站姿应挺直、舒展、线条优美、精神焕发。忌无精打采、弓腰驼背、身体晃动、肩摆腿摇等。

（2）坐姿

接待人员的坐姿应沉稳、庄重、大方，入座宜轻盈、和缓、从容自如。忌歪斜肩膀、含胸驼背、摇摆双腿。

（3）走姿

接待人员的走姿应轻松有力、步态稳健。忌摇头晃脑、左顾右盼。

（4）表情

接待人员的表情宜展现热情友好、宽容随和、坚定自信，同时随着交流内容和情感的改变而变化。交谈时，目视对方或环视宾客团体，适时地点头、应答。

2.2.2 迎送礼仪

迎送礼仪能展示接待人员的职业素养和专业水平，为来宾提供优质服务，同时也能为组织机构树立良好的形象，建立与客人之间的良好关系，提高客人的满意度，促进宾主双方的相互了解和信任。

组织机构接待来宾时，接待人员的迎送礼仪有以下基本要求。

1.车辆安排

接待人员应根据来宾人数、迎送人员人数及行李数量来安排车辆。迎宾车辆的座位应宽松，副驾驶座一般不坐人；若来宾行李数量较多，应安排专门的行李车；若是车队迎送，出发前应明确行车顺序，避免发生错位。

2.准时迎接

在迎接来宾时，接待人员及相关重要人物应准时出现。如果因为某些原因无法准时到达，需要提前告知来宾，并尽可能缩短等待时间。

3.热情相助

来宾车辆抵达目的地，接待人员应上前打开车门，并用手遮挡车门框上沿，防止来宾头部撞到车门框；若来宾中有老、弱、病、残者，接待人员应主动搀扶；在宾客到达或离开时，接待人员应该主动帮助宾客搬运物品，并送至目的地。

4.及时还礼

面对来宾团体时，接待人员应面带笑容，连续向来宾们点头致意，若来宾先致意，接待人员需及时还礼。

5.全程迎送

接待宾客时，主宾双方更改地点进行不同活动，如从餐厅前往住宿地，从住宿地前往会议室等，都应有相关接待人员全程陪同迎送。

2.2.3 指引礼仪

遵循指引礼仪可以让接待人员展现出良好的职业素养，给来宾留下良好的印象，也有助于提高来宾的满意度，展现组织机构的良好形象。

组织机构接待来宾时，接待人员的指引礼仪有以下基本要求。

1.指引距离

指引来宾时，接待人员应走在来宾左前方，与来宾保持一定距离，步伐与客人一致，并在说话时，与来宾有眼神交流。

2.指引用语

（1）对男士可统称"先生"，对不了解婚姻状况的女子可泛称"女士"或"小姐"。

（2）在指引过程中，若遇到拐角或有楼梯台阶的地方，接待人员应使用手势提醒来宾"注意楼梯""注意台阶"等；到达目的地时，接待人员应为来宾开门，并告诉来宾"请您先进"。

3.指引态度

接待人员在为来宾进行指引时，应展现尊重、热情、耐心的态度，使来宾感到宾至如归与安心信任。

4.准确指引

（1）明确目的地

接待人员在为来宾指引前，应先了解对方需求，明确目的地，再进行指引。

（2）特殊指引

①门口指引。在门口指引来宾时，接待人员应端正站姿，手臂伸展与胸齐，指引来宾向前行走。

②楼梯指引。为保证安全，来宾上楼梯时，接待人员指引来宾走在前（裙装女士除外）；来宾下楼梯时，指引来宾走在后。

③电梯指引。乘坐电梯时，接待人员应先让来宾进出；乘坐自动扶梯式电梯时，接待人员引导来宾靠右侧站立，空出左侧通道。

2.2.4 握手礼仪

接待人员应该掌握接待握手的礼仪常识，提升接待服务质量，向来宾展示尊重和礼貌，促进宾主双方友好交流，建立信任和合作。

组织机构接待来宾时，接待人员的握手礼仪有以下基本要求。

1.握手顺序

主人、长辈、上级领导、女性先主动伸手后，客人、晚辈、下属、男性再握手相迎；社交场合的先到者应先伸手与后来者握手；已婚者应先伸手与未婚者握手。

2.握手方法

用右手握手，力度失重，握手时间以1～3秒为宜；握手前，晚辈对长辈、下属对上级领导应稍欠身；握手时，双目注视，微笑问候；面对多人时，应按照顺序握手，不可交叉握手；不可戴手套握手。

3.握手神态

握手时应微笑致意，不可目视其他；不可心不在焉，毫无反应；不能急于出手，更不能卑躬屈膝抢握。

2.2.5 名片礼仪

名片是一种简单的自我介绍，使用名片可以使宾主双方在初识时就能快速熟悉，同时也有利于获取今后联系所必需的信息。

组织机构接待来宾时，接待人员的名片礼仪有以下基本要求。

1.递送名片

男性应先向女性递送名片；职级低者或晚辈应先向职级高者或长辈递名片，若分不清职务高低和年龄大小，则先与对面左侧的人交换名片，再顺时针，逐一递送。

2.接受名片

职级高者或长辈接受名片，若地位或年龄相当，则右手方的人先接受名片；接过名片并认真看后，再放入口袋或名片夹。

3.存放得当

名片切忌放在裤兜，应放在上衣口袋或皮包、手提包里。

2.2.6 宴请礼仪

宴请礼仪在组织机构与外界交往活动中具有重要的意义，能够帮助组织机构建立良好的合作关系。

组织机构接待来宾时，宴请礼仪有以下基本要求。

1.入席有序

①接待人员主动安排众人入座；其他来宾在长者或女性坐定后，方可入座。

②入座时，男性先为身边（尤其是右边）的女性拉开座椅，待女性就座后，男性再入座。

③职位高者先就座，其他客人按照座次安排原则依次就座。

④入座时最好从座椅的左侧入座；入座后，若附近为熟人，则主动与其打招呼，若为不认识的人，应先向其点头致意。

2.交流有礼

①餐桌上的长者或领导应主动招呼他人，尤其要招呼两侧的女宾。

②口内有食物时，应避免说话，也不宜敬酒。

③宴会上，避免谈论敏感话题或影响用餐气氛的话题。

④尽量避免在宴会期间打电话或发信息等行为，以免影响他人用餐和交流。

3.布菜得当

①布菜应使用公筷或公勺取菜舀汤，避免交叉污染。

②布菜时应照顾到来宾的饮食偏好，若来宾不喜欢或者已吃饱，不宜再为客人夹送。

③如果有领导、老人、客人的话，每当上来一个新菜时就请他们先动筷子，或者轮流请他们先动筷子，以表示对他们的重视。

④在布菜过程中，注意保持餐桌的整洁和卫生。

4.敬酒得体

①敬酒时要起身站立，右手执酒杯后，左手托扶杯底，面带微笑地目视被敬酒人；同时，杯口应该比被敬酒人的杯口低，以示尊重。

②接受敬酒时，应起身站立，面带微笑，目视敬酒者，举起酒杯，稍微倾斜，并回应祝福的话。

③在宴请过程中，通常是由主办方领导向主宾敬酒，然后再由陪客向主宾敬酒。

④敬酒时应该适度饮用，不要过量，也不应强行敬酒。

⑤添酒时,可以按照先宾后主、先女后男的顺序进行添酒;如果有某位宾客因客观原因无法喝酒,可以以茶代酒。

5.散席循礼

①在宴会结束时,主办方领导和接待人员应向宾客表示感谢,并祝愿他们度过愉快的时光。

②一般由主办方领导表明宴会结束,待主办方领导、长者离席,其他宾客才可离开宴会现场。

③在宾客离席后,接待人员应清理宴会现场,并妥善保管好宾客遗留下来的物品。

2.2.7 座次礼仪

组织机构在举办宴请会议或普通会议时,都会安排座次,不同的座次方式展现不同的座次礼仪。

1.宴请座次

(1)席位安排

一张桌子的席位一般由主陪、副陪、主宾、副主宾及其他陪餐人员构成,席位安排如图2-1所示。

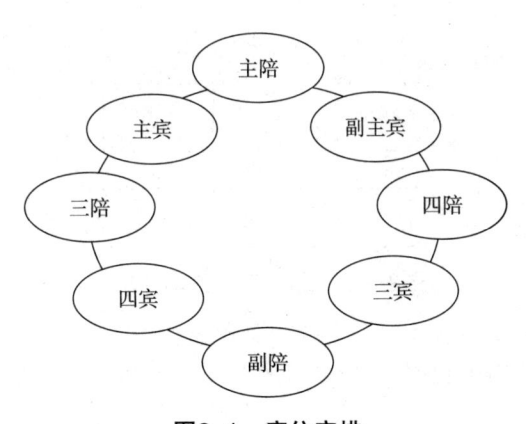

图2-1 席位安排

①主陪即请客或陪酒的最尊贵、最高职位者,正对门口。该座位上的人主要把握本次宴请的时间、饮酒程度。

②副陪即陪客者里第二尊贵的人,处于主陪对面,背对门口。该座位上的人主要带动客人喝酒。

③主陪在上方的正中,主宾在其右,副主宾居其左。

④三陪、四陪分别居于主宾右侧、副主宾左侧,主要是与主陪一起照顾主宾、副主宾。

(2)桌次安排

①桌次安排应遵循"右高左低、远上近下"的原则进行排定,当两桌横排时,桌次以右为尊、以左为卑。

②两桌竖排时,桌次以远为上、以近为下。

③当安排多桌桌次时,确定主桌后,距离主桌越近,桌次越高;距离主桌越远、桌次越低。

2.会议座次

通常情况下,会议主办方领导的座位位于正门的左手边,而其他参会人员则在其两侧依次就座;职务级别越高的人,其座位应越靠近会议主办方领导;对于重要的外部嘉宾,一般安排在靠近会议主办方领导的位置;对于经常参加会议的参会人员,可以安排在更靠近会议主办方领导的座位。

3.乘车座次

(1)不同车型的乘车座次

①由司机驾车时,以后排右侧为首,左侧次之,中间座再次之,而副驾为末席。如图2-2所示。

驾驶座	4
2	3	1

图2-2 司机驾车的乘车座次

②由主人驾车时,以副驾为首,后排右侧次之,左侧再次之,而中间座为末席。如图2-3所示。

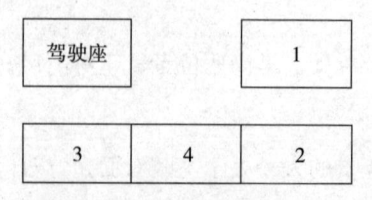

驾驶座	1
3	4	2

图2-3 主人驾车的乘车座次

③若车上仅有1名司机、1名领导、1名陪同人员，陪同人员应坐副驾，而领导坐后排右侧。如图2-4所示。

驾驶座	2
	1

图2-4　1名司机、1名领导、1名陪同人员的乘车座次

（2）不同场合的乘车座次

在正式场合，应遵循"尊重长辈、优先上座、注意顺序、尊重女士"的原则。而在非正式场合，则根据客人的关系和喜好灵活安排。

2.3　接待管理

2.3.1　公务接待

公务接待是指党政机关、企事业单位为接待前来办事的群众，上级机关领导下基层、考察调研、指导工作、参观学习及来访的客人等，按规定所进行的公务活动。

1. 公务接待工作流程

（1）确定接待对象

①政府官员包括中央和地方官员，及外国驻华外交官等。

②企业客户包括国内外的企业家、企业管理者等。

③媒体记者包括各类媒体的编辑、记者等。

④学术界人士包括教授、学者、专家、学生等。

（2）制订接待计划

制订详细的接待计划，包括接待时间、地点、行程、交通、食宿、安全等，行政部负责人进行统筹管理。

（3）安排接待

接待人员提前确定迎接地点，并在预定时间前到达，按照原定接待方案，安排来宾与相关人员进行会见。行政部协助举办宴会，开展参观考察活动，同时为来宾提供必要的生活保障服务，包括餐饮、交通、通信、医疗等。

（4）安全检查

组织机构应派专人重点检查车辆安全性、住宿地环境是否卫生整洁、客房是否符合来宾入住需求、客房后勤保障（水、电、通信、冷暖气、热水等）是否配备齐全等。

（5）公务会议

组织机构应事先确定会议场所及时间，准备好适当的会议设施、设备及资料；由会议主办方邀请相关人员参加会议，就相关议题展开讨论和交流；在会议过程中，安排专业的会议记录和翻译人员，确保会议记录的准确性和翻译的流畅性。

（6）参观考察

组织机构应事先确定参观考察地点及时间，准备相关资料（产品、业务、园区介绍等）。来宾抵达目的地后，行政部安排人员陪同考察。

（7）总结反馈

在接待任务结束后，进行总结和反馈工作，包括整理接待资料、总结经验教训、收集来宾意见等，为今后的接待工作提供参考。

2.公务接待工作要求

（1）加强接待计划管理

组织机构应加强接待活动的计划管理，若为异地间无特别需要的一般性学习交流、考察调研，则禁止接待。若来访者或来访团体准备访问组织机构，应向组织机构发出公函，告知内容、行程和人员。

（2）严格控制接待范围

严格控制组织机构的接待范围，严格规范接待审批制度与流程，对能够合并的接待活动进行统筹安排，不得将休假、探亲、旅游等活动纳入接待范围。党政机关人员不得用公款报销个人接待业务；企业根据报销制度进行费用报销。

（3）严格控制陪同人数

对于公务活动陪同，一般安排领导与数名工作人员陪同。陪同人员数量按照党政机关、企事业单位规定标准执行。

（4）严格控制费用标准

①工作餐费用标准

a.对于机关单位，根据《党政机关国内公务接待管理规定》，接待对象应当按照规定标准自行用餐。确因工作需要，接待单位可以安排工作餐一次，并严格控制陪餐人数。接待对象在10人以内的，陪餐人数不得超过3人；超过10人的，陪餐人数不得超过接待对象人数的1/3。

b.企业按照规定标准进行用餐,设置符合规定的陪餐人数。

②宴请费用标准

a.根据《党政机关国内公务接待管理规定》,机关单位不得使用私人会所、高消费餐饮场所进行宴请。

b.企业宴请标准按照企业所在地、宴请级别及企业规定执行,根据报销制度进行费用报销。

③住宿费用标准

a.根据《党政机关国内公务接待管理规定》,机关单位接待住宿应当严格执行差旅、会议管理的有关规定,在定点饭店或者机关内部接待场所安排,执行协议价格。

b.企业接待住宿应遵循经济实惠的原则,选择协议住宿地,并根据来宾职级对应的住宿费标准安排住宿,不得超标准安排接待住房,不得额外配发洗漱用品。

(5)完善内控体系

企业、机关单位应当规范、完善内部控制体系,严格审批、报销、检查等环节,加强内部监督。

2.3.2 商务接待

商务接待是在商务活动中,出于礼仪需要,根据来宾的身份、来访目的等因素,为来宾提供必要服务和安排的活动。商务接待的目的是给来宾留下良好的印象,促进主宾双方商务交往的正常进行。

1.商务接待工作流程

(1)商务接待前的准备

①了解来宾信息

在接到来访预约时,应了解来宾基本信息:来宾职务、来访具体时间、人数、来访日期、目的和要求、何时返回、返程交通工具等。在这些基础上拟订接待计划,排出日程安排表,酌情安排接待标准。

②通知及报请批示

根据来宾情况按计划通知参加商务会晤的领导、陪同人员,以及确定接待规格、内容、日程、经费、任务分配等,经领导批准后逐项准备办理。

③预订商务接待会议室

提前预订组织机构内部的会议室,或外部酒店的会议室,确保会议室的设施、场地大小、服务等能保证会议的顺利进行。

④车辆安排

接待方应安排接待所需车辆,保证车辆清洁,安全性能良好,驾驶员听从行接待工作负责人和主接待人员的协调安排及统一调度。

⑤预订餐厅及住宿

接待方提前按接待标准预订好宴请来宾的餐厅,检查餐厅准备情况;提前按接待标准预约好来宾的住宿地,酌情在住宿房间内准备相关资料、水果等,同时接待人员事先准备好房卡并检查房间布置情况。

(2)商务接待中的工作

①商务会议。商务会议通常由组织机构领导或商务代表参与,旨在促进商业交流、协商或签订业务合同。商务会议由主持人引导会议按照预定议程进行,由专人对会议内容进行记录,最后再派专人跟进会议结果,确保会议达成的决议得到落实。

②餐饮及娱乐服务。餐饮服务指按照来访人员的口味、文化背景、宗教信仰等,选择合适的餐厅,并按照接待方的接待标准进行点菜。娱乐服务指根据来访人员的兴趣爱好和时间选择合适的娱乐服务活动,如参观当地景点、博物馆、艺术展览等,或者进行户外运动、游泳、健身等体育活动。

(3)商务接待后的总结

商务接待结束后,相关人员应总结本次接待工作的经验和不足,提出改进意见;组织机构应对在接待工作中表现优秀的人员进行表彰和奖励。

2.商务接待工作要求

(1)严格控制陪同人数

组织机构按照规定执行陪同标准,陪同人数不宜过多,以免影响商务谈判的效果。若来访人数过多,则考虑分组接待,或者选择更大的场地。

(2)分级分档标准

组织机构根据商务活动内容和接待对象的情况,在接待标准范围内,分级分档确定商务宴请、接待用车、住宿、赠送纪念品及其他商务接待活动的标准,不可简单就高或一刀切。

(3)监督问责

组织机构应当切实完善内部控制体系,严格审批、报销、检查等关键环节,加强内部监督。要发挥组织机构纪检监察机构的监督作用。

2.3.3 参观接待

参观接待是指对与组织机构有业务往来关系的企业或个人提供参观接待服务。参观地点包括但不限于组织机构内部、园区、本地景点等。

1.参观接待工作流程

（1）编制参观方案

组织机构行政部负责人审核参观企业提交的参观申请书，拟定参观内容、范围与路线，确定参观方案并报上级领导审批。

（2）参观准备

①物料及人员安排。实施参观接待前，应准备好宣传资料、用品、参观许可证，同时将陪同人员、参观路线、参观过程服务等安排到位。

②提前联系及确认。接待人员需在接待前5天与参观企业或个人联系，确认参观时间、交通工具、参观人数及人员名单、参观特殊要求说明等各项事宜，充分做好接待准备。

③参观说明。参观开始前，接待人员先向参观人员大致介绍参观地点及路线，再说明各项参观注意事项，确保参观活动顺利进行且不妨碍组织机构的生产经营活动。

④发放参观许可证。接待人员向参观人员发放参观许可证，并向其明确参观许可证不可遗失；参观许可证的内容包括证件编号、参观人员姓名、所属企业、接待人员姓名及联系电话等。

（3）陪同参观

接待人员陪同参观人员参观企业，讲解参观内容、参观意义、组织机构文化等；参观过程中，接待人员需根据组织机构的保密规定，灵活回答参观人员提出的问题。

2.参观接待工作要求

（1）熟悉参观路线

了解参观路线中的重要地点及设施，并实地走几遍，了解每个场所的具体情况，并做好记录。

（2）独立进行参观解说

接待人员在接到参观解说任务后，先了解参观路线和展示内容，包括展品和设施等，确保能够准确地向参观人员介绍；编写解说词，在正式解说前，要多次模拟练习；在参观解说过程中，要注意参观人员的反应，及时回答他们的问题。

（3）提前设置预案

接待人员应对参观过程中易出现的紧急情况，如人员掉队、安全事故等，提前设置预案，避免出现突发情况无法处理的情形。

（4）接待态度良好

接待人员态度要谦虚，用语要文明，对接待工作认真负责，实事求是，诚恳待客，不卑不亢，同时要注意保密。

（5）做好拍照摄像工作

参观时若有摄像需求，尽量方便摄像人员工作，保证领导、重要宾客及接待人员的正面面向摄像机；参观过程中未经组织机构允许，不得擅自摄影、摄像和录音。

（6）做好安全保障工作

接待人员需提醒参观来宾，不得堵塞通道、靠近危险区域；禁止携带易燃、易爆、危险化学品进入参观区域。

2.3.4 来访接待

来访接待指保安部工作人员或者前台行政人员为接待来访对象而进行的相关活动。来访接待的责任人为保安部工作人员或者前台行政人员。

1.来访接待工作流程

（1）确定来访接待对象

①企业董事会、股东会成员及高层管理者的来访客人，一般为企业的合作方、供应商或其他企业的高层管理者。

②普通来访人员，一般为面试者、普通群众及企业员工的家人、亲戚、朋友等。

③特殊来访人员，一般为精神不正常者、故意闹事者。

（2）外来人员来访流程

①保安部人员或前台行政人员询问来访人员需求并登记其信息，包括姓名、单位、来访目的、访问对象等，同时确定来访人员属于哪一类。

②如果来访人员为企业董事会、股东会成员及高层管理者的来访客人，接待人员应联系相关部门工作人员，请示是否放行。如果受访者同意接待，则相关部门工作人员指引来访人员前往目的地；如果受访者不同意接待，则不放行该来访人员。

③如果来访人员为普通来访人员，接待人员应打电话请示受访者是否同意接待，征得受访者同意后，方可带领来访人员进入指定区域等待。

④如果来访人员为特殊来访人员，接待人员应当做好解释工作，劝说该人员离开；若

劝说无效，可报警处理。

⑤如果受访者不在，但同意放行，可以安排人员接待至办公室等待。

（3）外来人员来访结束处理

进入企业的来访人员来访结束后，接待人员需联系受访者，请受访者在来访人员登记表上签字确认。

2.来访接待工作要求

（1）严审信息

原则上，接待人员应严格审查企业来访人员的各项信息，如姓名、拜访人员、所在单位、与受访者关系等，并做好来访人员登记工作。

（2）引领迎宾

为更好地接待企业重要的来访人员，相关部门应事先将来访信息告知前台行政、值班安保人员，以便立岗迎宾，引领接待来访人员。

（3）征求同意

如果来访人员是拜访企业的普通员工，那么普通员工应事先征求所属部门负责人的同意后，在指定区域接待来访人员，员工不得私自带来访人员参观企业其他区域。

（4）遵守规章制度

企业员工在接待来访人员时，应告知来访人员须遵守企业相关规章制度，及时制止来访人员违反企业规章制度的行为。若来访人员因违规而给企业带来经济损失，受访者承担连带责任。

（5）禁止情形

接待人员有权禁止着装怪异、拒绝填写或不如实填写登记表的来访人员。若来访人员不配合审查工作而欲强行进入企业，接待人员可按照对待特殊来访人员的办法进行处理。

2.3.5　外事接待

外事接待是指涉及国外及港澳台地区团体或个人的来访接待工作。一般需要提前制订详细的接待计划和安排，以确保接待工作的顺利进行。

1.外事接待工作流程

（1）前期准备

①接待方应与来宾或有关人士联系，掌握来访时间、目的、来宾身份及人数等相关信

息，并与联系人相互留手机号码，随时保持联系。

②若需要根据来宾要求预订宾馆或返程机票，还应索取来宾护照的复印（传真）件。

③制定一份详细的（中外文）书面接待活动日程安排（表），包括迎送、会见会谈、签字仪式、宴请、参观游览、交通工具、餐寝时间、陪同人员等详细内容。日程安排应事先征询来宾意见，也要考虑来宾的风俗习惯和宗教信仰。日程安排（表）印制妥当后，来宾抵达时应人手得一份。

（2）迎接工作

迎宾时，外宾下车后，翻译应主动将迎宾人员姓名、职务一一介绍给来宾，迎宾人员随即与来宾握手表示欢迎。组织机构应指派专人协助办理外宾的出入境手续及机票和行李提取或托运手续等事宜。

（3）会见会谈

①对于机关单位，会见一般分为礼节性会见、政治性会见、事务性会见。礼节性会见时间较短，话题较为广泛。政治性会见一般涉及双边关系、国际局势等重大问题。事务性会见则有一般外交交涉、业务商谈等。对于企业，常见礼节性会见、事务性会见。

②会谈是指双方或多方就某些共同关心的问题交换意见，也可以谈公务，或就具体业务进行谈判。

（4）签字仪式

签字仪式基本上由双方参加会谈的全体人员出席，一般由更高的领导人出席签字仪式。签字仪式是对谈判成果及相关合同、协议、条约的正式承诺。

（5）宴请安排

外事接待中，安排宴请是为了展现接待方对来宾的尊重与理解，外事接待宴请一定要注意来宾所在地区或国家的饮食文化、习俗及宗教信仰。

（6）住宿安排

接待方提前按接待标准预订好来宾的住宿地，选择住宿地前尽量征求来宾的意见，考虑来宾的文化习俗，同时酌情在住宿房间内准备相关资料、水果等，准备好房卡及检查房间布置情况。

2.外事接待工作要求

（1）尊重文化习俗与宗教信仰

不同的国家和地区可能存在不同的习俗和信仰。在外事接待工作中，要通过各种渠道了解来宾的文化、习俗、宗教信仰等，包括来宾的礼仪规范、饮食文化、语言表达等。如果有不确定的地方，可以向专业人士或专业机构寻求帮助。

（2）做好翻译交流工作

翻译在外事接待中起到沟通交流、搭建桥梁的作用。聘用专业的翻译，可避免因文化冲突所带来的言语沟通障碍。

（3）规范接待礼仪

外事接待过程有各项礼仪要求，包括见面、迎送、会见会谈、谈话等礼仪。这些细节能够体现接待方对来宾的尊重和关心。

（4）严格保密工作

在外事接待过程中，对于商业机密或敏感信息，接待人员应保密，不得透露给对方；对于来宾的个人信息，也应做好隐私保护工作。

3.外事接待礼仪

（1）见面礼仪

①与外宾相见，通常对男子称呼"先生"（Mr.），对已婚妇女称"夫人"（Mrs.），对未婚女子称"小姐"（Miss.）。如果不知她是否已婚，可称"女士"（Ms.）。

②与外宾相见时，可由第三者进行介绍，也可自行介绍。要把对方的职衔介绍出来。介绍的顺序是把身份低、年纪轻的介绍给身份高、年纪大的，把男子介绍给女子。

③初次见面时应握手。依照惯例，握手时主人先向客人伸手，地位高的人先向地位低的人伸手，女士先向男士伸手。在人多的情况下，不要交叉握手。握手时，要显得自然大方，面带微笑，眼睛应注视对方。

④如果在同一个场合多次见面，可以点头致意。男士与女士见面，如果女士不主动握手，男士可以点头致意。

（2）迎送礼仪

①迎宾时，主办方人员如遇外宾主动拥抱时，可做相应回应，不要退却或勉强拥抱。如需献花，应安排在迎宾的主要领导人与客人握手之后进行。

②乘车时，应先请来宾从右侧上车，待外宾与陪同人员全部上车后，再驱车前往目的地。

③迎送身份高的客人，事先在机场、车站安排贵宾休息室，准备饮料。

（3）会见会谈礼仪

①会见前，主人应在门口迎候客人，也可以在会客厅迎候。会见结束，主人应送外宾至车前或在门口握别，目送外宾离去。

②主宾双方之间的会谈，除陪见人和必要的译员、记录员外，其他工作人员安排就绪后均应退出。谈话过程中，旁人不要随意进出。

（4）谈话礼仪

对外接触谈话要自然、和蔼。对方发言时要注意倾听，不要左顾右盼、随便插嘴，不可用过多或幅度过大的手势。

2.3.6 投诉接待

投诉接待是指政府机关、企事业单位在接待群众或客户投诉、意见、建议过程中的作业程序和礼仪规范。其目的是及时有效地解决投诉者的问题，提高其满意度，维护组织机构的形象和声誉。

1.投诉接待工作流程

（1）投诉信息登记

投诉信息登记一般采取书面形式，需要将投诉人姓名、性别、籍贯、联系方式、投诉日期、投诉事项，以及被投诉人（企业）名称、地址等信息载明清楚。

（2）倾听投诉内容

投诉接待人员耐心、仔细地倾听投诉的具体事项和内容，复述并确认投诉事项和内容。

（3）道歉与商议解决办法

①投诉接待人员对由此给投诉者产生的问题或带来的不便真诚地道歉，与投诉者一同分析判断投诉详细情况，具体是什么问题，问题出现的时间、地点、过程，经办人有哪些等。

②通过分析，提出初步解决办法，以安抚投诉者的心情，并告知投诉者，会报请上级处理。

（4）实施改进

相关人员根据投诉分析制定处理方案，报请上级领导审核审批，待审核审批后，将方案告知投诉者并协商解决，对投诉事项进行处理改进。

2.投诉接待工作要求

（1）控制情绪

①先安抚投诉者的情绪，改变投诉者的心态，然后处理投诉内容。

②在接待投诉者时，应对投诉行为实事求是、认真负责地判断，不夹杂个人情绪和喜好。

③投诉接待人员应控制自己的情绪，保持冷静、平和。

（2）全程记录

在接待过程中，针对投诉事项，投诉接待人员应对事件全过程进行仔细询问，并做详细的投诉记录。

（3）做好解释工作

①换位思考，易地而处，从投诉者的角度出发，做合理的解释。

②注意解释时的语气，不得给投诉者轻视、冷漠、不耐烦的感觉。

③不得试图推卸责任，不得在投诉者面前评论本单位、其他部门或同事的错误。

④在没有了解清楚投诉事项的前因后果时，不得将问题转交于其他同事或相关部门。

⑤经过分析确认确实是本单位的原因，投诉接待人员先代表组织机构进行诚恳道歉，同时了解投诉者的期望，限时提出解决问题的方法。

（4）及时跟进

①根据处理时限的要求，注意跟进投诉处理的进程。

②在规定时限内解决投诉者的问题，投诉解决后打电话回访询问投诉者是否满意该处理方案，还有哪些地方觉得不妥，记录并向其致谢。

③投诉结束后由相关部门整理成档案记录，明确说明此类事件的处理方法和改进措施。

第 3 章 会议

3.1 会议工作流程与要求

3.1.1 会议工作流程

规范化的会议流程，可以明确会议的目的和议程，确保参会人员能够充分参与讨论和决策，提高会议的效率和质量。此外，规范化的会议工作流程还可以减少会议中的误解和冲突，促进参会人员之间的沟通和合作，提出可能解决问题的思路，为解决问题提供更多地选择。

1. 会议准备

（1）确定会议目的

会议目的通常包括但不限于商讨问题、信息交流、资源共享、宣传方针等。

（2）确定会议议程

一般情况下，会议主办方应遵循"明确议题、确定主次、注重时效、适时调整"的原则来设计、确定会议议程；会议议程包括但不限于开幕式、领导及来宾致辞、工作报告、宣读决议、闭幕式等。

（3）确定会议时间和地点

会议时间的合理性与会议地点的选择影响着会议效率与质量，确定会议时间时应考虑会议持续时间、参会人员时间安排、会议场所可使用的时间段及自然因素等。选择合适的会议地点应考虑会议规模、交通便利性、安全性等因素。

（4）邀请参会人员

会议前拟订好参会人员名单，包括但不限于员工、客户、合作伙伴等。使用电子邮件或其他电子方式向参会人员发送邀请函，邀请函中应包含会议的日期、时间、地点、议程和联系方式等。在收到参会人员的回复后，需要确认他们能否参会及参会人数等情况。

（5）准备会议资料

准备会议所需资料清单，包括但不限于演讲稿、演示文稿、数据报告等。编写演讲稿和演示文稿时，应注意内容简洁明了、重点突出、生动有趣，以便吸引参会人员的注意力；在准备数据报告时，应注意数据的准确性和可视化方式，以便参会人员能够更好地理解数据。

（6）测试技术设备

在会议开始前，会务人员应测试技术设备，包括音频、视频、网络等设备，确保相关设备能够正常使用。如果有问题，应该及时解决，以确保会议不受影响。

（7）安排接待和引导

在会议开始前，安排专人负责接待和引导，以便参会人员能够顺利到达会议室和指定座位。

2.会议召开

（1）开场致辞和确认议程

一般由主持人进行开场致辞，大致介绍本次会议的主题与方向。介绍参会人员，确认会议议程和会议规则。主持人向所有参会人员介绍会议议程，确保所有参会人员更好地参与会议讨论。

（2）执行会议议程

不同主题的会议，安排不同的议程。一般情况，会议议程包括各人员发言、提出方案建议、投票、决策等。会议时间和讨论范围应该得到控制，以确保会议的高效性和有效性。会议记录和纪要应该由专人负责，并及时记录和更新会议内容及讨论结果。

（3）安排茶歇和餐饮

确定茶歇和餐饮的需求和类型，如各种类型的茶、点心、水果、饮料等。一般在会议前、会议中途休息时段由服务人员提供茶歇和餐食。

（4）总结会议结果

在会议结束时，应总结会议结果，同时参会人员也可以对本次会议进行评估和反馈，以便帮助改进和优化下次会议的议程和流程。

3.会议结束

（1）整理会议室

会议结束后需要清理会议室，包括清理桌面、椅子、地面等，收集回收各类物资物料，放入指定位置保管，确保会议室整洁有序。

（2）整理会议记录

会议记录是会议的重要资料，包括参会人员的发言、讨论、决定等。会议记录需要经过审核和修改，然后存档备查。

（3）发布会议纪要

通过电子邮件、内部网站、共享文件夹等方式发布会议纪要，确保相关人员能够及时收到并了解会议纪要的内容，并在会议纪要发布后，进行跟踪反馈。

（4）归档会议文件

将会议记录、会议纪要、行动计划等文件按照一定方法进行分类，如按照时间、主题、部门等进行归档；对每个卷宗进行编目，提取包括文件名称、时间、责任者、页数等信息，以便后续查找。

（5）结算会议费用

会议结束后需要结算会议费用，包括场地租赁费、餐饮费、交通费等，确保会议的费用合理、透明、合规。

3.1.2　会议工作要求

明确具体的会议工作要求有助于会议效率的提升，降低会议成本，提高会议质量，促进会议结果落实。

1. 先行审批

（1）会议审批流程

会议审批流程一般包括申请、审核、批准、备案等环节。主管部门负责人审核审批通过后，申请人方可进行会议筹备工作。

（2）会议审批标准

会议审批内容一般包括会议的必要性、会议的议程和内容、参会人员、会议时间和地点等方面。

（3）会议审批时限

在审批会议时，主管部门负责人需要根据申请人提交的材料进行审核，并在规定的时间内给出审核结果。

（4）会议审批监督

在审批会议时，相关部门需要对审批流程进行监督，并对不符合规定的情况进行纠正。如果发现存在违规行为，相关部门需要及时介入处理，并追究责任人。

2.有效控制

（1）控制时间

在会议过程中，控制好时间，确保每个议程都能在规定时间内完成。如果会议需要延长时间，需要明确告知参会人员延长时间的具体原因和时间长度。

（2）控制频次

组织机构会议频繁，导致会议效率不高、挤占工作时间，应降低开会频次，突出每次会议重点；合并会议，将议题相关的会议整合、归类，以直接解决问题为主。

（3）控制经费

组织机构召开会议，应在合理范围内尽可能节约，如简化会场布置、用电子版资料代替纸质资料、控制餐饮费用、使用可循环使用的茶具、合理安排交通及住宿等。

3.经费合规

（1）预算制定

在会议开始前，制定一个合理的预算，包括场地、住宿、餐饮、交通、物资等方面的费用。预算应该经过严格的审核和批准，并确保符合相关规定和标准。制定预算的过程中，应该考虑到所有可能产生的费用，避免出现遗漏或意外开支。

（2）经费管理

设立专门的会议经费管理人员，对会议经费的使用进行统一管理和监督。经费管理人员应该对所有经费使用情况进行记录和报告，确保经费使用的透明度和规范性。同时，需要对会议场地、住宿、餐饮、交通、物资等方面的费用进行监督和管理，确保符合相关规定和标准。

（3）费用报销

对于参会人员，应该明确报销标准和流程，并严格按要求执行。报销时需要提供完整的报销单据和相关的证明材料，确保报销的费用真实、合理、合规。此外，应该对报销进行实时审核，避免出现长时间等待或其他不必要的问题。

（4）监督审查

在会议期间和结束后，对经费使用情况进行监督和审查，确保没有违规使用经费的情况发生。监督审查的范围应该包括所有的会议场地、住宿、餐饮、交通、物资等方面的费用。对于发现的问题，应该及时进行处理，并对相关人员进行通报批评或处罚。

4.保障安全

（1）硬件安全

①选择会议场所。选择具有合法资质、符合消防安全要求的场所，检查会议场所、设施是否符合安全标准和消防安全规范。

②核定场地容量。根据参会人数和现场设施，合理核定场地容量，确保会议场所的容量符合安全要求。

③检查应急广播和照明设施。确保应急广播和照明设施是可用的，以便在紧急情况下能够及时通知和引导参会人员疏散。

（2）人员安全

①建立安保小组。建立安保小组，明确职责，加强企业纪律性，服从命令，增强责任意识。

②紧急情况应对预案。在会议开始前，需要对可能出现的紧急情况做好充分的准备，如准备急救药品、制定紧急疏散方案等。

③培训安保人员。对安保人员进行培训，增强他们的安全意识和应对紧急情况的能力，确保他们能够有效地履行职责，及时引导参会人员从消防通道迅速撤离。

（3）消防安全

①按照消防安全规范操作。在会议期间，严格按照消防安全规范操作，如禁止吸烟、乱拉乱接电线、使用大功率电器、违规操作等。

②及时发现和处理火情。安保小组成员需要时刻保持警惕，发现和处理火情时要迅速、准确，及时启动消防设施和报警器。

③设置安全出口和通道标识。设置明显的安全出口和安全通道标识，确保标识清晰、醒目，让参会人员能够快速找到安全出口和通道。

3.2 会前

3.2.1 会议规划

会议规划是在总体规划的基础上寻求最合理、最经济、最有效的方案，为会议决策提供科学依据。运用科学的方法进行会议规划，可以减少会议活动的盲目性和不合理性，避免浪费，保证会议活动的效率和效果。

1.会议主题

(1) 收集相关信息

为了使会议内容有针对性且是参会人员切实关心关注的,在召开会议之前,组织机构应多方收集相关信息,以提供翔实的背景资料和参考依据,来确定会议主题。

(2) 分析并提出目标会议主题范围

通过分析整理过的信息,确定会议主题方向,主题方向一般与经营、管理、战略、培训、总结有关。再根据会议的受众、时效性、前瞻性、总结性等特征提出符合的会议主题范围。

(3) 确定会议主题

将会议主题范围列成清单,向相关的专业人士咨询意见,如行业专家、有经验的管理干部,或对主题展开调查研究,在充分了解的基础上,结合当前实际情况,确定一个明确的会议主题。

2.会议形式

(1) 不同的会议目的需要选择不同的会议形式。例如,如果会议目的是传达信息,那么可以选择全体会议或讲座形式;如果会议目的是讨论和决策,那么可以选择研讨会或协商会形式。

(2) 参会人员数量和特点会影响会议形式的选择。如果参会人员数量较多,则需要选择适合大规模参与的会议形式,如全体会议或论坛形式。如果参会人员具有特定背景或专业,则需要选择适合这些背景或专业的会议形式。

(3) 会议时间和地点也会影响会议形式的选择。例如,如果会议时间较短,则可以选择讲座或研讨会形式;如果会议时间较长,则可以选择研究会或行动方案会议形式。如果会议地点是在户外,则可以选择行动方案会议或座谈会形式。

3.会议规模

(1) 参会人员数量及背景决定了会议的规模,这是确定会议规模的最主要因素。

(2) 会议的目的也影响会议的规模,例如,如果是为了讨论部门内的具体问题,那么会议规模在几人到几十人之间;而如果是为了宣布重要的决策,那么会议规模在几百人到几千人之间。

(3) 会议的预算也是确定会议规模的一个重要因素,如果预算有限,那么可能会选择较小的会议规模,而如果预算充足,那么可能会选择更大的会议规模。

（4）会议的形式

不同的会议形式也影响会议的规模，例如，如果是现场会议，那么可能会限制参会人数，而如果是在线会议，那么可以容纳更多的参会人员。

4.会议地点

（1）会议地点应尽量方便参会领导和参会人员前往，一般建议选择距离领导和参会人员工作地点较近的地方。

（2）在选择会议地点之前，需要对场地的周边情况有所了解。例如，是否适合举办会议，是否有方便的交通路线，是否有充足的停车位等。

（3）在选择会议地点时，还需要考虑便利及安全问题，例如，是否有网络连接、餐饮服务、住宿、消防设施等。

5.会议时间

了解整体工作进度和会议需求，确保会议时间与工作进度相匹配；如果需要高层领导参加，则要确保他们能参加会议；如果会议的目的是做决策，确保决策者要出席；会议召开时间应方便全部或大多数参会人员。

3.2.2 人员配置

会议的规模和类型决定了需要配置多少工作人员和提供哪些服务。在安排会议时，需要考虑到参会人员的数量和需求，以确保会议的顺利进行。

1.组织人员

会议组织人员的数量因会议规模和类型而异。小型、中型会议可能只需要1~3名组织人员，一般由行政部人员担任；而大型会议可能需要多个团队的人员来共同组织，如专业的策划团队、执行团队、技术支持团队等。

2.主持人

主持人是指负责主持会议全程、控制会议进程的人员。主持人通常由组织机构内的中高层管理人员或专业的主持人担任，其主要任务是介绍会议主题、引导讨论、控制时间、确保秩序等。主持人一般是1~2名。

3.发言人

发言人是指代表组织机构在会议上发表观点、阐述政策、介绍经验、汇报成果等的人员。发言人通常由组织机构内中高层管理人员、专家学者、行业领袖等担任,其主要任务是准确传达信息、深入阐述观点、回答提问等。发言人一般是1名。

4.服务人员

服务人员是指负责会务服务、接待工作等的人员。服务人员通常由组织机构内基层员工担任,如行政助理、接待员等。服务人员的主要任务是安排场地、布置会场、提供餐饮、接待来宾等。根据不同会议规模,服务人员数量要求亦不同。

3.2.3 经费预算

制定会议经费预算可以有效规划会议开支,避免浪费和超支情况发生,同时确保会议顺利进行,不给参会人员带来超出预期费用的负担。通过预算的制定,可以明确会议各方面的费用需求,合理安排资源,确保经费的合理分配和使用。

1.会议前的经费预算

①文件资料费。包括会议需要的文件、资料、证件、印刷、制作等费用。

②通信费用。包括会议通知、电话、电报、传真、网络等通信费用。

③会场租赁费用。包括会场租赁、会场布置、设备租赁等费用。

④餐饮费用。包括参会人员、工作人员的餐饮费用。

2.会议期间的经费预算

①交通费用。包括参会人员、工作人员的交通费用,如飞机、火车、汽车行程费等。

②住宿费用。包括参会人员、工作人员的住宿费用。

③会议用品费用。包括会议所需的各种用品、材料、用具、设备等费用。

3.会议后的经费预算

①会议总结报告印刷制作费用。

②会议资料整理和邮寄费用。

③其他费用。包括会后活动等费用。

3.2.4 文件准备

会议文件是会议的筹备期间或在会议召开期间形成的一系列指导性书面材料,包括会议日程表、开幕词和闭幕词、大会工作报告及讲话材料等。这些文件的存在和编制有助于确保会议的顺利进行和内容的准确传达。

1. 会议日程表

会议日程表是指会议安排的具体事项、内容和时间，一般包括会议的开场白、主题发言、讨论议题、互动环节、总结闭幕等项目。同时可以增减一些议程项目，如致辞、颁奖仪式、展览展示等。

2. 开幕词与闭幕词

（1）会议开幕词是会议主办方或主持人致辞的正式文件，通常用于宣布会议开始并简述会议的目的和议程。会议开幕词应当简洁、明了、庄重，以引起参会人员的重视和兴趣。

（2）会议闭幕词是会议主办方的主要领导人代表主办单位在会议闭幕时的讲话。这是对整个会议的总结，同时又是对今后如何贯彻落实会议精神的动员。

3. 大会工作报告

大会工作报告是用于向会议传达参会人员的工作情况、工作成绩、存在的问题和下一步工作计划的文件。通常由会议主办方的负责人或指定的报告人进行汇报，以便参会人员能够全面了解工作情况，并对未来的工作进一步规划和部署。

4. 讲话材料

讲话材料是在会议中发言的文件，通常包括演讲稿、讲话稿或PPT等。讲话材料应当具有逻辑性、连贯性和可理解性，以便参会人员能够更好地理解和掌握发言人的发言内容。

3.2.5 用品准备

会议用品的准备旨在为会议提供必要的物质基础和条件，以确保会议的顺利进行和圆满成功。通过精心准备会议所需的用品，如会议室设备、会议文具用品、会议茶歇用品视听设备及其他用品，可以提供一个舒适、便捷的会议环境，满足参会人员的各项需求。同时，这项工作还能体现出会议组织者的专业素养和管理能力，展现出组织者对会议的重视程度，为会议的顺利进行提供有力支持。

1. 会议室设备

会议室设备包括视频语音设备、灯光音响、摄影摄像等设备的租赁或购买。这些设备用品需要根据会议的性质和规模来选择和采购。

2.会议文具用品

会议文具用品包括签字笔、会议议程、参会人员名单及与会议任务或项目相关的参考资料等。这些资料可以随会议文件一起发放，也可以由参会人员按需取用。

3.会议茶歇用品

会议茶歇用品包括茶歇点心和茶歇饮料。根据会议性质与规模，茶歇点心通常包括各式糕点、时令水果、花式果盘等；茶歇饮料则包括矿泉水、罐装饮料、红茶、果茶、牛奶、果汁等多种选择。

4.视听设备

根据会议的需要，确保房间里有适当的视听设备，如电脑、投影仪、LED大屏、音响和麦克风等。

5.其他用品

其他用品包括桌椅、台布、茶具、照明设备、通风及空调设备等。

3.2.6 会场布置

会场布置旨在为会议举办提供必要的条件和保障，营造舒适的会议氛围和气氛，使参会人员之间能更好地沟通，从而达成共识和协作。通过合理布置会议场地，如座位、桌子、灯光、背景板等，可以让参会人员在愉悦的氛围中更好地参与和交流。

1.会场布局

（1）礼堂式会场布局如图3-1所示。

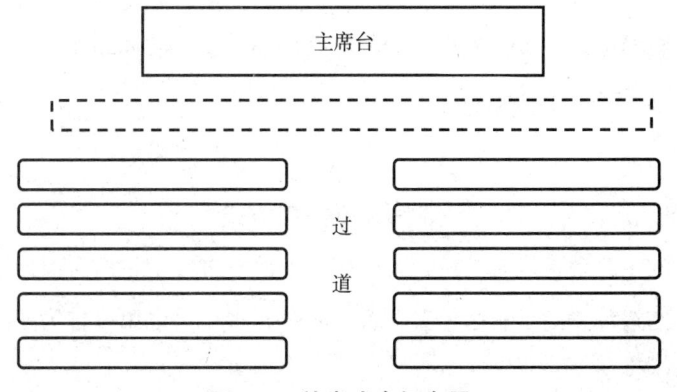

图3-1 礼堂式会场布局

礼堂式会场适用于大型会议，可容纳数百人至数千人不等。一般情况下，礼堂式会场的主席台要高于其他席位，领导者、主持人坐主席台。

（2）对话式会场布局如图3-2所示。

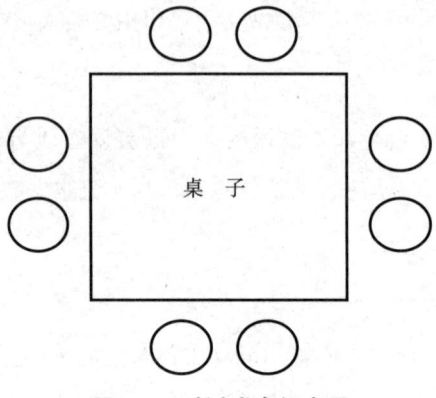

图3-2　对话式会场布局

对话式会场布局指参会人员围着桌子坐在一起，以便互动、讨论，同时座位之间的距离要合适，保证讨论效果。适用于小型会议。

（3）研讨式会场布局如图3-3所示。

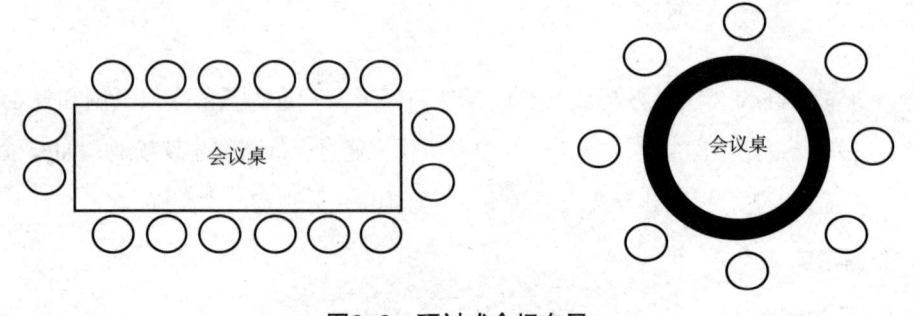

图3-3　研讨式会场布局

研讨式会场布局可以让参会人员看清彼此的面部表情和肢体动作，采用圆桌式或长方形桌式布局。适用于中小型会议。

2.座次安排

（1）若会议规模较大，可选择剧院式座位安排方式。

剧院式座位的主席台不能有空位，每个座位上放置桌签。主席台面向观众的中间位置高于两旁位置，左边位置高于右边位置，若主席台有多排，以第一排为尊，每排以居中和居左为尊。

①主席台单排，领导总数单数。最高领导人坐在1号位，排位2的领导居于1左边，3位于1的右边，剩余的4、5、6、7依然按照"左右左右"的次序进行排座。如图3-4所示。

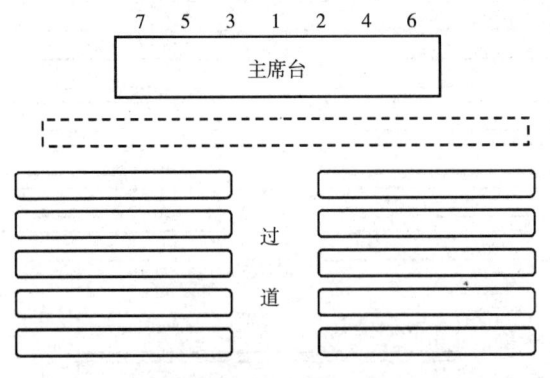

```
7 5 3 1 2 4 6
    主席台
```

图3-4 主席台单排领导总数为单数的座次安排

②主席台单排，领导总数双数。职位最高的两个人安排在1、2号位，排位2的领导居于1的左手边（"左为尊"的原则），排位3的居于1的右手边；其余人安排也是如此，4号居于左、5号居于右。如图3-5所示。

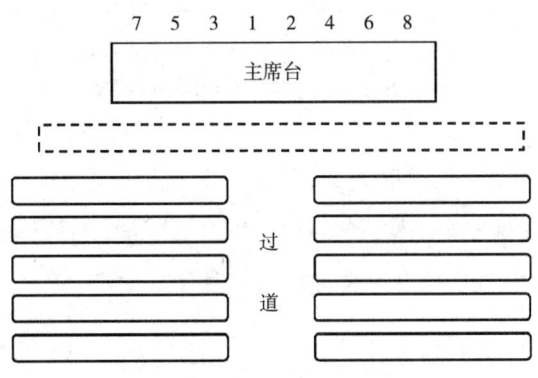

```
7 5 3 1 2 4 6 8
     主席台
```

图3-5 主席台单排领导总数为双数的座次安排

③多排主席台的座次安排，以第一排为尊，每排以左为尊。如图3-6所示。

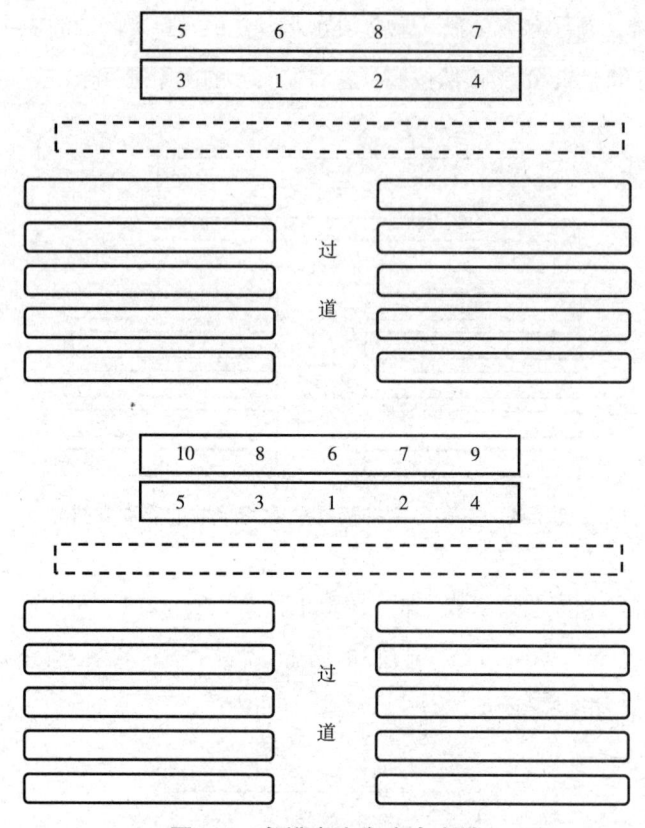

图3-6　多排主席台座次安排

（2）若举办小型会议，可采取会议桌座次安排方式。

①椭圆形桌座次安排方式，靠近门口的座位为接待方，与接待方相隔的座位为上级单位或来访单位人员。均以居中居左为尊。如图3-7所示。

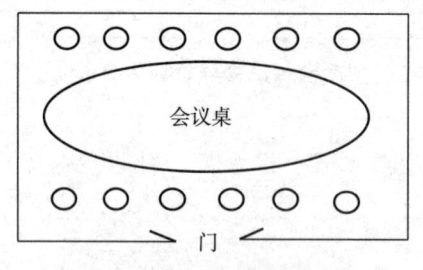

图3-7　椭圆形桌座次安排

②长方形桌，以大门左为尊，即左边为客，如图3-8所示。

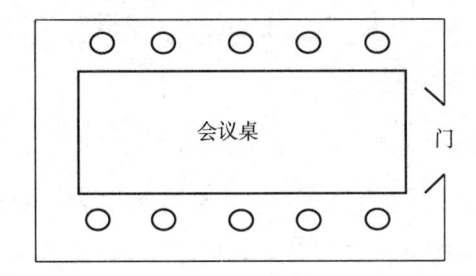

图3-8 长方形桌以大门左为尊的座次安排

③长方形桌，以大门正对居中及大门左为尊，居中为主持人或领导人，左边为客，如图3-9所示。

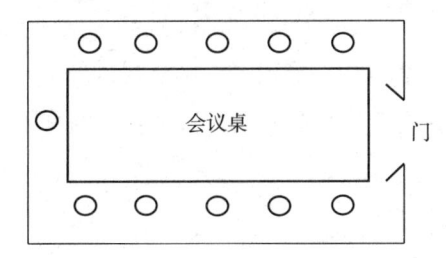

图3-9 长方形桌以大门正对居中及大门左为尊的座次安排

3.2.7 后勤保障

会议后勤保障的目的是为参会人员提供全方位的保障和照顾，确保他们在会议期间享受到高质量的后勤服务。后勤服务的质量和效率直接关系到参会人员的体验和会议的效果，同时也会影响参会人员的满意度及组织机构的形象。

通过采取后勤保障措施，满足参会人员的各项需求，提高参会人员的满意度和参与度。

1.落实后勤制度

会议后勤制度及流程包括会议签到、会议记录、会议决策等，严格落实到位，确保会议活动的顺利进行。

2.协调安排会场

要协调安排会场，保证会场的卫生、整洁、通风，为参会人员提供一个舒适的环境，同时需要协调安排会场内的布置、座椅摆放、环境清洁等工作，确保会场符合会议需求。

3.提供便利服务

为参会人员提供便利服务，做好会议报到、签到、引导工作。在会场门口设置签到处，协助参会人员办理签到、报到手续，并为参会人员提供会议日程、座位安排等会议相关资料，引导参会人员找到自己的座位。

4.妥善安排食宿

安排参会人员的住宿、饮食，保证参会人员的需求得到满足。协调酒店、餐厅等资源，为参会人员提供优质的住宿和餐饮服务，确保参会人员的健康和安全。

5.合理安排用车

制订合理的会议用车计划，包括车辆数量、车型、行车路线等，确保车辆能够满足会议活动的需求，保证车辆的合理使用。

6.供应充足物资

做好会议物资的采购、保管、发放工作。采购会议所需的物资，如投影仪、音响设备、麦克风、座椅等，并妥善保管和发放，保证物资的充足供应，以确保会议的顺利进行。

7.保障会议安全

做好会议安全工作，制定安全预案，包括安全检查、安保人员配备、制定应急措施等，保证会议活动期间的安全、稳定。

3.2.8 注意事项

会议组织人员了解会议举办的注意事项有助于提高会议效率，确保会议质量，增强会议效果，促进会议达成共识和合作。

1.提前准备

为了确保会议顺利进行，应制订周密的会议举办计划并严格执行，确定会议主题和目的，以及准备必要的信息和材料。在会议现场，需要进行充分的布置和查验工作，以确保会议有条不紊地进行。

2.有序工作

明确会议分工，制定详细的任务清单，可以让工作更加有序和高效，避免工作重复和混乱；认真核对会议物料，制定详细的会议议程，安排专业的翻译和接待人员等，可以提供更加完善、专业和高效的会前服务。

3.留有余地

在会议筹备阶段,会议组织人员应预判可能会出现的一些突发情况,并针对突发情况留出充足的时间来应对。如针对实际到会人数比会议回执人数多的情况,可以预留一些额外的座位,以备不时之需;会议后常有宴会聚餐,也应考虑多留一些餐位备用;住宿房间应多预订一些单间或套房;最后,经费也要留有余地,以应对需要花费的紧急情况。

4.关注细节

为了保证参会人员的体验感及满意度,在会前,应事先仔细核对会议材料和资料,检查设备和场地;选择舒适的会议环境,提供贴心的服务,合理安排会议中的休息时间;如果有外宾参加会议,应提供专业的翻译服务。

5.设置预案

在会前,应针对会议过程中可能会发生的各类意外事件设置预案,如参会人员突发疾病、发生自然灾害、产生技术故障等,应有相关预案可以及时应对,降低损失,减小影响,同时保障参会人员的安全和利益。

3.3 会中

3.3.1 会议签到

会议签到是一项重要的工作。通过签到情况,会议组织者可以查看出席会议的人数,准确地统计到会人数,从而确定会议能否按时召开,以更好地安排会议工作。

1.会议签到内容

(1)参会人员的基本信息

包括姓名、单位、职务、联系方式等。

(2)其他信息

部分会议可能需要收集参会人员的其他信息,如住宿需求、用餐需求、车辆信息等。

2.会议签到方式

(1)纸质签到表签到

参会人员到达会议现场后,在提供的纸质签到表上填写自己的姓名、单位、职务等信息,然后签字确认。

（2）电子签到表签到

参会人员到达会议现场后，通过扫描会议组织者提供的二维码或者填写电子表单等方式，在电子签到表中填写自己的姓名、单位、职务等信息，然后确认提交。

3.3.2 发放资料

发放会议资料，可以帮助参会人员更好地理解和掌握会议议题、提高会议效率、促进信息共享和团队协作、方便记录会议内容等。

1.会议日程表

会议日程表是会议组织者为参会人员提供的一种重要资料，其中包括不同时段的活动项目安排。这些信息对于参会人员了解会议的安排、要求和规则非常重要。

2.会议资料袋

会议资料袋是会议组织者提供的包括会议宣传材料、会议重要文件、会议纪念品等在内的文件袋。发放这些资料的目的是帮助参会人员更好地了解会议的主题和目的，同时，提供一些有用的信息和资源。

3.新闻通稿

新闻通稿是会议组织者向媒体发放的一种重要资料，其中包括会议新闻通稿、媒体通知、媒体采访邀请函等。这些资料旨在帮助媒体了解会议的背景、议题和目标，并为他们提供必要的信息和资源。

4.演讲稿类文件

演讲稿类文件是会议组织者提供的有关人员发言的稿件，包括领导致辞、讲话稿及有关人员发言稿、祝酒词等。这些稿件通常在会议上进行宣读，旨在向参会人员传达一些重要的信息和观点。

5.其他资料

其他资料是会议组织者为参会人员准备的一些会议必要资料，包括来宾登记表、住宿登记表、用餐分组表、会务组成员通讯录等。这些资料旨在帮助参会人员更好地了解和参与到会议中。

3.3.3 引导入场

引导入场是会议准备阶段的重要环节，对于确保会议顺利进行，营造良好的会议氛围，体现会议组织者的专业性和责任心，以及提供必要的帮助和指导等方面都具有重要的意义。

1.提前准备

确定参会人员名单，向他们发送入场提示信息，告知入场时间、地点、流程和注意事项等。同时，根据参会人员的身份和职务，安排接待人员的顺序和引导方式。

2.安排接待人员

在会场门口安排专门的接待人员，负责引导参会人员入场，并为他们提供必要的帮助和指导。接待人员应具备良好的礼仪和专业的引导技巧，根据参会人员的身份和职务，准确快速地引导参会人员找到相对应的座位。

3.分时段入场

为避免会场拥挤和座位冲突，根据参会人员的身份和职务，分时段入场。先让主要嘉宾和主持人等重要人物入场，再依次安排其他参会人员入场。

4.设置指示牌

在会场中设置指示牌，标明不同区域的座位编号，以及会议日程等信息。指示牌应清晰明了，方便参会人员一眼就能看到自己所在的座位区域。

5.处理特殊情况

对于行动不便或无法自行行走的参会人员，应提前安排轮椅或其他辅助器具，并提供专门的服务和照顾。同时，对于迟到或需要特殊帮助的参会人员，应有专门的引导和服务人员提供帮助和处理。

3.3.4 执行议程

执行议程是指一系列为实现特定目标而采取的行动计划或政策措施。执行议程显示了一个组织或团队在会议中的决策和行动。它不仅促进参会人员对会议过程的参与和贡献，还能汇集不同人的意见和想法，最终达到达成共识和解决问题的目的。

1. 确认议程

在会议开始前，确认议程的准确性和完整性，确保与参会人员达成一致。如果需要变更或更新议程，应及时通知参会人员，并更新已发布的议程。

2. 按照议程顺序推进会议

主持人应该严格执行会议议程，避免讨论的内容偏离主题和目的。在讨论决策时，应该给予参会人员充分的时间表达观点和建议，确保充分讨论和决策。

3. 控制时间

控制每个议程的时间，避免某个议程讨论时间过长，影响会议的效率和进度。如果一个议程项目需要更长的时间讨论，主持人应该及时调整议程，确保后续的议程能够按计划进行。

4. 总结和回顾

在每个议程讨论结束后，主持人应该进行总结和回顾，确认讨论的结果和决策的实施情况，并吸取经验教训，以便后面的会议过程更加高效和有序地进行。

5. 维持秩序

在会议过程中，主持人应该维持会议的秩序，有效控制参会人员的发言时间和讨论时间，避免出现争吵或冲突的情况，确保会议的和谐进行。

3.3.5 会议记录

会议记录是指在会议过程中，由会议记录人员把会议的基本情况和会上的议程、发言、决议等内容记录下来的书面材料。它不仅可以记录会议的议程和结果，还可以帮助组织者和参会人员评估会议效果，并在必要时提供证明和参考。

1. 提前到达并准备好用具

会议开始之前，记录人员需要提前到达会场并确定会议记录的位置，会议记录的工具可以选择笔记本电脑、录音设备或者纸笔等。

2. 记录会议的讨论和决策

会议过程中，记录参会人员的发言和讨论，以及作出的决策、分配的任务和达成的目标等。使用缩写、符号或关键词等快捷方式记录要点，以便在记录过程中更加快速和准确。

3.使用录音设备

如果使用纸笔记录会议发言和讨论很困难，可以使用录音设备记录会议内容。在会后，将录音内容整理成会议记录。

4.使用笔记本电脑或平板电脑

如果需要进行复杂的记录，可以使用笔记本电脑或平板电脑等设备进行记录。这些设备方便输入文字、插入图片或记录语音，并可以帮助在会后整理会议记录。

5.确认会议结论和行动计划

在会议结束时，确认会议的结论和行动计划，并在记录中注明。有助于会议记录的阅读者了解会议的结果和下一步的行动计划。

6.校对和核实会议记录

在整理会议记录后，校对和核实会议记录的准确性和完整性，以确保会议记录的质量。

3.3.6 注意事项

会议进程中，有一些事项必须要引起重视，稍有疏忽，就可能导致会议效果不佳。

1.注意控制时间

要严格遵守会议议程，会议主持人务必要控制好时间，提醒会议发言人遵守时间。

2.做好应急准备

对会场内的突发情况：设备突然出问题、参会人员身体不适、意见和观点相左等情况，要事先有预案，并落实到具体的负责人员。

3.做好会议记录

不遗漏、不错记、重要信息不缺失，可以通过AI办公软件辅助进行。

4.注意会议内容涉密

应特别注意对服务保障人员和材料起草人员的保密提醒，严禁将手机、智能穿戴设备带入会场，以及防止无关人员的打探、采访，以防止信息泄露。

5.避免拖延

按照规定的时间结束，避免拖延。

3.4 会后

3.4.1 引导退场

引导退场是为了确保会议的顺利结束，维护会议秩序和安全，向参会人员表达感谢和尊重，确保参会人员能够按时返回工作岗位或继续其他安排。

1.感谢参会人员

在会议结束，参会人员离开会场时，会议组织人员可以用麦克风或扩音器表示感谢，如"感谢大家的参与，祝大家有愉快的一天。"

2.提示离场时间

在感谢参会人员后，会议组织人员可以使用麦克风或扩音器提醒参会人员离场时间，如"感谢大家的参与，现在请离开会议室。"

3.指示出口

引导人员走到门口并指示出口，以帮助参会人员找到正确的出口方向。可以使用手势或简单的语言，如"请从这里离开。"

4.保持通道畅通

在引导参会人员退场时，需要保持通道畅通，确保门口或通道没有阻碍的事物，以便参会人员可以轻松、顺利地离开。

3.4.2 离会服务

离会服务是指会议结束以后，会务工作人员为参会人员离开会议地，去往餐厅、住宿地、其他场所或返回原单位时提供的服务工作。

1.餐饮服务

餐饮服务是指根据参会人员的个人需求和偏好，选择适合的餐厅，并按照主办方的接待标准进行点菜。在选择餐厅时，需要考虑参会人员的口味、文化背景、宗教信仰等因素，确保饮食符合参会人员的需求。

2.娱乐服务

娱乐服务是指根据参会人员的兴趣爱好和时间，安排合适的娱乐服务活动，以丰富参会人员的行程。具体而言，可以选择参观当地景点、博物馆、艺术展览馆等，或者进行游泳、健身等体育活动。

3.住宿服务

会务工作人员提前按照接待标准预订好参会人员的住宿地，并在选择住宿地前尽量征求参会人员的意见，以满足其文化习俗和需求。在住宿房间内，准备相关资料、水果等，并检查房间布置情况，以便参会人员在住宿期间能够获得舒适感。

4.接送服务

主办方根据参会人员数量确定车辆安排，接送参会人员前往目的地，包括住宿地、车站、飞机场等，并在车内准备矿泉水以方便参会人员饮用；除此之外，会务工作人员还需要帮忙搬运相关行李、物品等。

3.4.3 清理会场

清理会场是对会场设备及会场环境的保护，也是保证会议质量和维护主办方形象的一项重要工作内容。

1.清理垃圾和废弃物

清理干净会场内所有的垃圾和废弃物，包括纸张、塑料袋、饮料杯等。将垃圾分类后，放入指定的垃圾桶或纸箱中。

2.清理食品和饮料

如果主办方在会议期间提供了食品或饮料，需要及时清理桌面和器具。使用湿布或清洁剂进行擦拭，并将所有器具和容器清洗干净。

3.清理地毯或地板

使用吸尘器或拖把清理会场内的地毯或地板，确保没有污渍或杂物。如果需要清洗地毯或地板，可以使用适当的清洁剂进行清洗。

4.恢复座椅和桌子

将所有座椅和桌子恢复到原来的位置，以便下一次会议或活动可以使用。如果桌子需要清洁，可以使用湿布和清洁剂进行擦拭。

5.关闭电器设备电源

关闭所有电器设备的电源，例如，投影仪、音响等，以确保安全。并将所有插头拔掉，以避免电器设备在会场关闭后继续运行。

6.修理或更换损坏的设备

如果会议期间有设备损坏，需要及时修理或更换。如果无法立即修复，应将损坏的设备移开，以免影响会场的整洁和安全。

7.进行通风和清新空气

打开会场内的窗户和通风设备，保证会场内的空气流通。如果会场内有异味，可以使用空气清新剂进行喷洒。

8.检查和锁门

最后检查会场内是否有遗留物品，并将所有的门和窗户锁上，以确保会场的安全。

3.4.4 报销费用

会议结束之后，会务组应对会议举办期间产生的各种费用进行整理，填写费用报销单报销，并与之前的会议经费预算进行检查比对，找出可以优化提升的环节，以便后续进一步提升会议质量的同时，降低开支，提高预算经费的使用效率。

1.填写费用报销单

在费用报销单上详细列出各项费用及其金额，包括差旅费、会务费、餐费等，同时填写报销人基本信息、报销事由、费用明细、合计金额等。

2.收集整理票据

（1）会议场地租赁费用票据

会议场地租赁费用包括会议场地的租赁费用、场地布置费用等。须提供会议场地的租赁合同、场地布置清单等相关的票据和资料。

（2）会议设备租赁费用票据

会议设备租赁费用包括投影仪、音响系统、桌椅、签到台等设备的租赁费用。须提供设备租赁合同、设备使用清单等相关的票据和资料。

（3）其他费用票据

其他费用包括会议资料制作费用、礼品采购费用、会务人员工资等。需要提供相关的票据和资料，如会议资料清单、礼品采购清单、会务人员工资单等。

3.审核费用报销

（1）审核原始凭证的合法性、真实性和完整性，包括发票、收据、合同等。

（2）审核报销的理由是否符合主办方规定，如差旅费、会务费、餐费等。

（3）审核各项费用的名称、金额、数量等是否准确、完整。

（4）审核报销的金额是否在主办方规定的范围内，如差旅费标准、会议费用标准等。

（5）审核会议费用报销单的附件是否齐全、是否符合要求，如合同、发票等。

4.签字确认

在签字前，需要对费用报销进行审核，包括原始凭证、报销事由、费用明细等，确保费用的合理性和合规性。签字确认的范围应该仅限于主办方规定的报销范围，不得超出标准。

3.4.5 整理文件

会议后的文件整理对于确保会议记录的安全和可访问性，方便后续的查阅和使用，确保任务的跟进和完成，以及提高工作效率等都具有重要意义。

1.会议决议

会议决议是会议讨论后形成的决定或建议，通常在会议纪要中记录。会议决议应当具有明确性、权威性和可执行性，以便参会人员能够在后续的工作中更好地贯彻执行会议的重要决定。

2.整理会议纪要

在会议结束后，尽快整理会议纪要，记录会议的讨论内容、决策、任务分配等。以确保所有参会人员都了解会议的要点，并且可以在需要时进行参考。

3.分享会议纪要

在整理好会议纪要后，需要将其通过电子邮件或在线共享等方式分享给参会人员，以便他们能够更好地了解会议的内容和决策。

4.分类和归档文件

将会议相关的文件进行分类和归档，以便后续查找和使用。可以按照主题、日期或重要性等标准进行分类，并使用文件夹、标签或电子文件夹等方式存放文件。

5.更新和维护文件

将电子文件保存在云端或本地计算机中,定期备份电子文件以确保数据不会丢失或损坏,并且可以在需要时恢复到以前的版本。通过维护会议记录,可以轻松地跟踪任务和决策的进展情况,并且可以在需要时进行参考和共享。

3.4.6 会后跟进

会后跟进的目的和意义是确保会议决策和行动计划得到有效执行,达到预期的质量和效果。

1.跟进任务进度

按照会议纪要中的任务分配,跟进任务进度,确保任务按时完成。通过监控任务进度、提醒责任人及时完成任务、评估任务完成质量等方式进行。跟进任务进度可以确保团队成员按照会议决策和行动计划开展工作,并及时解决出现的问题。

2.与相关人员沟通

与相关人员沟通会议的决策和行动计划,确保相关人员对任务有清晰的理解和认知,通过与相关成员个别沟通、发送电子邮件或电话通知等方式进行沟通,可以确保每个人都能明确自己的责任和任务,及时解决问题和反馈意见。

3.监督和评估

定期监督和评估任务的执行情况,确保任务按照计划执行,并解决执行过程中出现的问题。通过定期检查任务进度、评估任务完成质量、审核财务预算等方式进行监督和评估,确保团队成员按照任务计划开展工作,及时发现和解决问题。

4.反馈和调整

定期收集反馈意见,并根据反馈情况对行动计划进行调整,以确保任务的顺利执行。反馈和调整可以确保相关人员及时了解会议执行的要求,提高任务完成的质量和效率。

3.4.7 注意事项

会议组织者了解会后注意事项可以确保会议的成果能够得到有效落实,同时避免因会议结束后的一些疏忽而产生不良的后果,进而提高会议组织者的形象和声誉,促进参会人员之间的沟通和联系。

1.及时整理资料

及时整理会议资料，包括所有参会人员的名单、签到表、会议记录、会议图片等资料。

2.撰写会议纪要

会议纪要应该准确反映会议内容，包括讨论的主题、做出的决定、分配的任务等。此外，还需要保留会议记录，以便将来查阅。

3.妥善回收物品

将会议中使用的物品进行分类回收和整理，例如，未领取的礼品、资料、笔、本子、刀、笔记本电脑等，确保物品得到妥善处理。

4.收集反馈意见

向参会人员收集反馈意见，了解他们对会议的看法和建议。帮助会议组织者发现会议中存在的问题，并为未来的会议改进提供参考。

5.表达感谢

在会议结束后，向参会人员发送感谢信或邮件，感谢他们的参与和支持。以建立良好的人际关系，并为未来的合作打下基础。

3.5 典型会议的举办

3.5.1 办公会

办公会通常指在企业、组织内部召开的会议，用于讨论企业、组织内部的事务、计划和决策，以帮助企业或组织实现协调、决策、信息共享和解决问题等目标。

1.主要步骤

（1）准备阶段

①办公会议必须有一个明确的目的和主题，以便参会人员了解会议内容和议程；一般情况，办公会议的主题与信息沟通、办公问题、布置任务等有关。

②根据参会人员的身份和地位，选择合适的会议时间和地点，并提前预订会议室。

③准备符合会议主题和议程的会议材料，包括会议通知、议程、日程安排、背景资

料等。

④确定需要参加会议的人员，并通知他们会议的时间、地点和议程等。

（2）进行阶段

①在会议开始前，进行签到，确认参会人员身份，并接待参会人员，提供必要的服务和支持。

②根据会议规模和规格，举行适当的开会仪式，包括主持人介绍、领导讲话、宣读议程等。

③按照议程顺序，进行会议的讨论和决策，确保会议的决策过程清晰、准确、合理。

④安排专人记录会议内容和决策结果，并将会议内容和决策结果传达给参会人员或相关人员。

（3）结束阶段

①在会议结束后，进行会议总结，归纳会议内容和决策结果，并向参会人员和相关人员发布会议总结报告。

②将会议材料进行归档，以便日后查阅和使用。

③将会议室清理干净，恢复现场秩序。

2.注意事项

（1）充分准备

要充分准备办公会议的材料，包括会议通知、议程、日程安排、背景资料等，以确保参会人员能够充分了解会议内容和议程，并做好相应的准备。

（2）遵守议程

办公会议的决策过程要严格遵守会议议程，确保会议的决策过程清晰、准确、合理。在会议过程中，应该按照议程的顺序进行讨论和决策，避免议程外的事情干扰会议的决策过程。

（3）全面记录

办公会议要有准确全面的会议记录，以确保能够真实反映会议内容和决策结果。会议记录应该包括会议的时间、地点、参会人员名单、议程、讨论内容、决策结果等。

3.5.2 研讨会

研讨会通常包括演讲、讨论、交流想法及分享经验和知识。研讨会可以为参会人员提供深入了解某个主题的机会，同时也可以促进参会人员之间的互动和合作。

1.主要步骤

（1）策划和准备阶段

①确定研讨会的目标、主题和议程，明确研讨会的主旨和受众对象。

②确定研讨会的时间、地点和参加人员，包括主讲人、嘉宾、观众等。

③策划研讨会的宣传方式，包括制作宣传材料、发布通知、宣传推广等。

④准备研讨会所需的设备和技术支持，如投影仪、音响设备、笔记本电脑、网络连接等。

（2）组织和安排阶段

①确定研讨会的主持人和嘉宾，与他们协商讨论演讲的时间和内容。

②安排参会人员的座位和分组，以便进行讨论和交流。

③介绍研讨会的目的、主题、议程和规则，让参会人员了解研讨会的整体情况。

④开始研讨会，按照议程进行演讲、展示和讨论，主持人进行引导和掌控。

（3）讨论和交流阶段

①在演讲和展示结束后，开始进行讨论和交流，参会人员可以提出问题和意见。

②主持人需要维持会议秩序和节奏，确保讨论和交流的顺利进行。

③嘉宾和主讲人需要积极参与讨论和交流，为主持人提供帮助和支持。

（4）总结和结束阶段

①在讨论和交流结束后，进行总结和评价，概括讨论的主要观点和结论。

②给出下一步行动的建议和方向，为参会人员提供行动的指导。

③主持人感谢参会人员和主讲人的参与和贡献，宣布研讨会结束。

2.注意事项

（1）避免重复讨论

避免在研讨会中重复讨论已知事实或已有共识的问题，应确保讨论的议题是有意义的，能够为参会人员带来新的见解和启示。

（2）维持会议秩序和节奏

在讨论过程中，维持会议秩序和节奏，避免浪费时间或跑题。主持人应进行良好的引导和掌控，同时也需要参会人员遵守会议规则和纪律。

（3）充分准备材料

在研讨会前，会务工作人员需准备好需要的材料和设备，如投影仪、音响设备、笔记本电脑、网络连接等。这些设备可以支持演讲者更好地展示和交流，同时也方便参会人员更好地参与讨论和互动。

3.5.3 企业年会

企业年会是企业组织的一种活动，通常用于庆祝企业一年一度的重大事件或者纪念日，同时也会用来展示企业形象、激励员工士气等。

1.主要步骤

（1）策划阶段

①确定年会的主题和目标，以便为年会的策划提供方向。

②选择适当的日期和地点，以确保年会的顺利举行。

③根据年会的目标和需求，制定合理的预算，费用包括场地租赁、食品和饮料购买、娱乐活动策划、礼品采购等。

④确定年会的参与者名单，包括企业员工、嘉宾、演讲者等。

（2）组织阶段

①确定年会流程，包括节目表演、颁奖仪式、嘉宾演讲等，以确保年会活动的丰富性和多样性。

②确定餐饮和娱乐服务，包括食品和饮料、娱乐活动等。

③制定安全措施，确保年会的安全和稳定。

（3）执行阶段

①按照年会的规模和需求，选择合适的场地，并做好准备工作。

②根据参与者名单，安排适当的座位，确保参与者能够舒适地观看节目和参与活动。

③安排适当的演讲者和表演者，确保年会活动的丰富性和多样性。

（4）后续阶段

①对年会的效果进行评估和总结，总结经验教训，为下一次年会做好准备。

②整理年会资料，包括照片、视频、演讲稿等，以便后续使用和存档。

③向参与年会的员工、嘉宾等表示感谢，以表达企业的感激之情。

2.注意事项

（1）预算合理

制定企业年会预算需要考虑到各项因素，包括年会规模、目标、各项费用等，以确保预算的合理性和可控性。

（2）安全保障

确定年会的安全责任人，负责年会的安全工作；预先检查年会的场地、设备是否符合安全要求；选择合格的食品和饮料供应商，确保食品和饮料符合卫生要求。

（3）活动多样

选择、策划和组织多种活动形式，例如，演讲、讲座、培训、比赛、娱乐活动等，以确保年会形式的多样性和趣味性。

3.5.4 总结表彰会

总结表彰会一般指总结大会，是指对某项工作进行总结和安排，并对表现优秀的人员进行表彰和奖励的会议。

1. 主要步骤

（1）会前工作

①确定总结表彰会的目标、主题和名称，例如，鼓励员工提高业绩、表扬优秀员工、激励员工等。

②确定表彰的标准和流程，包括表彰的人员类别、表彰的理由和方式等。

③准备表彰名单和相应的材料，包括荣誉证书、奖品或奖金等。

④选择适合的会议举办时间和地点，确保参会人员能够按时参加。

⑤邀请需要参加的人员，包括表现优秀的人员、相关领导、工作人员等。

（2）会中工作

①对参会人员进行问候和感谢，并介绍本次总结表彰会的主题和目的。

②对某项工作进行总结和评价，包括完成情况、存在的问题和不足之处、需要改进的方面等。

③对表现优秀的人员进行表彰，通常会颁发荣誉证书、奖金或奖品等。

④安排受表彰的人员发表感言或分享工作经验，以激励其他人员向他们学习。

（3）会后工作

①对本次总结表彰会进行总结和评价，并安排下一步工作。

②整理会议材料，包括总结报告、表彰名单、发言内容等，以便后续参考和记录。

③按照会议安排和要求，跟进落实具体工作，确保任务的完成和目标的实现。

2.注意事项

（1）避免出现表彰过度或不足

为避免出现表彰过度或不足的情况，应预先确定表彰标准和流程，选择表彰人员时综合考虑他们的表现和贡献，同时参考其他人员的评选意见，公开透明地展示评选过程和标准。

（2）注重会议互动性

在会议进行中，需要注重参会人员的互动和参与性，让他们能够积极参与发言和讨论，达到更好的会议效果。

3.5.5 新闻发布会

召开新闻发布会通常是为了向媒体和公众发布企业、组织的重大政策和事件，解释企业、组织的经营状况和业绩，提升企业、组织的形象和声誉，以及回答记者和公众的问题。

1.主要步骤

（1）准备阶段

①明确新闻发布会的主要内容和目的，以便为发布会准备合理的议程和材料。

②选择合适的时间和地点，例如，酒店、会议中心或媒体机构等。

③准备新闻稿，包括关键信息、图片、视频等，以向媒体和公众传达发布会的主题和目的。

④邀请相关的媒体和嘉宾参加发布会，包括记者、分析师、投资者、合作伙伴等。

⑤选择适合的主持人和主讲人，例如，企业的高级领导人、行业专家或技术团队成员等。

（2）执行阶段

①布置会场，包括舞台、灯光、音响、投影等，确保会场符合新闻发布会的主题和目的。

②接待媒体和嘉宾，提供签到表、名片、礼品等，确保他们感受到主办方的热情和尊重。

③按照预定的程序，发布信息和新闻，包括演讲、问答、互动等，向媒体和公众传达发布会的最终目的。

（3）后续阶段

①在新闻发布会结束后，提供媒体采访的机会，并提供新闻稿，以便媒体获取更详细的信息。

②在新闻发布会结束后，总结和评估活动的成果和效果，包括媒体覆盖率、公众关注度、形象提升等，以便为下一次发布会做出更好的准备。

2. 注意事项

（1）避免虚假信息

在编写新闻稿之前，需要进行充分的准备、策划和审核，确保新闻稿的内容真实、准确、有价值，并且能够满足媒体和公众的需求。

（2）确保流畅有序

在新闻发布会之前，需要制订详细的计划和时间表，包括媒体和嘉宾的签到、主讲人的演讲、问答环节、媒体采访等，以确保发布会组织和执行流畅、有序、高效。

（3）保证专业清晰

确保新闻发布会的主持人专业性较高，能够有效地传达发布会的主题和目的。

3.5.6　经营分析会

经营分析会的内容包括对企业各项业务指标的完成情况、市场环境、竞争情况、经营风险等方面的分析和讨论。通过经营分析会，企业可以及时掌握市场动态和经营状况，制定更加科学合理的经营策略，提高企业的竞争力和盈利能力。

1. 主要步骤

（1）会前工作

①确定会议的目的和主题，明确会议的方向和重点。经营分析会主题包括重要事项进展情况、财务报告解读和关键经营指标回顾、各业务体系的经营回顾等。

②确定参会人员，包括企业的高级管理人员、部门负责人、业务骨干等，同时确定会议的时间和地点。

③准备相关的会议材料和工具，包括数据分析报告、市场调研报告、竞争对手分析报告、经营策略方案、行动计划书等。

④将会议通知发送给参会人员，包括会议的时间、地点、议程、注意事项等。

（2）会中工作

①在确定的时间和地点召开经营分析会，参会人员须按时参加。

②相关部门负责人汇报经营数据和分析，包括财务数据、市场数据、竞争情况等。

③通过汇报的经营数据和分析，讨论市场环境和竞争情况，制定出更加科学合理的经营策略。

④根据经营策略，制订出具体的行动计划，包括人员培训计划、市场拓展计划、投资计划等。

⑤确定每个行动计划的责任人和时间节点，确保措施和行动计划得到落实和跟踪。

（3）会后工作

①对会议进行分析和总结，包括对经营数据的分析、对经营策略的制定、对行动计划的落实等方面。

②将会议纪要和行动计划书发送给参会人员，以便大家了解会议内容和后续的行动计划。

③对行动计划的落实情况进行跟踪和监督，及时调整和改进措施和行动计划，以实现更好的经营效果。

2.注意事项

（1）数据要真实准确

①明确数据来源，确保数据是从合法、合规的渠道获取的。

②预先验证数据的准确性，对比不同来源的数据，或者邀请外部专家进行数据验证，以确保数据的准确性。

③建立数据管理系统，以确保数据的规范化和标准化。

（2）计划要可执行

①对经营计划做可行性的验证，明确经营计划的责任人，以便落实经营计划并对其进行监督和评估。

②定期检查经营计划的进展情况，以便及时调整和优化经营计划。

③建立奖惩机制，以便激励员工积极落实经营计划，并对出现的问题能够及时解决。

第4章 文书

4.1 公文写作基础

4.1.1 公文的种类

1. 基本分类

公文种类很多，从不同角度，有不同的分类方法。

（1）按公文的使用范围，可分为通用公文和专用公文。

（2）按行文方向，可分为上行文、下行文、平行文。

（3）按文件来源，可分为收文、发文、内部公文。

（4）按文件的机密性，可分为公开文件、内部使用文件和保密文件。

（5）按对公文的处理时限的要求，可分为平件、特件、平级件、加急件和特急件。

（6）按公文的性质和作用，可分为指挥性公文、规范性公文、呈请性公文和知照性公文。

（7）按照内容和使用方式，可分为党政机关公文、规章类公文、事务类公文、会议类公文和礼仪类公文。

2. 常用公文种类

本文主要从内容和使用方式划分的标准进行公文写作介绍，这也是日常生活中最常见的一种归类方式。

（1）党政机关公文

党政机关公文是党政机关实施领导、履行职能、处理公务的具有特定效力和规范体式的文书，是传达贯彻党和国家的方针政策，公布法规和规章，指导、布置和商洽工作，请示和答复问题，报告、通报和交流情况等的重要工具。

党政机关公文主要分为决定、公告、通告、意见、通知、通报、报告、请示、批复、函和纪要等。

（2）规章类公文

规章类公文是各级领导机关及其职能部门、社会团体、企事业单位为实施管理、规范工作和活动、指导有关人员行为而制定并发布实施的，具有行政约束力和指导性的规范文件。

规章类公文一般分为条例、办法、制度和章程。

（3）事务类公文

事务类公文是机关团体、企事业单位或者个人在工作中处理日常事务时用来沟通信息、安排工作、总结得失、研究问题、制定规章制度等所写的实用性文体。

事务类公文一般分为计划、总结、启事、声明、工作简报和述职报告。

（4）会议类公文

会议类公文是指为会议准备的或于会议中形成的若干指导性的文字或决议构成的书面材料。

会议类公文一般包括主持词、演讲稿、开幕词、闭幕词和会议记录等。

（5）礼仪类公文

礼仪类公文是为礼仪目的或在礼仪场合使用的文书。

礼仪类公文一般分为贺信（电）、邀请函、颁奖词、欢迎词、欢送词、祝酒词、答谢词和唁电等。

4.1.2 公文写作流程

公文的写作流程根据具体的文书类型和实际要求有所差异，在具体写作过程中，还需根据实际情况进行适当调整和补充。

1.确定写作目的

明确公文的目的、意图和需要传达的信息，以帮助确定公文的类型和写作方式。

2.收集信息和准备材料

收集与公文主题相关的信息和材料，包括相关文件、数据和背景资料，确保公文内容准确、全面。

3.拟写草稿

根据收集到的信息和材料，拟写公文的草稿。草稿应包括公文的主要部分，包括标题、正文、附件等。

4.审核和修改

请相关人员对公文草稿进行审核和修改，确保内容准确、合理，符合相关规范和要求。审阅人员包括主管领导、法律顾问等。

5.进行格式规范和编辑

根据规定和标准格式要求，对公文进行格式规范和编辑，包括调整字体、段落格式、标点符号等，以确保公文的整体风格一致。

6.签署和盖章

在公文的适当位置留出签名和印章的空白，并确保相关人员按照规定进行签署和盖章，包括起草人、审核人和批准人等。

4.1.3　公文写作要求

公文的写作要求可能会因机构和文件类型的不同而有所差异。除党政机关公文外，其他公文没有具体要求，因此，在撰写党政机关公文时，需要根据具体要求和规定进行撰写。

1.写作要求

（1）标准格式

党政机关公文应采用规定的标准格式，包括标题、发文机关、日期、文号、正文、署名、印章等要素。这些要素应该按照一定顺序排列，使公文具有统一格式和规范性。

（2）清晰简明

党政机关公文的语言应该简洁明了，避免使用过于复杂的词语和长句。公文的内容应该准确、清楚，避免使用模棱两可的措辞，以免产生歧义。

（3）客观中立

党政机关公文的语气应客观中立，不带有个人情感色彩，应以事实为依据，以理性的方式陈述问题，并给出相应的解决措施或建议。

（4）逻辑严密

党政机关公文的写作应该具有一定的逻辑性和条理性。内容应该按照一定的逻辑顺序进行组织，结构清晰，各部分之间应有明确的连接和过渡。

（5）规范用词

党政机关公文应遵循规范用词的原则，使用标准的词汇和术语。避免使用口语化、俚语或不正式的表达方式，保证公文的严肃性和权威性。

（6）准确完整

党政机关公文的内容应准确、完整地反映问题和意图。必要时，应提供相关的依据、数据和信息，以支持公文的内容和结论。

2.注意事项

（1）文书编号规则

不同机构可能有自己的文书编号规则，要注意遵守发文机构的规定。编号应该具有唯一性和连续性，通常包括年份、机构代码、文号等信息。

（2）时效性处理

一些公文需要在一定的时限内处理或回复，要注意准确计算和记录处理时限，并确保按时完成相关工作。

（3）摘要和附件

对于较长或复杂的党政机关公文，可以附加摘要或附件以帮助发文单位或人员快速理解文意。在编写摘要或附件时，要注意与正文保持一致。

4.1.4 公文行文规则

除党政机关公文外的公文没有具体行文规则。根据《党政机关公文处理工作条例》第四章，党政机关公文行文规则如下。

①行文应当确有必要，讲求实效，注重针对性和可操作性。

②行文关系根据隶属关系和职权范围确定。一般不得越级行文，特殊情况需要越级行文的，应当同时抄送被越过的机关。

③向上级机关行文，应当遵循以下规则：

原则上主送一个上级机关，根据需要同时抄送相关上级机关和同级机关，不抄送下级机关；

党委、政府的部门向上级主管部门请示、报告重大事项，应当经本级党委、政府同意或者授权；属于部门职权范围内的事项应当直接报送上级主管部门；

下级机关的请示事项，如需以本机关名义向上级机关请示，应当提出倾向性意见后上报，不得原文转报上级机关；

请示应当一文一事。不得在报告等非请示性公文中夹带请示事项；

除上级机关负责人直接交办事项外，不得以本机关名义向上级机关负责人报送公文，不得以本机关负责人名义向上级机关报送公文；

受双重领导的机关向一个上级机关行文，必要时抄送另一个上级机关。

④向下级机关行文，应当遵循以下规则：

主送受理机关，根据需要抄送相关机关，重要行文应当同时抄送发文机关的直接上级机关。

党委、政府的办公厅（室）根据本级党委、政府授权，可以向下级党委、政府行文，其他部门和单位不得向下级党委、政府发布指令性公文或者在公文中向下级党委、政府提出指令性要求。需经政府审批的具体事项，经政府同意后可以由政府职能部门行文，文中须注明已经政府同意。

党委、政府的部门在各自职权范围内可以向下级党委、政府的相关部门行文。

涉及多个部门职权范围内的事务，部门之间未协商一致的，不得向下行文；擅自行文的，上级机关应当责令其纠正或者撤销。

上级机关向受双重领导的下级机关行文，必要时抄送该下级机关的另一个上级机关。

⑤同级党政机关、党政机关与其他同级机关必要时可以联合行文。属于党委、政府各自职权范围内的工作，不得联合行文。

党委、政府的部门依据职权可以相互行文。部门内设机构除办公厅（室）外不得对外正式行文。

4.1.5 公文格式要求

①公文一般由份号、密级和保密期限、紧急程度、发文机关标志、发文字号、签发人、标题、主送机关、正文、附件说明、发文机关署名、成文日期、印章、附注、附件、抄送机关、印发机关和印发日期、页码等组成。

份号。公文印制份数的顺序号。涉密公文应当标注份号。

密级和保密期限。公文的秘密等级和保密的期限。涉密公文应当根据涉密程度分别标注"绝密""机密""秘密"和保密期限。

紧急程度。公文送达和办理的时限要求。根据紧急程度，紧急公文应当分别标注"特急""加急"，电报应当分别标注"特提""特急""加急""平急"。

发文机关标志。由发文机关全称或者规范化简称加"文件"二字组成，也可以使用发文机关全称或者规范化简称。联合行文时，发文机关标志可以并用联合发文机关名称，也可以单独用主办机关名称。

发文字号。由发文机关代字、年份、发文顺序号组成。联合行文时，使用主办机关的发文字号。

签发人。上行文应当标注签发人姓名。

标题。由发文机关名称、事由和文种组成。

主送机关。公文的主要受理机关，应当使用机关全称、规范化简称或者同类型机关统称。

正文。公文的主体，用来表述公文的内容。

附件说明。公文附件的顺序号和名称。

发文机关署名。署发文机关全称或者规范化简称。

成文日期。署会议通过或者发文机关负责人签发的日期。联合行文时，署最后签发机关负责人签发的日期。

印章。公文中有发文机关署名的，应当加盖发文机关印章，并与署名机关相符。有特定发文机关标志的普发性公文和电报可以不加盖印章。

附注。公文印发传达范围等需要说明的事项。

附件。公文正文的说明、补充或者参考资料。

抄送机关。除主送机关外需要执行或者知晓公文内容的其他机关，应当使用机关全称、规范化简称或者同类型机关统称。

印发机关和印发日期。公文的送印机关和送印日期。

页码。公文页数顺序号。

②公文使用的汉字、数字、外文字符、计量单位和标点符号等，按照有关国家标准和规定执行。民族自治地方的公文，可以并用汉字和当地通用的少数民族文字。

③公文用纸幅面采用国际标准A4型。特殊形式的公文用纸幅面，根据实际需要确定。

4.2 党政机关公文

4.2.1 决定

1.基本常识

（1）概念

决定是指对重要事项做出决策和部署、奖惩有关单位和人员、变更或者撤销下级机关不适当的决定事项的文书。

（2）特点

全局性、指令性、规范性。

（3）种类

按照具体用途和内容，决定分为以下四类。

①法规性决定。用于发布权力机关制定、修订或试行的法律文件及由政府部门制定的行政法规。

②指挥性决定。用于对某个问题、某种事项、某种行动进行决策性的指挥部署。

③奖惩性决定。用于表彰或处分有关的单位或个人。

④变更性决定。用于变更机构人事安排或撤销下级机关不适当的决定事项。

2.写作提示

在决定中，有一些常用的句式，这些句式可以根据具体的决定内容进行适当的调整和组合，以使决定的内容更加准确和清晰。

（1）关于……对……的决定。

（2）根据……的决定；根据上级部门的决定；根据相关法律法规的决定等。

（3）经过研究决定；经过充分的研究讨论后，决定……

（4）决定如下；决定如下事项……

（5）经过评审决定；经过专家评审后，决定……

（6）依据法律法规决定；根据相关法律法规的规定，决定……

（7）经研究拟定决定；经过深入研究和拟定，决定……

（8）经过核实决定；经过对相关事实进行核实，决定……

（9）经过讨论决定；经过充分的讨论，决定……

（10）经过认真研究；决定……

（11）经审议通过决定；经过会议审议通过，决定……

3.写作范例

（1）法规性决定

××市人民政府关于修订部分文件的决定
××发〔20××〕××号

各区人民政府，市政府各委、办、局，各市属机构：

按照国家关于开展妨碍统一市场和公平竞争的政策措施清理工作的要求，本市对印发的涉及妨碍统一市场和公平竞争政策措施的规范性文件进行了全面清理。经清理，现决定对下列以市政府办公厅名义印发文件中的部分内容予以修订。

一、《××市人民政府办公厅关于印发〈加快推进××××××××转化和产业化的若干意见（试行）〉的通知》（××办发〔20××〕××号）

将文中第八条中"科研机构建设的××××××××，可以优先认定为市级×××，符合条件的可以推荐为××××××，并享受××××支持等政策优惠……"修改为"科研机构建设的××××××××，符合条件的可以认定为市级×××，并推荐为××××××，并享受××××支持等政策优惠……"。

二、《××市人民政府办公厅关于加快发展装配式建筑的实施意见》（××办发〔20××〕×号）

将文中第二条第（十一）项"确保工程质量安全"部分的内容中由"加强部品部件生产企业质量管控，实施装配式建筑部品认定和目录管理，对主要承重构件和具有重要使用功能的部品部件进行驻厂监造……"修改为"加强部品部件生产企业质量管控，对主要承重构件和具有重要使用功能的部品部件进行驻厂监造……"。

本决定自公布之日起施行。

××市人民政府
20××年××月××日

（2）指挥性决定

××市人民政府关于由部分重点功能区管理机构和区政府有关部门
行使一批市级行政权力等事项的决定
××发〔20××〕×号

各区人民政府，市政府各委、办、局，各市属机构：

　　为进一步支持××城市副中心、中国（××）××××试验区、农业×××核心区等高质量发展，市政府决定，由部分重点功能区管理机构和区政府有关部门（以下简称各承接主体）行使一批市级行政权力、办理部分公共服务事项，具体内容如下：

　　一、由××城市副中心管理委员会、××区政府有关部门在××城市副中心规划范围及拓展区（不含××××××部分）约×××平方公里区域内行使×××项市级行政权力，办理×项公共服务事项；由××××××××管理委员会、××城市副中心管理委员会、××××××××经济区（××）管理委员会和××区、××区、××区、××区、××区、××区政府有关部门在中国（××）××××××区实施范围×××.××平方公里区域内行使××项市级行政权力；由××区政府有关部门在××镇约××.×平方公里区域内行使××项市级行政权力。（详见附件）

　　二、各承接主体要优化办理流程，提高审批效率，确保相关事项接得住、管得好、办得快。要加强审批与监管衔接，制定完善事中事后监管措施，采取"双随机、一公开"监管、重点监管、风险监管、信用监管等方式，切实提高监管效能。

　　三、市有关部门要根据赋权情况，及时调整权力清单和政务服务事项清单，修订办事指南。要加强指导，及时组织业务培训，确保相关行政权力等事项调整到位。要加强监督，研究处理职权交接过程中遇到的困难和问题，确保行政机关履行法定职责的连续性、稳定性、有效性。

　　四、各承接主体、市有关部门要在本决定印发之日起××个工作日内，完成相关行政权力和公共服务事项的调整工作。

××市人民政府
20××年×月××日

　　附件1：由××城市副中心管理委员会和××区政府有关部门行使的市级行政权力等事项目录（共×××项）

　　附件2：由中国（××）××××××区部分组团管理机构和所在区政府有关部门行使

的市级行政权力事项目录（共××项）

　　附件3：由××区政府有关部门行使的市级行政权力事项目录（共××项）

（3）奖惩性决定

中共××市委办公厅 ××市人民政府办公厅关于表彰××市接诉
即办工作先进典型的决定

　　近年来，全市上下坚持以习近平新时代中国特色社会主义思想为指导，持续深入推进基层治理体系和治理能力现代化建设，不断深化党建引领接诉即办改革，探索了党建引领基层治理的新路径，创造了以人民为中心发展思想的新实践，走出了新时代群众路线的新范式，实现了超大城市治理能力的新提升，形成了基层社会治理创新的"××样板"。接诉即办系统全体同志履职尽责、担当作为、真抓实干、服务人民，涌现出一大批先进集体和先进个人，创造出一大批优秀案例。

　　为表彰先进典型，进一步激发全市上下做好接诉即办工作的责任感、使命感、荣誉感，经市委、市政府同意，市委办公厅、市政府办公厅决定，授予××区人力资源和社会保障局等×××个集体"××市接诉即办工作先进集体"称号，授予××等×××名同志"××市接诉即办工作先进个人"称号，评选出"×××××××××××××：综合×××××，做××××××'×××'"等×××个"××市接诉即办工作优秀案例"。

　　受到表彰的先进集体和先进个人，是千千万万奋战在接诉即办工作一线的优秀代表；评选出的优秀案例，是各级各部门在接诉即办改革实践中攻坚克难、开拓创新的宝贵经验。希望受到表彰的集体和个人珍惜荣誉、再接再厉，不忘初心、牢记使命，以更加饱满的工作热情、更加昂扬的精神状态，全力投身接诉即办工作新征程，不断增强人民群众获得感、幸福感、安全感。

　　市委、市政府号召，全市上下要以受表彰的先进集体和先进个人为榜样，牢固树立以人民为中心的发展思想，坚持民有所呼、我有所应，将接诉即办作为解决群众急难愁盼问题的有力抓手，探索形成更多基层治理的好经验、好做法，为建设国际一流的××××之都、满足人民对美好生活的向往作出新的更大贡献，以实际行动迎接党的二十大胜利召开！

（4）变更性决定

××市××局关于准予×××变更执业机构的决定

××审〔20××〕××××号

依据《中华人民共和国律师法》、司法部《律师执业管理办法》和《律师和律师事务所执业证书管理办法》的规定，经审核，准予×××律师变更执业机构到××××律师事务所执业，颁发律师执业证书。

××市××局行政审批处

20××年×月××日

4.2.2 公告

1.基本常识

（1）概念

公告是指用于向国内外宣布重要事项或者法定事项的文书。

（2）特点

庄重性、广泛性和周知性。

（3）种类

公告主要有两种，一是宣布重要事项，二是宣布法定事项。

2.写作提示

通过规范的格式、合适的语气和方法，传达所需的信息，使公告更具可读性和可理解性。

（1）附加法规或政策文件

如果公告与特定法规、政策文件或条例相关，应引用相关的文件名称、编号和章节，以便读者能够查阅相关的法规内容。

（2）提供联系方式

如果公告中涉及需要进一步咨询或联系的信息，应提供准确的联系方式，如电话号码、电子邮件地址或办公地点，以便读者能够与相关人员取得联系。

（3）指明适用范围

如果公告仅适用于特定的群体或特定的地区，应在公告中明确指明适用范围，以避免产生误解或混淆。

3.写作范例

（1）重要事项

××市人民政府研究室关于20××年补充录用公务员拟录用人员公示公告

经××市20××年度补充录用公务员工作有关程序，确定×××、×××、×××、×××4名同志为××市人民政府研究室拟录用公务员，现按规定予以公示，公示期为×个工作日。公示期间，如对拟录用人员有异议，请向××市人民政府研究室人事处反映。

公示时间：20××年×月××日至×月×日

监督电话：×××-××××××××

××市人民政府研究室人事处
20××年×月××日

（2）法定事项

关于《关于进一步明确生活饮用水水质日常监管工作的通知（征求意见稿）》
公开征求意见的公告

为保障本市生活饮用水卫生安全，加强水质监测，做好生活饮用水的监督管理工作，切实保障城乡居民饮水安全，××市水务局和××市卫生健康委员会共同起草了《关于进一步明确生活饮用水水质日常监管工作的通知（征求意见稿）》，现向社会公开征求意见，欢迎社会各界提出意见建议。

公开征集意见时间为：20××年×月××日至×月×日。

意见反馈渠道如下：

1.电子邮箱：××××××@163.com；

2.通讯地址：××市×××路×号　××市××局供水管理处收（请在信封上注明"意见征集"字样，邮编：××××××）；

3.联系电话：××××××××；

4.登录××市××局（http://swj.×××××××.gov.cn/），在"政民互动"板块下的"民意征集"专栏中提出意见；

5.登录××市人民政府网（http://www.×××××××.gov.cn），在"政民互动"板块下的"政策性文件意见征集"专栏中提出意见。

××市××局
20××年×月××日

4.2.3 通告

1.基本常识

（1）概念

通告是指在一定范围内公布应当遵守或者周知的事项的文书。

（2）特点

鲜明的告知性、一定的制约性和内容的专业性。

（3）种类

通告按用途可分为周知性（事务性）通告、规定性（制约性）通告两大类。

2.写作提示

以下句式在撰写具体通告时应根据具体情况和需要进行调整和补充。

（1）周知性（事务性）通告

①根据相关规定，现将有关情况通告如下……

②为了保障……工作的顺利进行，特通告以下事项……

③关于……对……的通告。

④根据上级要求，现将有关事项作此通告。

⑤为了保障公众的权益和维护社会秩序，特向……发布以下通告。

（2）规定性（制约性）通告

①为了规范……行为，特……并予以通告。

②根据……规定，实行……具体通告如下……

③为了规范市场秩序和维护消费者权益，做出如下通告……

3.写作范例

（1）周知性（事务性）通告

区内公交线路调整通告

根据我区相关地区居民需求和实际运营状况，自20××年×月××日对区内部分公交线路进行如下调整：

1.为方便×××镇、××镇沿线居民换乘地铁××号线，新开×××路，由×××村至地铁×××站，采取分时段定点运营模式，运营时间×××村5:30-9:30、16:10-19:40，地铁×××站6:20-10:20、17:00-20:30。

2.因停驻车场站调整，同时解决×××小区居民出行问题，×××路由×××至×××医院调整为×××至×××，运营时间×××5:20-19:30，××6:00-20:40；同时开通×××路由×××至×××医院专线车，运营时间6:00-19:00，×××医院6:30-20:00。

3.×××路×××站首班车发车时间由7:00提前为6:40。

4.×××路双方向增设"××东站"。

××区交通局
20××年×月××日

（2）规定性（制约性）通告

××市消防救援总队关于禁止机动车占用消防车通道的通告

消防车通道是火灾发生时供消防车和其他救援车辆通行的道路，是抢救人民生命财产的"生命通道"。为保障"生命通道"畅通，维护公共消防安全秩序，有效治理机动车占用消防车通道违法行为，依据《中华人民共和国消防法》《中华人民共和国道路交通安全法》《××市消防条例》等法律法规，现就有关事项通告如下：

一、建筑物的管理使用单位，应依法加强消防车通道管理，设置消防车通道标志标识，确保消防车通道畅通。社区（村）、物业服务企业要强化巡查检查，及时劝阻制止机动车占用消防车通道行为。

二、任何单位和个人应自觉遵守消防法律法规，规范机动车停放，不得占用消防车通道。

三、机动车驾驶人停车违法占用消防车通道，经通知驶离后拒不改正的，消防救援机构有权依法强制执行，所需费用由违法行为人承担。

四、消防救援机构在执行灭火救援任务时，有权强制清拖占用消防车通道的机动车。

五、任何单位和个人均有权举报机动车占用消防车通道的违法行为。

特此通告。

××市消防救援总队
20××年×月××日

4.2.4 意见

1.基本常识

（1）概念

意见是指用于对重要问题提出见解和处理办法的文书。

（2）特点

灵活性、广泛性、指示性、参考性、时限性和连续性。

2.写作提示

撰写意见时，首先，需要明确表达立场和观点，确保内容逻辑严谨、条理清晰；其次，应基于事实和数据，提供合理、切实可行的建议；再次，力求简明扼要，避免冗长和复杂的句子结构；最后，注意格式规范，包括段落划分、标点符号使用等。

（1）可操作性

意见提出的建议和措施应具备可操作性，即能够实际落地和执行。撰写人员需要考虑实施的可行性、成本效益及可能出现的问题和挑战。

（2）参考先例和经验

在撰写意见时，可以参考相关领域的先例和经验，以提高意见的可行性和可信度。

（3）采用平铺式结构

在一些较长的意见中，可以尝试使用平铺式结构，将主要观点、结论或建议直接呈现在文本开头的摘要部分，帮助读者可以在短时间内获得意见的核心内容，并根据需要选择是否深入阅读。

3.写作范例

关于××市××区人工智能产业赋能中心项目的节能审查意见

××改（能评）〔20××〕××号

××××××科技发展有限公司：

　　你单位报送的《××市××区人工智能产业赋能中心项目节能审查的请示》及相关材料收悉。该项目建设地点位于××区×××镇，建设内容主要为××机房及××管理区等。经审查，具体意见如下：

　　一、原则同意该项目节能报告。

　　二、项目建成运行后，PUE值不高于1.144，年综合能耗控制在17003吨标准煤以内。

　　三、你单位在落实节能报告各项措施的基础上，应严格执行《数据中心设计规范》（GB×××××）、《数据中心能源效率限额》（DB××/T××××）、《用能单位能源计量器具配备和管理通则》（GB×××××）、《能源管理体系 要求及使用指南》（GB/T×××××）等相关设计、评价标准，主要用能设备选用达到国家一级能效标准或国家及本市节能技术产品推广目录中的产品。

　　四、你单位应落实节能报告中可再生能源利用方案。在屋顶安装容量×××千瓦的光伏发电系统，在东、南、西侧立面安装容量××千瓦的×××光伏一体化组件，年光伏发电量××万千瓦时。项目年余热回收能力×××××吉焦，除供项目自身利用外，其余纳入项目所在区域的×××供暖中心分布式热站统筹调配。除自建可再生能源设施外，通过绿色电力交易或认购可再生能源绿色电力证书、购买节能量等方式，实现20××年可再生能源利用比例不低于40%，并按照每年10%的比例，逐年提高可再生能源利用比例，到20××年实现可再生能源利用比例达到100%。

　　五、你单位应在项目设计、施工、投产过程中同步建设能耗在线监测系统，并按照《节能监测服务平台建设规范》（DB××/T××××）等相关标准要求，接入××市节能监测服务平台。

　　六、你单位应落实节能报告的中水利用方案，待项目所在园区中水管网接入后，空调冷却水补水等非生活用水采用中水，年市政中水量为××.×万立方米。

　　七、你单位在设计、施工、竣工验收及运营管理等项目全过程，应严格落实本审查意见和项目节能报告，于20××年×月投入使用。在项目投入使用前，应对本审查意见落实情况进行验收，并将验收报告上传至××市固定资产投资项目在线节能审查管理系统。项目建设内容、项目规模、能效水平等发生重大变动的，或者本节能审查意见印发之日起两年内上架率未达到80%的，你单位应向我委提出变更申请。我委将适时对项目节能审查意见的落实情况进行跟踪检查。

八、本节能审查意见自印发之日起2年内有效。

××市发展和改革委员会

20××年×月××日

4.2.5 通知

1.基本常识

（1）概念

通知是指用于发布、传达要求下级机关执行和有关单位周知或者执行的事项，批转、转发性文书。

（2）特点

知照性、广泛性、实用性。

（3）种类

根据适用范围的不同，可以分为发布性通知、批转性通知、转发性通知、指示性通知、任免性通知和事务性通知。

2.写作提示

通常通知具有一些常用句式，可以帮助撰写人员快速组织语言。

（1）标题

关于……事项的通知/……工作的通知/……会议通知。

（2）开头

①各省、自治区、直辖市人民政府，国务院各部委、各直属机构。

②……部门。

（3）引言

①经过充分研究和讨论……

②根据中央/地方政府要求……

③鉴于当前……

（4）正文

①为了确保……的顺利进行……

②请在……日期前完成/截止日期为……

③如有任何疑问或需要协助，请随时联系……

（5）结尾

①请各位知晓并转告相关人员。

②如有任何变动，将及时另行通知。

③请密切关注后续通知。

3.写作范例

（1）发布性通知

关于印发《国家科技重大专项资金配套管理办法实施细则》的通知
××规〔20××〕×号

各重大专项牵头责任部门、各有关单位：

为规范和加强国家科技重大专项资金管理，保证项目任务完成，提高资金使用效益，根据《财政部、科技部、发展改革委关于印发〈国家科技重大专项（民口）资金管理办法〉的通知》（××教〔20××〕××号）和《××市人民政府办公厅关于转发市科委等三部门制定的〈国家科技重大专项资金配套管理办法〉的通知》（××办规〔20××〕××号）等文件中关于地方配套资金管理的相关要求，结合本市实际，市科委会同市发展改革委、市财政局修订了《国家科技重大专项资金配套管理办法实施细则》，现予印发，请遵照执行。

特此通知。

××市科学技术委员会

××市发展和改革委员会

××市财政局

20××年×月××日

（2）批转性通知

××市××区人民政府关于批转区发展改革委《关于扶持企业做好
节能减排降碳工作的暂行办法》的通知

区政府各委、办、局，各街道办事处、××镇政府：

  区发展改革委《关于扶持企业做好节能减排降碳工作的暂行办法》已经区政府第××次常务会议通过，现批转给你们，请遵照执行。

××市××区人民政府
20××年×月××日

（3）转发性通知

关于转发《关于做好道路货物运输专项帮扶补助工作的通知》的通知

各道路运输企业：

  根据《市政府关于印发"××××××××"助企纾困二十项举措的通知》（××发〔20××〕××号）文件精神和市交通运输局、财政局联合制定的×个交通运输行业助企纾困补助方案，现将《关于做好道路货物运输专项帮扶补助工作的通知》（×××运输通〔20××〕×××号）转发给你们，请你们按照要求及时做好申报工作。

  申报时间：20××年×月××日至20××年×月××日（工作日8:30—11:45，13:30—17:00）。

  申报地点：企业携带申报纸质材料，向区级交通运输主管部门提出申请。（具体地址：××市××区××大道×号××市民中心二楼A厅××窗口，咨询电话：××××－××××××××）。

  附件：关于做好道路货物运输专项帮扶补助工作的通知

××市××区交通运输局
20××年×月××日

（4）指示性通知

×××路绕行通知

受机场高速×××新村路段施工影响，×××路将无法按原线路行驶，具体情况如下：

原×××路×××新村站将暂时无法进行停靠，目前市民可前往××路与××路交叉口处新增车站进行候车。

在此期间给您带来出行不便，敬请谅解。

××市××区交通局
20××年×月××日

（5）任免性通知

关于××同志任职的通知

各直属单位、机关各处室：

经研究决定：

××同志任市考古研究院副院长（管理六级，主持工作）。

中共××市文化和旅游局委员会
20××年×月××日

（6）事务性通知

关于征集本市第二批设备购置与更新改造贷款贴息项目的通知

各区人民政府、××××××××区管委会，各相关市级部门：

按照《关于推动"××"联动对部分领域设备购置与更新改造贷款贴息的实施方案（试行）》（×××规〔20××〕×号，以下简称《实施方案》），现就本市第二批设备购置与更新改造贷款贴息项目申报工作有关事项通知如下。

一、请各区、各相关部门持续广泛开展政策宣传、组织动员、沟通衔接等相关工作，推动本区、本领域符合《实施方案》各项要求的项目应报尽报。

二、请各项目单位向项目所在地或项目单位注册地区发展改革部门申报。项目单位应于20××年×月××日（星期×）前向相关区发展改革部门报送以下申报材料：设备购置与更新改造贷款贴息项目申报表（见附件1）、申请书、项目立项文件（包括核准或备案文件）、设备采购合同（尚未签订的提交设备采购方案）、贷款合同（尚未签订的提交融资计划书）、项目单位工商营业执照/法人证书、项目真实性合规性承诺函。有关材料均应加盖公章，申报材料电子版应打包发送至相关区发展改革部门相应邮箱（各区发展改革部门联系方式及申报邮箱见附件2）。

三、各区发展改革部门对项目申报材料进行初审，对申报项目真实性、合规性严格把关。

四、各区发展改革部门完成初审后，汇总形成本区设备购置与更新改造贷款贴息项目申报表，报请区政府审定并加盖区政府公章，于20××年×月××日（星期×）前将所有项目申报材料报至我委（电子版材料发送至××××××××@163.com）。

我委收到申报材料后，将按《实施方案》要求开展项目联审、项目推介等后续工作。

特此通知。

附件：1.设备购置与更新改造贷款贴息项目申报表
　　　2.各区发展改革部门联系表

××市发展和改革委员会
20××年×月××日

4.2.6　通报

1.基本常识

（1）概念

通报是指用于表彰先进、批评错误、传达重要精神和告知重要情况的文书。

（2）特点

告知性、教育性和政策性。

（3）种类

通报一般分为表彰性通报、批评性通报和情况性通报。

2.写作提示

需要注意的是，通报和通知在实际应用中可能存在一定的交叉和混淆，以下是一般情况下的主要区别，但具体的区别还需要根据具体情境和要求进行详细的分析和判断。

（1）目的和内容

通报的主要目的是向特定对象传达信息、情况或决策，通常用于向内部机构、部门或工作组通报工作进展、统计数据、会议纪要等。通报通常具有客观性、描述性质，以传达信息为主要目的。

通知则是向特定对象发布命令、要求、规定或通告，用于告知被通知方需要采取的行动、遵守的规定或注意事项。通知更关注行动或遵守的要求，具有指示性质。

（2）发布对象和范围

通报的发布对象通常是内部机构、部门或特定工作组，以确保内部信息的流通和沟通。通报的范围较为局限，只传达给特定的受众。

而通知的发布对象可以是内部和外部的机构、部门、个人或公众，它的范围更广泛，可能涉及更多的受众。

（3）语言表达

由于通报和通知的不同目的和内容，它们在语言表达上也存在一些差异。

通报通常采用客观、描述性的语言，提供详细的信息、数据或事实，并且通报的格式通常较为灵活，可以根据需要进行调整。

通知则更加强调明确、规范的表达，使用命令性或规定性的语言，以确保被通知方能清晰地理解和遵守要求。通知通常具有固定的格式和结构，以便被通知方能够迅速理解并采取行动。

3.写作范例

（1）表彰性通报

×××办公厅关于对×××第×次大督查发现的典型经验做法给予表扬的通报
××发〔20××〕××号

各省、自治区、直辖市人民政府，国务院各部委、各直属机构：

为进一步推动中央经济工作会议部署和《政府工作报告》确定的重点任务及稳住经济一揽子政策措施和接续政策措施落地见效，×××部署开展了第×次大督查。从督查情况看，各有关地区在以习近平同志为核心的党中央坚强领导下，以习近平新时代中国特色社会主义思想为指导，认真贯彻落实党中央、国务院重大决策部署，统筹推进××××××防控和经济社会发展，扎实做好"六稳"工作、全面落实"六保"任务，有效应对各种困难挑战,保持经济社会发展大局总体稳定。在对19个省(自治区、直辖市)和新疆生产建设兵团开展实地督查时发现,有关地方围绕稳增长、稳市场主体、稳就业保民生、保产业链供应链稳定、深化"放管服"改革优化营商环境等方面,结合实际积极探索、主动作为,创造和形成了一批好的经验做法。

为表扬先进,宣传典型,进一步调动和激发各方面干事创业、改革创新的积极性、主动性和创造性,推动形成克难攻坚、奋勇争先的良好局面,经×××同意,对××省强化××××保供保障能源安全等××项典型经验做法予以通报表扬。希望受到表扬的地方珍惜荣誉,再接再厉,充分发挥模范示范和引领带动作用,不断取得新的更大成绩。

各地区各部门要全面贯彻党的十九大和十九届历次全会精神,坚持稳中求进工作总基调,完整、准确、全面贯彻新发展理念,加快构建新发展格局,着力推动高质量发展,全面落实"疫情要防住、经济要稳住、发展要安全"的要求,尽责担当、扎实工作。要学习借鉴典型经验做法,加大宣传推广力度,结合实际迎难而上、砥砺奋进,为保持经济平稳运行和社会大局稳定做出积极贡献,以实际行动迎接党的二十大胜利召开。

附件:×××第×次大督查发现的典型经验做法(共××项)

×××办公厅
20××年×月××日

(2)批评性通报

国家发展改革委办公厅关于违背市场准入负面清单典型案例(第×批)的通报
×××体改〔20××〕×××号

中央和国家机关有关部委、有关直属机构办公厅(室),各省、自治区、直辖市、新疆生产建设兵团发展改革委:

按照《国务院办公厅关于进一步优化营商环境降低市场主体制度性交易成本的意见》(××发〔20××〕××号)和《国家发展改革委关于建立违背市场准入负面清单案例归集和通报制度的通知》(×××改〔20××〕××××号)有关工作要求,近期,国家发展改革委会同有关部门、地方发展改革委和第三方机构对违背市场准入负面清单情况进行排查处理,形成《违背市场准入负面清单典型案例及处理情况(第×期)》,现予以通报。

请各地区、各部门对照通报所列案例全面自查自纠,认真学习有关经验做法。对主动开展案例排查、整改的××省发展改革委、××省××××州、××市,××省发展改革委、××省××市、××省发展改革委、××省××市提出表扬。请××省、××××自治区发展改革委会同有关部门分别对×××市、××市有关案例整改加强督促指导，确保问题有力有序整改到位，有关情况及时报告，国家发展改革委将持续跟踪处理进展。

附件：违背市场准入负面清单典型案例及处理情况（第×期）

国家发展改革委办公厅
20××年××月××日

（3）情况性通报

××区"双减"工作专班 关于对××××××艺术中心、
××××国际教育咨询有限公司违规开展学科培训情况的通报

经查，××××××艺术中心（××××），经营地址：××××××××××××××××××××××（×××）。××××国际教育咨询有限公司，经营地址：××××××××××××××××××××××（××××）。未取得《中华人民共和国民办学校办学许可证》，存在以幼小衔接、学前班为名开展违规学科类培训行为。检查人员已将违规线索移送执法部门，将针对以上所述公司违规情况进行进一步处理。

××区将持续加大暑期违规学科培训的执法检查力度，对重点楼宇、暑期托管、小学化课程为重点开展检查，保障广大中小学生度过平安、愉快、有意义的假期。

特此通报。

××区"双减"工作专班
20××年×月××日

4.2.7 报告

1.基本常识

（1）概念

报告是指用于向上级机关汇报工作、反映情况，回复上级机关询问的文书。

（2）特点

内容的汇报性、语言的陈述性、行文的单向性、成文的事后性和双向的沟通性。

（3）种类

报告一般分为综合报告和专题报告。

2.写作提示

在撰写报告时需要注意语言规范、格式规范、突出重点、逻辑严谨、细节准确等方面的要点。

（1）数据分析与可视化

如果报告涉及数据分析，应确保报告中使用的数据是清晰而准确的。可结合表格或图形等可视化形式来展示数据，使读者更容易理解和比较数据。

（2）合理的推论和建议

如果在报告中提出了推论或建议，要确保该推论或建议是基于充分的调查和分析，并且具备合理性和可行性。推论和建议应该与报告的核心目标和内容密切相关。

（3）相关术语的解释

如果报告中包含特定的相关术语或行业术语，要确保在第一次出现时进行解释或提供简明的注释，以帮助读者理解报告中使用的专业术语。

3.写作范例

（1）综合报告

20××年政府工作报告
二〇××年×月××日在××市第××届人民代表大会第×次会议上
××市代市长　××

各位代表：

现在，我代表××市人民政府，向大会报告过去五年政府工作，对今年工作提出建议，请予审议，并请市政协委员提出意见。

一、过去五年工作回顾

…………

二、今后五年工作思路和20××年重点任务

…………

各位代表！万里征程再启航，千钧重任又出发。让我们更加紧密地团结在以习近平同志为核心的党中央周围，以习近平新时代中国特色社会主义思想为指导，在中共××市委坚强领导下，团结奋进、勇毅前行，奋力推动新时代首都发展，为谱写全面建设社会主义

现代化国家、全面推进中华民族伟大复兴的北京篇章而不懈奋斗！

(2)专题报告

××市医疗保障局20××年第×季度政府网站自查报告

根据××市政务服务管理局《关于印发政府网站和政务新媒体检查指标的通知》(以下简称《指标》),现将××市医疗保障局(以下简称"我局")20××年第×季度开展网站自查情况公开如下:

一、公众关注情况

20××年第×季度我局网站整体运行情况良好。20××年×月×日至×月××日,网站公众总访问次数为×××××××人次,页面浏览量(PV)为×××××××次,日均访问次数为××××人次。其间网站内浏览量最高的是"××市基本医疗保险××定点医疗机构名单"页面,其次为"××××""××××××"等页面。

二、政务公开情况

第×季度我局共通过局官网向社会公众发布各类政府公开信息×××条,更新栏目××个;通过微信公众号"××医保"推送各类文章×××篇,累计阅读×××.×万人次,关注人数×××万人;受理政府信息公开申请2件,第一时间协调相关业务部门处理,并全部按流程在规定时间内办结。

三、政民互动情况

××市医疗保障局官网互动系统第×季度共受理网民留言××××件(咨询类××××件、建议类××件、投诉类××件),办结××××件,办理中事项×件,超期×件;受理"我为政府网站找错"平台留言××件,办结××件。

四、网站自查及整改情况

根据《指标》相关要求,对全站信息及栏目进行自查梳理,及时整改各类问题××项。

五、下季度工作计划

按照《指标》相关要求,加强常态化监管,推进网站、微信公众号和抖音号规范建设;重视留言办理和政策解读,加强政策文件与解读文件的关联,提升互动水平;完善保障机制,确保系统安全可靠。

××市医疗保障局
20××年×月×日

4.2.8 请示

1. 基本常识

（1）概念

请示是用于向上级机关请求指示、批准的文书。

（2）特点

一文一事、请批对应和事前行文。

（3）种类

请示根据不同内容和写作意图分为请求指示的请示、请求帮助的请示、请求批转的请示。

2. 写作提示

撰写请示必须提供必要的背景信息，以使请示书更具可读性和可理解性，提高阅读者对请求的理解和回应的效率。

（1）考虑政策限制

在请示中提及请求是否符合特定的政策限制，这表明已经考虑到潜在的限制，并尊重组织的政策。

（2）提供数据和统计信息

在请示中，提供相关的数据和统计信息，以支持请求。这些数据可以是组织内部的数据，也可以是外部来源的数据。数据的使用将使请求更具可信度和说服力。

3. 写作范例

××市××区应急管理局关于报送20××年度安全生产监督检查计划的请示

区政府：

依据《安全生产年度监督检查计划编制办法》（××××法〔20××〕×××号）和××市应急管理局的相关要求，结合实际工作和具体任务，我局编制了《××市××区应急管理局20××年度安全生产监督检查计划》，经局领导班子会议讨论通过。现将该计划予以呈报，如无不妥，请主管区领导签批后，我局将报送××市应急管理局备案。

妥否，请批示。

附件：××市××区应急管理局20××年度安全生产监督检查计划

××市××区应急管理局

20××年×月××日

4.2.9 批复

1.基本常识

（1）概念

批复是指答复下级机关的请示事项时使用的文种，是机关应用写作活动中的一种常用公务文书。

（2）特点

行文的被动性、内容的针对性、效用的权威性、态度的明确性。

（3）种类

批复一般分为审批事项批复、审批法规批复和阐述政策的批复三种。

2.写作提示

机关单位人员在撰写批复时需要特别注意一些细节，这些细节对于提高回复请示的质量和效果具有重要的影响。

（1）回应要点

批复应对请示中的要点进行逐一回应，确保回复的全面性和准确性。不应忽视任何重要的问题或请求，并清晰明确地表达回应。

（2）考虑时间因素

在回复请示时，要注意回复的及时性。如果涉及某些行动或决策，要清楚表达所需的时间和进程，并尽量避免给出不切实际的期限。

（3）引用准确的依据

如果批复内容需要依据法律法规、政策文件或其他相关文件，要确保引用的依据准确无误，并在文中明确引用文件的来源和依据，以增加批复的可信度和权威性。

3.写作范例

国务院关于推动××高质量发展规划的批复

×函〔20××〕××号

××省人民政府、国家发展改革委：

  你们关于报送推动××高质量发展规划的请示收悉。现批复如下：

  一、原则同意《推动××高质量发展规划》（以下简称《规划》），请认真组织实施。

  二、《规划》实施要以习近平新时代中国特色社会主义思想为指导，完整、准确、全面贯彻新发展理念，服务和融入新发展格局，全面深化改革开放，坚持创新驱动发展，推动高质量发展，守好发展和生态两条底线，发挥中国共产党领导的多党合作和政治协商制度优势，扎实推动巩固拓展脱贫攻坚成果同乡村振兴有效衔接，着力推动绿色发展、人力资源开发、体制机制创新，加快推进新型××化、新型××化、农业××化、旅游××化，努力把××建设成为百姓富、生态美、活力强的示范区。

  三、××省人民政府要加强对《规划》实施的组织领导，完善工作机制，制定实施方案，细化任务清单，明确责任分工，推动××改革创新和高质量发展，积极创造可复制可推广的典型经验和制度成果，确保《规划》确定的目标任务如期落实。重要政策、重大工程、重点项目要按程序报批。

  四、有关部门要按照职责分工，加强对××省和××市的指导，在相关专项规划编制、政策措施制定、重大项目安排、体制机制创新等方面给予积极支持。国家发展改革委要加强对《规划》实施情况的跟踪评估，及时协调解决重大问题，重大事项及时向党中央、国务院报告。

国务院

20××年×月××日

4.2.10 函

1.基本常识

（1）概念

函是指不相隶属机关之间商洽工作、询问和答复问题、请求批准和答复审批事项时所使用的公文。

（2）特点

沟通性、灵活性、单一性。

（3）种类

按发文目的分。函可以分为发函和复函。

2.写作提示

在撰写函件时，要注意使用正式的措辞和恰当的表达方式，有些常用句式仅供参考，实际应根据具体情况和机关单位的规范进行适当的调整。

（1）开头

×××单位：（用于发函时的开头称呼）

×××单位，你单位的……收悉：（用于复函时的开头称呼）

（2）表达主题

我方拟函……（函件主题）

特此函告……（向对方表达事项）

经与……协商，决定……（表达协商结果）

根据要求，我们决定……（回复对方的要求）

（3）表达目的

谨函告知/申请/确认……（用于说明函件目的）

特此函请您审阅/考虑/批示……（用于请求对方处理事项）

感谢……关注/协助/支持……（用于感谢对方）

（4）提供信息/解释

关于……我方特此向您提供以下信息……（用于提供信息）

针对……疑问/问题，解释如下……（用于解释问题）

（5）请求行动/回复

请尽快办理/处理……（用于请求对方行动）

请尽快回复/确认/批示……（用于请求对方回复）

（6）结尾

特此致函……（用于发函结束）

特此复函……（用于复函结束）

3.写作范例

（1）发函

关于商请征集第×批国家级社会管理和公共服务综合标准化试点项目的函

工委、管委会各机构，各专班，驻区各职能机构，各街道，各镇，各重点国有企业，各相关单位：

根据国家标准化管理委员会和××市市场监督管理局《关于征集20××年度国家标准化试点示范项目的通知》（附件×）要求，开展第×批国家级社会管理和公共服务综合标准化试点项目征集工作。现就××区推荐申报工作商请有关部门、有关单位积极参与，具体事宜通知如下：

一、积极组织申报

请各有关部门认真研究通知内容，根据本部门实际积极参与申报，同时组织主管行业相关单位参与，主要围绕保障和改善民生、提升社会治理能力等需求。

二、申报要求

（一）材料准备

请符合条件、有意愿申报试点项目的部门、单位，按照《社会管理和公共服务综合标准化试点细则（试行）》（附件×）做好前期准备工作，填写《社会管理和公共服务综合标准化试点申请书》（附件×），并根据试点实际准备有关证明材料。

（二）材料报送

申报材料需在×月××日前将纸质版（一式六份、无须装订，盖章页单面打印、单独成页）和电子版报送至×××××，纸质版可现场提交或邮寄至××经济技术开发区××中路××号××大厦××××，电子版发送至邮箱××××××××@163.com。

特此致函。

附件：1.关于征集20××年度国家标准化试点示范项目的通知
　　　2.社会管理和公共服务综合标准化试点细则（试行）
　　　3.社会管理和公共服务综合标准化试点申请书

×××××
20××年×月××日

（2）复函

××市××局关于×××遗址保护范围内实施天然气改造工程的复函

×××〔20××〕×××号

××市××区×××管理处：

你单位所报《关于在×××遗址保护范围内建设工程项目的申请函》收悉。经上报国家××局，原则同意在×××遗址保护范围内实施天然气改造工程项目。

一、请你单位根据以下意见对所报方案进行修改：

（一）根据×××遗址保护规划确定的保护管理规定和保护措施，以及×××遗址保护、展示定位等，进一步完善方案设计与文物影响评估。

（二）补充燃气管线与给排水、电信等地下管线并行、交叉情况符合安全规范和设计标准的说明。

（三）规范图纸表达，准确说明沟槽开挖深度、调压箱尺寸和外观设计。

二、请你单位组织专业××研究单位，在项目拟建区域开展进一步的××调查和发掘工作。××发掘项目需另行填报考古发掘申请书。

三、请你单位根据以上意见对所报项目方案进行修改、完善。如项目中涉及建设工程，请征求相关部门意见。因项目位于全国重点文物保护单位保护范围内，按照《中华人民共和国文物保护法》等有关法规，请将修改完善后的方案报送我局，由我局报请市政府批准。

特此复函。

附件：国家××局×××函〔20××〕×××号（复印件）

××市××局

20××年×月×日

4.2.11 纪要

1.基本常识

（1）概念

纪要是指用于记载、传达会议情况和议定事项的文体。

（2）特点

纪实性、要点性。

2.写作提示

撰写和发布会议纪要时，有一些技巧可以帮助读者更容易注意并理解纪要内容。

（1）简洁明了

确保会议纪要简洁明了，内容重点突出，避免冗长和啰嗦。使用清晰、简练的语言，重点突出议题、决策和行动项。

（2）结构清晰

采用清晰、逻辑分明的结构来组织会议纪要的内容，通过设置标题、子标题及合理的段落划分来分隔和呈现不同的议题，帮助读者更容易浏览和理解纪要的内容。

（3）重点突出

在编写会议纪要时，为了提高信息的可读性和查找效率，建议采用项目符号或编号来列出重要的议题、决策及行动项。

（4）使用图表和图片

在会议纪要中插入适当的表格或图片来支持文字内容。表格和图片可以更直观地传达信息，帮助读者更好地理解会议的要点。

3.写作范例

关于××××中规范处置住房公积金债权的会商纪要
（20××年×月×日实施）

为优化营商环境，完善市场主体退出机制，维护劳动者合法权益，规范××××中住房公积金债权的处置工作，根据《中华人民共和国企业××法》《住房公积金管理条例》《××市住房公积金管理若干规定》《××市优化营商环境条例》等规定，在前期××市公积金管理中心（以下简称"市公积金中心"）、××市××管理人协会（以下简称"管理人协会"）充分调研和磋商的基础上，经××市高级人民法院（以下简称"市高院"）与××市住房和城乡建设管理委员会（以下简称"市住建委"）会商达成纪要如下：

一、债权性质

……………

二、操作流程

（一）……

（二）……

（三）……

（四）……

（五）……

（六）……

（七）……

（八）……

三、协作机制

为了依法维护职工合法权益，提高工作效率，市高院、市住建委、市公积金中心、管理人协会加强联系沟通，建立协作机制。

（一）……

（二）……

（三）……

本纪要自20××年×月×日起实施。

4.3 规章类公文

4.3.1 条例

1.基本常识

（1）概念

条例是指依照政策和法令制定并发布的，是针对政治、经济、文化等不同领域内的某些具体事项做出的，全面系统、具有长期执行效力的规章类公文。

（2）特点

内容法规性、失效稳定性、制发独特性。

2.写作提示

撰写和发布条例需要遵循一些注意事项来确保条例的合法性、衔接性、时效性和灵活性。以下是相关的注意事项。

（1）合法性

撰写条例时，必须注明依据的法律条文、法规或文件，确保条例符合法律框架，不违反上位法规定。

（2）衔接性

与相关法规、政策和规章相衔接，避免与其他法规产生冲突或重复，确保条例在整个法律体系中的一致性和完整性。

（3）时效性和灵活性

条例要具备一定的时效性和灵活性，能够适应社会发展和变化的需要，并在必要时进行修订和更新。

3.写作范例

××市优化营商环境条例

（20××年×月××日××市第××届人民代表大会常务委员会第××次会议通过 根据20××年×月××日××市第××届人民代表大会常务委员会第×××次会议通过的《关于修改〈××市优化营商环境条例〉的决定》修正）

目录

第一章　总　　则

第二章　市场环境

第三章　政务服务

第四章　监管执法

第五章　法治保障

第六章　附　　则

第一章　总　　则

第一条　为了持续优化营商环境，推进首都治理体系和治理能力现代化，推动高质量发展，根据国务院《优化营商环境条例》，结合本市实际情况，制定本条例。

　…………

第二章　市场环境

第九条　本市以市场主体需求为导向，创新体制机制，为市场主体从事生产经营活动创造国际领先的发展条件。

　…………

第三章　政务服务

第二十八条　政府及有关部门应当统一政务服务标准，创新政务服务方式，推动区块链、人工智能、大数据、物联网等新一代信息技术在政务服务领域的应用,不断提高政务服务质量,为市场主体提供规范、便利、高效的政务服务。

....

第四章　监管执法

第五十一条　政府及其有关部门应当依法履行监管职责,创新监管方式,坚持公平公正监管、信用监管、综合监管,做到严格规范公正文明执法。

....

第五章　法治保障

第六十四条　政府及有关部门制定市场准入、产业发展、招商引资、招标投标、政府采购、经营行为规范、资质标准等与市场主体生产经营活动密切相关的政策措施,应当进行公平竞争审查。

....

第六章　附　　则

第八十二条　政府及有关部门可以依据本条例制定有关实施办法或者实施细则。

第八十三条　本条例自20××年×月××日起施行。

4.3.2　办法

1.基本常识

(1)概念

办法是指根据党和国家的方针、政策及有关法律法规,就某一方面的工作或问题提出具体做法和要求的文件。

(2)特点

管理性、专用性。

2.写作范例

20××年××区外籍考生高中阶段学校招生录取办法

根据《××市教育委员会关于20××年本市高中阶段学校招生工作的若干意见》(×××基〔20××〕×号)和××市教育委员会关于《转发××市教育考试院关于20××

年本市高中阶段学校考试招生工作的实施细则》（×××基〔20××〕×号）等有关规定，持外国护照以外籍身份报名且参加初中学业水平考试的学生，不参加自主招生录取、名额分配综合评价录取和统一招生录取。××区教育局特制定此类考生招生办法，具体如下：

一、招生条件

（一）须以外籍身份参加20××年本区高中阶段学校招生报名且审核确认的外籍学生。

（二）须参加20××年初中学业水平考试且获得有效成绩的外籍学生。

二、招生学校

（一）××区教育局管辖的高中阶段公办学校：××中学、××高级中学、××大学第一附属中学、××××大学附属中学、××实验学校、××大学附属中学、××实验中学、××中学、××中学、××××大学附属××××中学、××中学、××学院附属中学。

（二）××区教育局管辖的高中阶段民办学校××××。

三、招生录取办法

（一）待本区各高中学校录取分数线公布后，由区教育招生考试中心根据学生学业考试总分并征求学生的升学意向，经学生和家长申请，将学生安排至与其学业考试成绩分数相匹配的高中学校就读。

（二）对于意向进入中等职业学校就读的外籍学生，由学生本人向中等职业学校提出申请，经招生学校同意后报送区教育招生考试中心办理录取手续。

对持外国护照入学的学生不列入学校招生计划数。

本办法报送市考试院备案。

4.3.3 制度

1.基本常识

（1）概念

制度是指要求大家共同遵守的办事规程或行动准则。

（2）特点

管理性、专用性。

2.写作提示

办法和制度在形式上非常相似，但在性质和应用上有一些不同，在写作过程中应加以区分。

（1）目的不同

办法通常指的是具体的方法、措施或策略，用于解决某个具体问题或达到某个具体目标。办法强调的是解决问题的实际手段和操作步骤，更具体、更灵活。

制度则是指一套相对稳定、有组织的规范、规则或安排，用于管理和调控社会、组织或个人行为。制度通常是经过长期实践和社会认可的，具有一定的权威性和稳定性，更偏向于规范和约束。

（2）制定程序不同

办法更注重解决具体问题，针对具体情况制定，灵活性较强，可以根据实际情况调整和变化。

制度则更强调对整体的规范和统一，为了实现长期的稳定和目标的一致性，制度的变动通常需要经过相对烦琐的程序和决策过程。

（3）适用范围和时间跨度不同

办法通常是针对具体问题和具体目标的，适用的范围和时间相对较短。

制度则更具有普遍性和长期性，适用范围更广，时间跨度更长。

3.写作范例

××区行政执法行为投诉举报及情况通报制度（试行）

第一条　为推进依法行政，加快法治政府建设，及时有效制止和纠正违法或不当的行政执法行为，保护公民、法人和其他组织的合法权益，促进严格公正规范文明执法，结合本区实际，制定本制度。

第二条　本制度所称行政执法行为投诉举报，是指公民、法人或者其他组织（以下简称"投诉举报人"）认为行政执法机关及其执法人员的行政执法行为，存在违法、不当等情形，依法向该行政执法机关提出的申诉或检举行为。本制度所称情况通报，是指各行政执法机关对其行政执法部门及行政执法人员在行政执法过程中存在的违法、不当以及无正当理由拒不整改或整改效果不明显等问题，在一定范围内予以通报的活动。

第三条　各行政执法机关负责细化完善本机关行政执法行为投诉举报及情况通报制度；负责建立行政执法行为投诉举报登记制度，对投诉举报情况实行统一编号管理；负责建立行政执法行为投诉举报立卷归档备查制度；负责明确保密纪律要求，督促严格遵守保密规定，保守国家秘密、商业秘密和个人隐私。

....

第十七条 投诉举报人以行政执法投诉举报为名，干扰或者阻挠行政执法机关依法履行公务的，由公安机关依照有关法律法规等规定予以处理。

第十八条 受理机关执法监督机构在调查处理投诉举报案件过程中，发现行政执法部门存在违法、不当、不作为或乱作为等情形的，应当根据案情制发《行政执法监督意见书》，要求按期整改。

被投诉举报部门接到《行政执法监督意见书》后，应根据要求进行整改，并在30日内将整改情况书面报告本机关执法监督机构。

第十九条 对于通过以下途径发现执法机构、执法人员存在的问题，执法监督机构（行政执法机关内设）应在一定范围内予以通报。

（一）日常行政执法监督检查中发现的问题；

（二）行政复议、行政诉讼发现的违法问题，行政复议机构、司法机关移交的问题线索；

（三）行政执法案卷自查、日常评查、集中评查发现的问题；

（四）新闻媒体报道中发现的问题；

（五）经投诉举报发现的违法或不当等问题；

（六）对于行政执法中存在的违法或不当等问题，执法机构或执法人员无正当理由拒不整改或整改效果不明显的；

（七）通过其他途径发现的问题。

第二十条 本制度由区司法局负责解释。

本制度与各行业领域规定不一致的，可直接按照行业领域规定执行。

第二十一条 本制度自印发之日起施行。

4.3.4 章程

1. 基本常识

（1）概念

章程是指对组织的性质、宗旨、任务等内部事务和活动规则或企事业单位对其业务性质、活动制度和行为规范等做出规定的文书。

（2）特点

规范性、约束性。

2.写作提示

章程和制度是组织或机构内部规范行为的两个重要方面,两者存在一定的相似性,易混淆,写作时应注意区分。

(1)定义

章程是指组织或机构制定的一种基本性文件,规定了组织或机构的目的、权责、组织结构等基本规范。

制度是指组织或机构制定的具体规则和程序,用于规范组织内部的各项行为。

(2)范围

章程一般较为宏观,是对整个组织或机构的基本规范的概括性描述。

制度则更为具体,是对组织内部的各个方面和环节进行详细规定。

(3)内容

章程的内容主要包括组织或机构的名称、宗旨、目标、组织形式、管理体制等基本要素。

制度的内容则囊括了更加具体的规则和程序,例如,人事管理制度、财务管理制度、决策程序等。

(4)层级

章程通常是组织或机构的最高法规,是其他制度的依据和指导。

制度则是根据章程制定的具体实施细则。

(5)修订频率

由于章程一般是组织或机构的基本规范,因此修订频率相对较低,需要经过一定的程序和论证。

制度由于其更具体和灵活,修订相对较频繁,根据实际需要进行调整和完善。

综上所述,章程是组织或机构的基本规范文件,是较为宏观的、概括性地描述。而制度则是具体的规则和程序,更为细节和具体,用于规范组织内部各个方面的行为。

3.写作范例

××××奖章程

第一章 总则

一、性质

"××××奖"由××公司于20××年起,面向在××××领域研究的全球学术工作者设立。

二、宗旨

数字经济时代，数据成为关键生产要素，……

三、原则

……

四、目的

……

第二章 奖项

五、奖项设置

1. 奖项名称为"××××奖"；

2. 获奖人/团队将与××××创新实验室建立技术交流渠道，并获得科研助力。

六、参评条件

参与"××××奖"评选，必须满足如下条件：

……

七、参评范围

评审面向数据储存领域关键技术，包括但不限于……

八、奖项设置

20××年设置×个××××奖，×个××××先锋奖。……

九、奖项金额

……

第三章 治理

十、评审委员会

××××奖设立评审委员会，由……

十一、管理委员会

管理委员会为××××奖的运营及决策机构。职责为……

十二、监督委员会

监督委员会由财务、法律、审计等专业人员组成，负责……

第四章 评审

十三、参评人产生方式

……

十四、报名及评审周期

……

十五、评审标准

……

第五章 授奖

十六、颁奖及获奖者公布

评选结束后,由管理委员会进行颁奖,……

十七、荣誉使用规则

获奖者有权在公开场合(包括个人简历)中描述自己是"××××奖"获奖者。……

第六章 附则

十八、保密制度

……

十九、披露与回避

……

二十、章程公布、修订与解释

本章程由××××奖管理委员会修订,……

二十一、章程生效与执行

本章程自公布之日起生效并执行。

××××奖管理委员会

20××年××月

4.4 事务类公文

4.4.1 计划

1.基本常识

(1)概念

计划是指为了在一定时间内实现某一目标而预先对某项工作做出安排部署时使用的公文。

(2)特点

预见性、指导性、针对性。

2.写作范例

××区投资促进服务中心20××年上半年工作总结和下半年工作计划

今年以来,区投促中心在区委区政府的坚强领导下,按照区委区政府的重点工作部署,围绕科学城统领"1+3"融合发展,认真做好投资促进工作,积极推进各项工作不断取得新进展。

一、上半年重点工作完成情况

(一)认真抓好××××工作。依托区××××办公区,积极引进非占地类企业,不断夯实税源基础。一是精准服务,挖掘存量……

(二)稳步推进××招商工作。一是"××"项目建设入库。今年,市投促中心给××区下达的工作任务是入库项目不少于×××个,新增预计投资额不少于×××亿元……

(三)积极开展投资促进活动。一是"走出去"加强对外宣传。×月××—××日,随市投促中心组团第一次参加第×××届中国进出口商品交易会(××会),以"×××× ××××"为主题进行专场推介,同步开展招商活动,拜访××实业等意向企业和××市××商会,就南北优势互补,共创发展新未来进行深入探讨;围绕××科学城科技成果转化为企业赋能中国科学院××先进技术研究院开展对接……

(四)高效夯实招商工作基础。重点工作是强化招商引资工作统筹。按照区领导要求,起草了《统筹全区招商引资工作推动经济高质量发展的工作方案》(以下简称《统筹工作方案》)……

二、工作亮点

一是"两区"重点项目推进顺利。上半年,我区被列为××市"两区"招商引资重大项目的是机械研究总院××科技创新基地项目……

二是投资促进活动效应开始显现。通过参加××会开展会展招商,与意向企业精准对接,通过后续跟踪服务,××××××××××电池项目和×××项目即将落户×××……

三、下半年工作安排

根据招商引资工作实际情况和区领导的工作要求,下半年拟通过"四实"做好四项重点工作:

(一)扎实推进财源建设工作。着眼于提高企业税收贡献能力,不断推动引进非占地类企业工作提质增效……

（二）务实开展投资促进活动。一是着实"请进来"。紧紧围绕推进××科学城建设和××重点产业发展需要，明确招商方向，强化重大项目谋划，提前筹划，周密组织，深化展会招商，努力形成××活动品牌，为精准招商搭建活动平台，重点是组织好"投资×× 共创未来"系列招商活动和北京记者××行活动。二是踏实"走出去"……

（三）切实做好××招商工作。以争取圆满完成"××"建设项目统筹年度任务为目标，推进"××"建设项目统筹工作高效发展……

（四）坚实筑牢招商工作基础。围绕落实《统筹工作方案》，加快推进统筹全区招商引资工作。一是初步建立"六个一"工作模式……

我中心将在区委区政府的坚强领导下，继续不忘初心砥砺前行，围绕市、区招商引资工作部署，以时不我待、只争朝夕的精神状态，创新开展招商引资工作，不断提高工作效率，努力推动全区招商引资工作实现新突破，为促进××区社会经济高质量发展，实现"展翅腾飞看××"贡献力量！

4.4.2　总结

1.基本常识

（1）概念

总结是指对一定时期内的整个工作状况进行综合概括和反映的文体。

（2）特点

实践性、回顾性。

2.写作范例

××区民防办对宣传工作进行总结

近日，××区民防办获得20××年度××民防系统新闻宣传先进单位。回顾一年宣传工作，主要做到以下几点：

内容为王，党建、业务全面报道。一是聚焦党建突出政治性。以"建党百年"为契机，提前谋划，积极部署，加强宣传，对我办参与及举办的各项庆祝活动进行系列报道。以"三会一课"及"主题党日"为抓手，对集中学习、志愿服务、社会实践等活动进行追踪报道。以"党史学习教育"为重点，开设专栏并设专人负责，对好经验、好做法进行专题报道。二是主抓民防突出专业性。开设"直击演训场",定期对演练、训练工作进行宣传报道,掀起苦练精兵的训练热潮,营造比学赶超的浓厚氛围。以"民防宣传教育周""全民国防教育日"等重要节点为契机,加强系统性报道,不断提升民防影响力。挖掘特色亮点,对××区在民防领域做的重点工作进行宣传报道,让更多人认识民防、了解民防。

提升质量,从三个转变开始。一是提高创新性,主要体现在:从传统宣传模式向融合宣传模式的转变。20××年,××区民防办对宣传工作进行调整,把以文字为主的简报,改版为图文排版的月刊,20××年×月,又开设"××民防"微信公众号,形成"两网、一刊、一微"融合宣传模式。二是提高系统性,主要体现在:从单一信息报道向综合性信息撰写的转变。自微信公众号开设以来,××区民防办不断精进宣传能力,将原本的单一信息进行整合,形成更为系统、全面、立体的综合性信息,提升报道质量。三是提高前瞻性,主要体现在:从事后撰写到事先谋划的转变。转变思维,紧盯热点,提前与各业务部门进行沟通,掌握背景和资料,深入挖掘有报道价值的内容,注重照片、影像的留存,化被动为主动,做到心中有谱、谋划在先。

下一步,区民防办还将进一步完善体制机制,做好与各部门的密切配合,协同行动,形成合力,不断推动宣传工作向前进,以实际行动为推动闵行发展做出更大贡献。

4.4.3 启事

1.基本常识

(1)概念

启事是指机关单位或个人有事情需要向公众说明,或者请求有关单位、广大群众帮助时所写的一种说明事项的实用文体。

(2)特点

公开性、广泛性、实用性、随意性。

(3)种类

按照内容可分为招生启事、寻物启事、招聘启事、挂失启事、征集启事、征婚启事等。

2.写作范例

××××大学(××)后勤集团党群办公室20××年招聘启事(×××××××××)

××××大学(××)后勤集团党群办公室因工作需要,现公开招聘劳动合同制党群行政岗位1人,具体事项如下:

一、招聘岗位职责及条件

1.招聘岗位:党群行政岗

2.招聘人数:1人

3.岗位职责:

(1)协助完成×××日常事务:文件制发、文字材料起草、公文处理、印章管理、党费、保密等工作;

(2)协助完成党建具体工作,做好党员发展、教育、管理和党支部建设、理论学习中心组学习、领导班子民主生活会、党风廉政建设、巡视巡察整改、干部队伍建设等工作;

(3)协助做好相关活动和相关会议的组织、协调、服务;

(4)协助做好职工政治理论学习和思想政治教育;

(5)协助做好新闻写作等宣传工作;

(6)协助开展共青团、工会等群团工作;

(7)完成上级部门和领导交办的其他工作。

4.任职资格:

(1)热爱祖国,拥护中国共产党领导,具有较高的政治素质和大局意识;

(2)全日制本科及以上学历,专业不限;

(3)熟练使用常用办公软件,具有较强的文字写作能力、联络沟通能力和组织协调能力;

(4)对工作有高度的责任心,能吃苦耐劳,有较好的团队协作和奉献精神,无不良行为记录;

(5)中共党员,有专职党务工作、群团工作经验优先。

二、岗位性质及薪资待遇

1.薪资待遇:××××~××××元。

2.非事业编制,一经聘用,按照《劳动合同法》签订劳动合同,按照国家相关规定缴纳社会保险和公积金等。

3.不解决××户口，人事档案不放入学校管理。

4.经申请，可提供员工住宿。

5.首次聘用有试用期，试用期满后根据考核情况决定是否正式聘用。聘用人员在平等、自愿、协商一致的基础上签订劳动合同。

6.工作地点：××市××区××路××号××××大学（××）后勤集团。

三、招聘时间

简历投递时间截至20××年×月××日。

四、招聘程序

1.接收简历。应聘者将个人简历发往：naj@××××.edu.cn，邮件标题请注明"应聘岗位+姓名+联系方式"，简历中应包括个人信息、应聘岗位、教育经历、工作经历、主要成绩、掌握技能、照片等。应聘人员应当提供完整、真实、有效的个人信息，提供虚假信息者，一经发现，立即取消报名资格。

2.面试。招聘工作小组将依据简历投递情况对应聘人员进行资格审核、简历筛选和安排面试等相关事宜，未通过审核者或未被录取者不再另行通知。

3.体检、思想政治考察。安排拟录用人员进行体检、无违法犯罪情况查询及思想政治考察，未通过者不予录用。

后勤集团
20××年×月×日

4.4.4 声明

1.基本常识

（1）概念

声明是指就有关事项或问题向社会表明自己立场、态度的应用文体。

（2）特点

公开性、表态性、庄重性。

2.写作范例

××市规划和自然资源委员会××分局关于《20××年××区地质灾害明白卡
制作项目承担单位比选公告》等×个比选公告的更正声明

20××年×月××日,我分局发布的《20××年××区地质灾害明白卡制作项目承担单位比选公告》《20××年××区地质灾害警示牌采购项目承担单位比选公告》《20××年××区地质灾害应急包采购项目承担单位比选公告》项目比选概况中"本比选项目为20××年地质灾害明白卡制作项目相关工作招标代理单位比选""本比选项目为20××年地质灾害警示牌采购项目相关工作招标代理单位比选""本比选项目为20××年地质灾害应急包采购项目相关工作招标代理单位比选"分别更正为"本比选项目为20××年××区地质灾害明白卡制作项目承担单位比选""本比选项目为20××年××区地质灾害警示牌采购项目承担单位比选""本比选项目为20××年××区地质灾害应急包采购项目承担单位比选"。其他内容不变。

特此声明。

××市规划和自然资源委员会××分局
20××年×月××日

4.4.5 工作简报

1.基本常识

(1)概念

工作简报是指对某一阶段的工作开展及完成状况向单位内部及公众进行说明和公示的事务类文书。

(2)特点

简洁性、及时性。

2.写作范例

人防工程违规使用专项治理工作简报

为进一步规范我市人防工程使用管理，结合近期"接诉即办"工作中发现的违规使用人防工程问题，市办成立由办党组领导的专项治理工作组，在全市范围内集中开展为期50天的人防工程违规使用专项治理工作。

一、工作进展

专项治理工作分为动员部署、自查摸底、检查抽查和整改总结四个阶段开展进行。

×月×日，我办组织全市国动系统召开了工作部署会，并印发了《××市人防工程违规使用专项治理实施方案》。会议明确了专项治理工作的组织架构、责任分工、主要任务和实施步骤。

截至×月××日，在自查摸底期间已查处××处人防工程存在擅自使用问题和×处人防工程未按照批准使用用途使用的问题。××区国动办立即对违规使用人防工程的单位进行了约谈，并要求其进行整改。

我办将根据全市人防工程布局和第一阶段自查成果，成立若干检查组，结合党中央"关于在全党大兴调查研究工作"的部署，采取"四不两直"方式，于×月×日进入"检查抽查"阶段，对全市人防工程使用情况进行抽查。

二、下一步工作

一是按照工作方案时间安排推进专项治理工作。二是对发现的问题点位建立台账，采用清单化管理，逐条销账。三是对涉嫌违规使用人防工程的案件启动行政检查程序，符合行政处罚情形的坚决予以处罚。四是对发现的个性问题，一事一议，结合实际认真分析研究，以"小切口改革""微创新"靶向施策、精准治理。五是聚焦发现的高频共性问题、疑难复杂问题和突出矛盾进行专题研究，制定改进措施，打造人防工程管理长效机制，持续巩固治理成果。

××市××动员办公室 工程处
20××年×月×日

4.4.6 述职报告

1. 基本常识

（1）概念

述职报告是指工作人员向相关部门或上级单位陈述主要业绩业务等内容的文书。

（2）特点

自述性、报告性。

2. 写作范例

个人述职报告

尊敬的领导和同事们：

　　大家好！我是＿＿＿＿＿＿（姓名），现任＿＿＿＿＿＿（职位）。在过去的一年里，我有幸参与了＿＿＿＿＿＿（单位名称）的各项工作，并取得了一定的成绩。在今天的述职报告中，我将重点总结和分享我在工作中取得的成就和一些改进建议。

　　一、工作完成概况

　　在过去的一年中，我主要负责＿＿＿＿＿＿（具体工作职责）。在这个岗位上，我深入了解并掌握了＿＿＿＿＿＿的（具体工作）业务流程，积极参与了多个重要项目的推进。通过与团队紧密合作，我成功完成了自己的工作任务，并取得了一系列令人骄傲的成绩。

　　二、项目成就

　　1.＿＿＿＿＿＿（项目名称）：作为项目组成员，我负责＿＿＿＿＿＿（具体任务）。在项目中，我与团队密切合作，充分发挥了自己的专业知识和技能，成功完成了任务。最终，我们按时交付了高质量的成果，获得了客户的高度赞扬和认可。

　　2.＿＿＿＿＿＿（项目名称）：我作为项目经理，全面统筹了项目的规划、组织、协调与控制等工作。在项目中，我制订了详细的计划和目标，并合理分配资源，确保项目进展顺利。通过团队的共同努力，我们成功完成了项目的目标，并在＿＿＿＿＿＿方面取得了优异的成绩。

　　三、个人能力提升

　　为了更好地完成工作，我充分利用各种培训和学习机会，提升自己的专业能力和技能。具体来说，我参加了＿＿＿＿＿＿（培训课程/研讨会/会议），学习了＿＿＿＿＿＿（具体知识/技能），并将其应用到了实际工作中。这些学习经历不仅为我的工作提供了更多支持，还让我在工作中的表现更加突出。

四、团队合作与贡献

作为团队的一员，我始终重视团队合作，并尽力与同事们建立良好的合作关系。我积极倾听他人的意见和建议，并与团队一起解决问题。我深知只有团结协作，才能实现更大的目标。在工作中，我始终保持积极的工作态度，并乐于与他人分享自己的经验和知识。

五、改进建议

通过过去一年的工作经历，我发现了工作中一些可以改进的地方，并提出以下建议：

1.提升沟通效率：在项目推进过程中，我注意到沟通效率对于团队的协作至关重要。建议在团队中引入更高效的沟通工具，例如，项目管理软件或在线协作平台，以便及时交流信息、共享文件和跟踪任务进度。此外，定期组织团队会议，确保每个成员都能参与项目的讨论和决策过程，促进团队高效合作。

2.持续学习与发展：随着行业的不断发展和变化，持续学习和发展是保持竞争力的重要因素。建议公司组织内部培训课程或鼓励员工参与外部培训、研讨会和行业会议，以帮助员工不断提升专业知识和技能，并应用于实际工作中。此外，建议建立员工交流、分享经验的平台，促进团队内部的学习和成长。

3.加强跨部门合作：在日常工作中，我发现加强跨部门合作对于解决问题和实现公司目标至关重要。建议公司组织定期的跨部门会议或工作坊，促进不同部门之间的沟通和协作，提高工作效率和整体协同能力。此外，建议建立跨部门项目团队，推动各部门间的紧密合作。

以上是我在过去一年中的工作总结和改进建议。我将继续努力提升自己的能力，并与团队一起为公司的发展做出更大的贡献。感谢各位领导和同事们一直以来的支持和鼓励！

谢谢！

汇报人：×××

××××年××月××日

4.5　会议类公文

4.5.1　主持词

主持词是指在会议或活动中，主持人用于引导相关会议或活动进行时的文稿。

写作范例

某会议主持词

尊敬的各位领导、各位同事：

  大家好！我是今天的主持人_____（姓名），非常荣幸能够在这个重要的会议上担任主持。首先，我代表会议组织委员会向各位表示热烈的欢迎，感谢大家抽出宝贵的时间参加此次会议。

  本次会议的目的是讨论我们公司最近的市场推广策略，以及制订下一季度的销售计划。我们将对市场趋势进行分析，征求各位的宝贵意见和建议，以便更好地应对竞争和满足客户需求。

  在会议开始之前，我先简要介绍一下今天的议程安排。首先，我们将邀请市场部门的负责人介绍最新的市场动态和竞争对手情况。接下来，我们将进入讨论环节，逐一审议我们的市场推广策略，并听取各位参会人员的意见和建议。我们鼓励大家积极参与讨论，分享您的经验和观点，以促进我们全面的思考和深入的讨论。

  在会议进行过程中，请大家遵守会议纪律，尊重他人的发言权，确保每个人都有平等的机会表达意见。请所有参会人员注意控制时间，以便我们能够充分讨论每个议题，并保持会议的进度。

  好的，感谢……

  下面有请……

  最后，在结束本次会议之前，我们将对我们的讨论结果进行总结，并制订下一步的行动计划。希望通过今天的会议，我们能够得出有价值的结论，并为公司的发展和市场竞争提供有效的策略和方向。

  再次感谢各位的参与和支持使这次会议取得圆满成功！谢谢大家！

4.5.2 演讲稿

演讲稿是指在较为隆重的仪式上或在某些公众场合发表的讲话文稿。

写作范例

以青春之火铸纪检之钢

尊敬的各位领导、同事们:

下午好!

今天我演讲的题目是《以青春之火铸纪检之钢》。

时代潮流浩浩荡荡,历史车轮滚滚向前。中国共产党的百年历史,波澜壮阔、跌宕起伏,承载着中国人民的理想和使命,凝聚着革命先烈的心血和智慧,充满着不屈不挠的奋斗精神。

回望历史,青春的光芒穿越时空,点亮民族复兴的漫漫征程。1927年5月9日,五大选举产生党的第一个监察机构——中央监察委员会,10名平均年龄在三十岁出头的年轻人,当选为中央监委委员、候补委员。新设立的中央监察委员会在艰难中起步。10名同志当年就牺牲了4位,随后几年里又有5名同志牺牲或失踪,只有1人见证了新中国的诞生,无一人叛党。

杨匏安牺牲后,他的家人都走上了革命道路;许白昊的后人谨记家训——"决当做中国有用之人";忠于党和人民、无私奉献是杨培森的可贵品质;阮啸仙的儿孙谨遵家规,都以他为榜样走好自己的人生路……

流逝的岁月沉淀着坚定的信念,忠诚始终是纪检监察干部不变的底色。党的十八大以来,习近平总书记反复强调要传承红色基因,赓续共产党人精神血脉,鼓起迈进新征程、奋进新时代的精气神。

我们虽然不再像革命战争年代那样时刻面对鲜血和死亡,但同样需要把忠诚与担当挺在一场场硬仗里。有这样一群人,许党报国、不负人民、勤勉尽责、夙兴夜寐;以敢为人先的雄心魄力,奔赴在反腐第一线;用矢志不渝的信仰,守护一方生态风清气正;以一丝不苟的顽强作风,在监督执纪事业中印刻下踏实足迹。他们,用责任捍卫着使命,用生命守护着纯洁,用廉洁诠释着干净担当!他们有一个共同的名字,原州区纪检监察干部。

近年来,防疫情、脱贫战、促发展,全天候值守、全方位监督,纪检监察干部主动担当、迎难而上,一手抓监督,一手抓落实,用实际行动和过硬作风践行了初心和使命,用责任和坚守诠释了忠诚和担当。

晨风暮雨,岁月匆匆。我看到纪检监察战线的同人们为打赢疫情防控战,用渺小的身躯筑起坚强的堡垒;我看到纪检监察战线的同人们为打赢脱贫攻坚战,用汗水谱写了一篇篇华丽的乐章；我看到纪检监察战线的同人们为打赢反腐倡廉战，用智慧攻克了一个又一个难题；我看到有人拿着手机对着你、有人大声吵嚷问着你、有人瞪大眼睛看着你，你没有退缩、没有逃避，细致地调查、走访、取证，最终解决了问题，赢得了认可……在路上、在车上、在希望的田野里，一幕幕舍小家为大家的场景，历历在目。顶月而来，伴星而去，这是纪检监察干部工作的缩影。捧着一颗心来，不带走一粒尘埃，在最美的年华去干最平凡的事业，用铮铮誓言彰显对党和人民的无限忠诚，这是信仰，是使命，是初心，是担当，是我心中最美的纪检人！

同样作为一名纪检监察干部的我，为你们感到骄傲和自豪，作为一名青年干部，要勇于付出青春，练就过硬本领，以青春之火淬担当之钢。

奋斗是对青春最美好的礼赞！目标在前，使命在肩。党的二十大即将召开，面对全面从严治党的新任务，以"强国有我"的责任担当，在实现第二个一百年奋斗目标的赶考路上，踔厉奋发、迎难而上，以青春之火，铸纪检之钢，奋力谱写新时代的青春乐章。

4.5.3　开幕词

开幕词是指在会议、庆典、展览等活动的开始阶段，由主持人或主办方负责人代表主办方发表的讲话。

写作范例

某活动开幕词

尊敬的各位嘉宾、女士们、先生们：

大家好！在这个喜庆而庄重的时刻，我代表主办方向各位致以热烈的欢迎和衷心的感谢！今天，我们隆重举行的这次活动，标志着一个新的起点和无限的可能。让我们共同见证这个值得纪念的时刻！

首先，我要感谢各位的莅临。在你们的关心和支持下，我们的活动得以如期举行，成为可能。同时，我要向所有为此次活动付出辛勤努力的工作人员表示崇高的敬意，正是你们的默默付出，使这一切成为现实。

这次活动的主题是"共筑未来"。我们希望通过这次活动，为大家搭建一个交流与合作的平台，共同探讨未来的发展方向和机遇。正如我们所知，只有紧跟时代的步伐，不断创新和突破，我们才能赢得未来的竞争优势。因此，这次活动旨在激发参与者的思考和启示，共同寻找前进的道路。

本次活动将涵盖多个领域和主题，包括科技创新、人文发展、环境保护等。我们邀请了来自不同领域的专家学者、企业家、社会活动家和政府代表，他们将分享他们的经验、见解和最新的研究成果。通过这些精彩的演讲和讨论，我们相信能够激发思维火花，推动各领域的发展。

最后，希望这次活动能够成为一个启迪思想、促进合作的平台。让我们紧密团结在一起，共同面对挑战，迎接机遇。愿我们的交流和合作能够孕育出更多的创新和成果，推动社会的进步和繁荣。

祝愿本次活动取得圆满成功！谢谢大家！

4.5.4 闭幕词

闭幕词是指在活动、会议、演讲等结束时，由主持人或某个重要人物发表的总结性讲话。

写作范例

某活动闭幕词

尊敬的各位嘉宾、亲爱的朋友们：

时光荏苒，转眼间，我们的活动已经走到了尾声。在这里，我代表组织者向各位嘉宾和朋友们表示最衷心的感谢！感谢各位的光临和支持，使得本次活动取得了圆满成功。

在本次活动中，我们汇聚了各行各业的人才，共同探讨了热门话题，分享了宝贵经验，获得了许多新的思维和启示。我们不仅在专业领域取得了进步，更在交流互动中建立了深厚的友谊。

回顾过去几天的活动，我们的心情久久不能平静。那些热烈的掌声、激动的发言、鼓舞人心的故事，都给我们留下了深刻的印象。这些瞬间将永远铭刻在我们的记忆中，激励着我们继续前行。

在这个充满挑战和机遇的时代，我们必须保持开放的心态和积极的行动，迎接未来的变革和发展。我们要不断学习、持续创新，积极适应和引领时代的潮流。我们要相互支持、共同成长，携手打造一个更美好的未来。

最后，我衷心祝愿大家身体健康、事业成功、幸福快乐！希望我们能够在不久的将来再次相聚，共同创造更多的美好回忆和成就。谢谢大家！

4.5.5 会议记录

会议记录是指对会议过程、讨论内容、决策结果等进行记录和总结的文件。

写作范例

某次会议记录

会议开始

会议主题：销售部第一季度工作总结会议

会议时间：20××年×月××日上午9:00—11:00

会议地点：公司会议室

参与人员：销售部全体员工

会议内容

总结第一季度的销售工作情况和成绩。

分析销售业绩的原因，讨论存在的问题和不足之处。

提出解决方案和改进措施，确定下一季度的销售目标和计划。

就市场竞争状况和销售策略进行讨论和交流。

会议记录

会议开始时间：上午9:00，由销售部经理李××主持。

李××对第一季度的销售情况进行了简要总结，指出销售额同比增长10%。

销售部员工逐一介绍自己的工作情况，分享了取得的成绩和遇到的困难。

讨论中发现销售额增长主要得益于新产品的推出和市场拓展工作的加强。

分析存在的问题和不足，主要包括市场竞争压力增大、销售流程不够顺畅、客户投诉。

针对存在的问题，参会人员提出了解决方案和改进措施，包括加强市场调研、优化销售流程、提升客户服务质量等。

确定了下一季度的销售目标和计划，要求全体销售人员共同努力，争取更好的业绩。

针对市场竞争状况和销售策略，参会人员进行了深入讨论和交流，提出了一些新的市场拓展和销售推广策略。

会议结束

会议结束时间：上午11:00

李××对会议内容进行了总结，并提醒大家按照会议纪要的要求，落实各项决策和行动。

会议记录由秘书张××负责整理和归档，将在两天内发送给全体参会人员。

会议记录整理人：×××

会议记录日期：20××年×月××日

4.6 礼仪类公文

4.6.1 贺信（电）

贺信（电）是指通过电子邮件等电子通信方式，向他人表达祝贺和祝福的信件。

写作范例

某贺信（电）

亲爱的××，

　　得知你晋升为公司的副总经理我感到非常高兴。在这里，向你表示最热烈的祝贺！这是你辛勤工作和聪明才智的完美结晶，你当之无愧地获得了这一荣誉。

　　在过去的几年中，我一直见证着你在公司的努力和奉献。你总是能够以出色的工作表现和卓越的领导能力来带领团队取得优异的成绩。你对工作的热情和坚持不懈地努力使你成为大家心目中的榜样和领导者。

　　我相信你晋升为副总经理后，会继续在公司中发挥重要的作用，并且为公司的发展做出更大的贡献。我真心希望你能够在新的职位上继续取得成功，并且在事业的道路上走得更远。

　　再次恭喜你的晋升！希望你继续保持你的努力和专业精神，成为更好的自己。

　　最诚挚的祝愿。

××

4.6.2 邀请函

邀请函是指邀请人书面邀请被邀请人参加某项活动或者出席某种场合的函件。

写作范例

某活动邀请函

尊敬的_____（被邀请人姓名/单位）：

　　我谨代表_____（邀请人/单位），诚挚地邀请您参加我们即将举办的_____（活动名称）。作为_____（活动性质/目的）的一部分，您的出席对于我们来说非常重要，我们衷心地期待您的光临。

　　_____（活动名称）将于_____（日期）在_____（地点）举行，活动内容包括_____（活动内容/议程）。这将是一个良好的交流和合作平台，我们相信您的参与将对活动的成功产生积极影响。

　　为了您的方便，请您准时抵达_____（地点），活动开始时间为_____（具体时间）。如您需要接机服务或者其他协助，请提前告知我们，我们将竭诚为您提供帮助。

　　请您在收到此邀请函后尽快回复，以便我们更好地安排活动事宜。

×××（邀请人姓名/单位）

联系方式：_____

××××年××月××日

4.6.3 颁奖词

颁奖词是指在正式的颁奖仪式上，为获奖者颁发奖项时所使用的文稿。

写作范例

某活动××人物获奖颁奖词

　　让我们来共同见证一位卓越的人士获得我们的最高荣誉——年度杰出贡献奖。这位获奖者在过去的一年里展现出了非凡的才华和卓越的成就，他（她）以其出色的工作和杰出的贡献为我们树立了榜样。

这位获奖者是我们团队的核心成员，他（她）在工作中展现出了卓越的领导力和敏锐的洞察力。他（她）始终保持着积极向上的态度，充满激情地投入到每一个项目中。他（她）以他（她）的智慧和勇气，带领团队克服了各种困难和挑战，取得了令人瞩目的成果。

除了在工作中的出色表现，这位获奖者还积极参与各种社会公益活动，并为我们社区作出了巨大的贡献。他（她）始终关注着社会的发展和进步，用自己的行动诠释了什么是真正的社会责任。

在这个特殊的时刻，我代表全体同人向这位获奖者表示最热烈的祝贺和最崇高的敬意！您的杰出成就和卓越贡献将激励着我们，鼓舞着我们继续前行。您是我们的榜样和典范，您的成功将激励更多的人追求卓越。

同时，对这位获奖者所在的团队表示由衷的感谢。在这个团队的共同努力下，我们取得了前所未有的成就。这是一个团队的胜利，更是您领导和鼓舞下的胜利。

最后，让我们共同为这位获奖者献上最热烈的掌声和祝福！愿您在未来的道路上继续保持优秀的表现，不断创造更大的成就。

4.6.4　欢迎词

欢迎词是指在特定场合或活动中，主持人或组织者向参会人员表示欢迎的文稿。

写作范例

某公司活动欢迎词

尊敬的各位嘉宾、亲爱的同事们：

大家好！很高兴今天能够与各位在这里相聚，共同参加我们公司的年度庆典活动。

首先，我代表公司全体员工，向各位嘉宾表示最热烈的欢迎和衷心的感谢！感谢各位一直以来对我们公司的支持与厚爱，是你们的信任和合作使得我们公司能够取得今天的成绩。

今天的年度庆典活动不仅是回顾过去一年的努力和成果，更是对未来的展望。我们将在这里共同庆祝过去一年的辉煌，同时也为新的一年注入更多激情和动力。

在接下来的活动中，我们将有精彩的表演、丰富的游戏及有趣的互动环节，相信大家一定会度过一段愉快、难忘的时光。

同时，我们也希望通过这次庆典活动，能够加强同事之间的沟通与交流，增进彼此的了解与友谊。在这个充满团结与合作的大家庭中，我们将携手共进、共同成长，为公司的发展贡献自己的力量。

最后，祝愿大家在这次庆典活动中度过愉快的时光，希望我们的年度庆典活动能够为大家带来更多的欢笑、收获和惊喜！

4.6.5 欢送词

欢送词是指在一个活动或聚会结束时，向离去的客人或团队表达祝福、感谢和欢送的文稿。

写作范例

某活动结束欢送词

尊敬的各位来宾、亲爱的朋友们：

在这美好的时刻，我们迎来了活动的结束。在这里，我代表全体组织者向大家致以衷心的感谢和最美好的祝福！

首先，我们要感谢所有参与本次活动的嘉宾、演讲者和志愿者。是你们的辛勤付出和热情参与，使得本次活动取得了圆满成功。你们的专业知识、独到见解和精彩演讲为我们带来了无尽的启示和思考。同时，你们在活动期间的友好合作和团队精神也给我们留下了深刻的印象。

其次，我们要感谢所有的赞助商和合作伙伴。是你们的大力支持和慷慨赞助，让我们能够顺利举办这场活动。你们的支持是我们最强有力的后盾，也是我们不断发展的动力。我们真诚地希望今后能够继续与你们合作，共同创造更多美好的时刻。

最后，我要向活动结束即将离开的朋友们致以最真挚的祝福。希望你们能够把在这里获得的宝贵经验和友谊，带到你们的未来生活和工作中。祝愿你们工作顺利，一帆风顺！

4.6.6 祝酒词

祝酒词是指在宴会、聚会等场合中用来祝福和致辞的一种文稿。

写作范例

某晚会祝酒词

亲爱的各位来宾：

在这美好的时刻，我代表主办方向各位表示最诚挚的谢意和最热烈的欢迎。今天的活动能够圆满成功，离不开各位的支持。正是因为有了你们的光临和参与，我们才能共同创造出这个温馨、欢乐的氛围。

这次活动的成功，既是对我们组织者的肯定，更是对每一位来宾的鼓励。大家的热情参与和积极配合使得整个活动过程顺利进行，给我们留下了美好的回忆。在这里，我要特别感谢那些辛勤付出的工作人员，他们的付出为活动的顺利进行提供了坚实的保障。

希望今后我们能够保持良好的合作关系，共同为更多的精彩活动添砖加瓦。让我们举起酒杯，共同庆祝这次活动的成功。愿我们的友谊长存，携手共进，迎接更多美好的日子。

干杯！

4.6.7 答谢词

答谢词是指在特定场合表达感谢之情的演讲或写作的文稿。

写作范例

某活动现场答谢词

尊敬的各位领导、亲爱的同事们：

大家好！今天我站在这里，是为了向大家表达我对你们的感激之情。

首先，我要感谢××领导的亲切关怀和鼓励。正是在您的正确领导下，我才有了施展才华的舞台，您的指导和帮助对我来说意义重大。

其次，我要感谢每一位同事的支持和帮助。在这里，我特别要感谢××同事，是他在我遇到困难时给予了无私的帮助和鼓励，使我克服了困难，取得了成功。

再次，我要感谢我们的合作伙伴。正是因为你们的支持和信任，我们才能顺利完成这次项目，取得了如此好的成绩。感谢你们一直以来的支持。

最后，我要感谢我的家人。是你们在背后默默支持着我，给我力量和勇气，让我坚持不懈地追求自己的梦想。

在此，我再次向大家表示我最真诚的感谢！谢谢大家！

4.6.8 唁电

唁电是指在某人逝世后，向其家属或亲友表达哀悼和慰问的文稿。

写作范例

唁电

亲爱的××家属（或亲友）：

得知_____（逝者姓名）的不幸离世我深感悲痛。在这个艰难的时刻，向您表达最深切的慰问和哀思。

_____（逝者姓名）将永远留在我们心中，他（或她）的离去让我们感到无比的惋惜和失落。在与他（或她）的相处中，我深深地被他（或她）的善良、正直和热心所打动。他（或她）对我们的贡献和影响是不可磨灭的。

别离永远是痛苦和难以接受的，但请相信，您不是一个人在经历这段痛苦。在这个时候，我们都将团结在您身边，为您提供力所能及的支持和关怀。

无论您需要什么，无论是情感的支持还是实质的帮助请随时告知。在这个艰难的时刻，我祈祷您能从悲痛中找到力量，勇敢地面对一切。_____（逝者姓名）将永远留在我们心中，他（或她）的精神将继续指引着我们前行。

请接受最深切的慰问和诚挚的哀思。

此致

×××（署名）

第 5 章 文档

5.1 文件管理

5.1.1 文件管理常见问题

建立一个统一的、安全可控的文件管理体系,能够提高组织机构的工作效率和文件管理的高效性。通过建立文件管理体系,可以避免以下常见问题。

1.文件分散与遗失

组织机构的各个文件如果没有统一的储存和管理,而是分散在各部门或项目组中,甚至储存在员工的个人设备中,就会导致在使用时,无法快速找到文件,甚至有文件丢失的风险。

2.协作效率差

没有高效的协同方式,就意味着团队的协同力无法最大化地发挥出来。文件来回传输的过程中,版本的更改会导致团队内部文件版本不统一,需要共同处理文件时只能依赖轮流传输编辑的方式,在这个过程中,不仅增加了协作的时间,而且会加大工作失误的风险。

3.文件丢失

①当文件的磁盘驱动器出现故障或损坏时,操作系统无法读取或写入文件,导致文件无法访问。

②员工意外地删除文件或者文件被恶意软件、黑客攻击删除,意味着文件不再存在于计算机或网络中,如果文件未备份,则该文件可能永久丢失,无法恢复。

③操作系统或其他软件应用程序的错误操作导致文件丢失。

4.文件不完整

①一个文件缺少印刷版本,只有电子版本或手写版本,可能导致阅读文件时出现字体

不清晰、纸张质量差等问题。此外，印刷版本的文件通常更加正式和可信，缺少印刷版本可能会影响文件的权威性。

②文件缺少相关的附件或补充材料，如报告中的数据表格、合同中的协议条款等，可能导致阅读者对文件的理解和执行出现困难。附件或补充材料通常可以提供更多的详细信息，以帮助阅读者理解文件的内容。

③文件缺少发文稿纸，即组织机构或部门正式的公文纸，会降低文件的可信度。发文稿纸通常包括组织机构的标志、正式的文头和签名等，缺少这些元素会被视为不专业或不正式。

④文件缺少最终的定稿，只有草稿或预稿，可能会导致文件的内容不完整、有错误或不符合要求。定稿是经过最终审核和修改后的文件，应该包含最终的内容和决策。

⑤文件的印刷版本与最终的定稿内容不一致，包括错误的文字、格式、日期等，会导致阅读者对文件的理解出现混淆或错误，从而执行过程中出现问题。

5.文件处理程序不规范

①未加盖公章。公章是文件合法性和有效性的重要标志，如果文件没有加盖公章，那么文件的合法性和有效性可能会受到影响。

②缺失签发手续。签发手续是文件审批和签署的重要环节，如果文件缺少签发手续，会影响文件的有效性。

③文件的发文日期早于签发日期。意味着文件在签署之前就被发放了，该文件无法成立。

④定稿包含发文代字号。意味着文件被错误地编号或命名，影响文件的可追溯性和管理。

6.发文程序不规范

①文件发出后，更改发文代字号，导致文件的编号出现混乱，给文件的管理和查阅带来不便。

②文件发出后，更改正文，导致文件的正文内容出现不一致，影响文件的准确性和可信度。

③使用铅笔修改原稿可能会导致修改的内容模糊不清，甚至无法辨认。

④转发文件的定稿、附件是复印件，那么该转发文件的法律效力会受到影响，因为复印件可能存在不准确或不完整的情况。

⑤发文代字号由各部室自行编制，可能会出现重号、漏号情况，应当统一编制。

⑥函、纪要为正式公文，如果没有附上发文稿纸，影响文件的权威性及可信度。

7.外来文件不合规

①外来文件中缺少签署人或发文机关，缺少文件的形成日期，会影响文件的可信度和可追溯性。

②外来文件如果为复印件、传真件，属于非正式的文件形式，不具备正式的法律效力。

8.文档、科档混淆

文档是一种文本文件，包含某种信息或知识；科档是指一种科学文件，包含某种科学数据、实验结果或研究报告等；如果将这两种文件类型混淆，可能会导致文件管理的混乱。

5.1.2 文件签发与保管

文件的签发和妥善保管不仅是保障文件的质量和可靠的关键措施，更是提升工作效率、规避潜在的法律风险和经济损失的有力保障。通过严格的签发流程，可以确保文件的准确性、完整性和权威性，从而确保信息的有效传递。同时，精细的保管措施能够防止文件损坏、遗失或不当使用，进一步强化组织内部的信息安全和合规性。

1.文件签发

（1）签发流程

①准备文件。包括撰写文件内容、确定文件的目的和要求、设计文件格式和外观等。

②审批文件。在文件准备就绪后，需要得到上级领导、相关部门或特定委员会的审批。

③签署文件。文件审批后，需要进行签署，签署文件的各方包括发件人、收件人、证人、授权代表等。

④密封文件。签发重要的纸质文件时，可将文件放入密封且封口加盖印章的信封中，再行传送。

⑤传达文件。通过邮寄、电子邮件、传真或亲自递送等方式将文件传送给相关收件人。

⑥跟踪文件。涉及某些重要、机密的文件时，通过记录文件的发送日期、接收时间、收件人地址和其他信息来确定件已经正确地传达给收件人。

（2）签发要求

①合法性。文件签发必须符合国家和地区的相关法律法规和规定。例如，某些文件需要获得特定授权或公证才能生效。组织机构需要确保文件签发符合法律法规，以避免法律纠纷。

②安全性。文件签发需要保护敏感信息的安全和保密，可以通过加密、密封、签名等方式来保护文件的内容不被泄露或不被未经授权的人使用。

③完整性。文件签发需要确保文件的完整性和准确性，可以通过数字签名或加密技术来确保文件在传输过程中不会被篡改或损坏。

④可追溯性。文件签发需要能够追踪和记录文件的传输和处理过程。组织机构需要确保文件签发的每个环节都有记录，以便在必要时可以进行查询和审计。

⑤可靠性。文件签发需要确保文件的真实性和可靠性，组织机构可采取数字签名、认证或授权等措施来验证文件的内容和签署者的身份，以避免伪造或篡改文件。

⑥可用性。文件签发需要确保文件在需要时是可用的和可访问的。组织机构需要采取必要措施来确保文件能够被正确地储存和使用，以便在需要时进行查询和访问。

2.文件保管

（1）保管方法

①储存介质保管。组织机构可以选择不同的储存介质来储存文件，如档案盒、磁盘、硬盘、云储存等。

②备份保管。将文件复制到不同的介质或地点进行备份，如云端或离线的硬盘。组织机构需要确保备份文件与原始文件一致，并定期测试备份文件的可恢复性。

③密封保管。可将纸质文件密封放入封口处加盖印章或签名的信封档案盒中，避免被未经授权的人使用或篡改。

④加密保管。组织机构可以使用加密算法、密钥安全管理等方式来保护文件的机密和安全。

⑤定期清理。组织机构需要定期清理文件，以避免文件过多或过期。包括删除不需要的文件，备份重要文件等。

⑥访问控制。组织机构需要控制文件的访问权限，建立访问控制列表，并授权特定人员访问和使用文件，以确保只有经过授权的人才能访问和使用文件。

（2）保管要求

①安全防护。确保文件保管区域的安全，包括设置门禁、安装监控设备、采取防火措施等。同时，也需要定期检查文件保管区域的设施，确保其正常运作。

②温湿度控制。文件保管区域应当保持适宜的温湿度,以防止文件因过度潮湿或干燥而受损。一般来说,温度应控制在18～22℃,湿度应控制在40%～60%。

③存储设备。选择合适的存储设备,纸质文件储存于文件夹、档案盒等,电子文件储存于系统、硬盘等,以便分类和检索。

④定期检查和更新。定期检查、维护和更新保管的文件,确保其完好无损,如发现文件损坏或丢失,应及时进行修复和补充;若发现文件时间较久远或文件内容已老旧,应进行更新。

5.1.3 文件查阅与复制

文件的查阅与复制在组织机构的管理与运营中具有十分重要的作用,它们不仅是提高工作效率的关键手段,更是推动信息透明化和促进内部沟通的重要桥梁。

1.文件查阅

(1)查阅流程

①确定查阅权限。查阅者应先确认自己的查阅权限,确保自己的行为符合规定。

②了解文件分类。一般来说,组织机构通常会对文件进行分类,如机密、保密、内部公开等。查阅者需要了解不同分类的文件所对应的查阅权限。一般情况,机密文件只能由经授权人员可以查阅,而保密文件则可以由一定级别的员工查阅。

③提出查阅申请。查阅者需要向文件管理部门提出查阅申请,并说明查阅目的和查阅范围。申请时应提供必要的书面材料,如工作证明、权限证明等。

④审核审批查阅申请。文件管理部门应对查阅申请进行审核,确认查阅者是否具备相应的权限,以及申请的合理性和必要性,必要时应与查阅者进行沟通,了解具体查阅情况,最后进行审批。

⑤查阅文件。审核通过后,查阅者可以获得相应的文件,并在指定场所进行查阅。一般文件保管部门会提供相应的文件阅读工具和方法,以确保文件的安全和保密。

⑥保密承诺。查阅者在查阅文件前,须签署保密承诺,保证不会泄露机密信息。保密承诺通常包括保密期限、保密内容和保密责任等具体条款。

⑦文件归还。查阅结束后,查阅者需要将文件归还给文件管理部门,并做好相应的交还登记工作。

(2)查阅要求

①确定查阅文件类型。组织机构文件包括很多类型,如合同、协议、财务报表、发

票、凭证、公告、规章制度等。根据查阅的目的和需要，确定需要查阅的文件类型。

②确定文件的查阅方式。组织机构文件的查阅方式也有很多种，如在线阅读、下载、打印和现场阅读等。根据文件的类型和公开程度，选择合适的查阅方式。

③确定文件查阅时间。组织机构文件的查阅时间一般分为定期、临时、突发事件、特定时间节点查阅。

④记录查阅结果。对查阅的文件信息进行记录和总结，以便后续参考和使用。通常应记录查阅文件的名称、内容、时间、结论等信息。

2.文件复制

（1）复制流程

①明确需要复制的文件。复制人应先确定需要复制的文件，包括各类规章、合同、发票、账目、客户信息等。

②获得授权。在复制文件之前，须获得授权。可以通过向文件管理部门申请授权，或者通过组织机构的授权流程获得复制资格。

③复制文件。选择合适的设备进行文件复制，如硬盘、USB闪存驱动器或者云储存服务。

④确认复制完成。在文件复制完成后，须确认的过程是否复制成功，复制的文件是否正确、完整，有无出现乱码情况。

⑤安全储存文件。完成文件复制之后，将复制的文件安全地储存起来，若涉及机密文件，可用密钥进行安全保护。

（2）复制要求

①安全性。复制文件必须保证数据的安全性，避免数据泄露、被篡改或丢失。可以采用加密技术、访问控制等措施来保护数据的安全性。

②准确性。复制文件必须保证数据的准确性，在复制过程中，需要进行数据验证和校验，检查是否出现乱码情况。

③可追溯性。复制文件需要能够追踪文件的来源和去向。在复制过程中，需要记录原文件储存地及复制文件储存地，以便后续追踪和管理。

④合规性。复制文件一定要遵守组织机构的规章制度，复制人必须申请获取复制资格，不得在未被授权的情况下复制文件，不得复制组织机构规定的不允许复制、打印、备份的文件。

5.1.4 特殊文件管理

在组织机构的管理体系中,对特殊文件的妥善处理十分重要。这些特殊文件包括但不限于外来文件、重要文件、机密文件,不仅承载着组织机构的核心信息和知识资产,更是组织规范化运营和风险控制的关键所在。

1.外来文件管理

(1)接收管理

在接收外来文件时,需要确保其来源的可靠和合法,以免接收虚假、不合法或携带病毒的文件;核实外来文件内容,有必要向发件人核实其真实性和准确性;同时明确文件用途和目的,以便日后的管理和使用。

(2)登记与记录

在接收外来文件后,应当进行登记,记录文件的名称、编号、来源、接收时间等基本信息,避免混淆和遗失;对外来文件根据性质、用途、时间等进行分类和归档,以便查阅和使用。

(3)保密管理

为确保外来文件的安全性和完整性,对外来文件进行保密措施,如加密、安全储存、签署验证等,防止文件泄露或丢失;指定专人负责外来文件管理,确保外来文件的妥善保管和使用;确定文件的查阅权限和使用范围,防止无关人员接触到外来文件。

(4)备份外来文件

可以采用设置外来文件自动备份,将外来文件自动备份到云端或本地硬盘中;若外来文件数量较多,且不需要备份所有文件,可以采用手动选取、复制外来文件到本地硬盘。

2.重要文件管理

(1)建立统一管理平台

建立文件管理系统,对组织机构重要文件的分类、归档、检索、备份和恢复等操作进行统一管理,避免文件的分散和丢失,提高文件的安全性和可追溯性。

(2)实施多层级管理

按照组织机构文件的重要性进行划分,确定每个层级的文件由哪些部门或人员负责管理;建立完善的权限管理系统,包括访问申请、审批、授权等流程;访问或查阅组织机构重要文件需经过多层审核审批。

(3)备份及更新

使用专业的备份软件,定期将重要文件备份到硬盘、云储存或远程服务器中;定期检查重要文件的内容，确认是否有需要更新的地方，加以编写更改，经过审核审批后，更新的重要文件才能生效。

(4) 培训及应急

定期对负责管理重要文件的部门和人员进行文件管理安全意识和操作培训，增强他们的文件保护意识和能力。同时，建立文件泄露、丢失等事件的应急处理机制，以应对可能出现的风险。

3.机密文件管理

(1) 分类和标识

对机密文件进行分类和标识。可以根据文件的性质、内容、重要性等对机密文件进行分类，使用标签、编号、颜色区分等方式来标识。

(2) 储存和保管

机密的纸质文件需要储存在安全、保密的地方，如保险柜、密码箱等；对于电子文件，需要采取加密等安全措施，防止被黑客攻击或泄露。

(3) 访问和借阅

机密文件的访问和借阅需要严格控制，只有经过授权的人员才能访问和借阅。访问和借阅记录须保留，以便追踪和管理。

(4) 销毁和处理

当机密文件不再需要时，要进行销毁处理。销毁纸质机密文件可以通过碎纸、烧毁等方式处理，销毁机密电子文件则需彻底删除。

(5) 培训和奖惩

需要对文件保管人员进行机密文件管理的培训，增强他们的保密意识和保护能力。同时，还应建立完善的奖惩制度，对管理机密文件失职的人员进行惩处，对表现优秀的人员进行奖励。

5.1.5 文件遗失处理

组织机构具备健全且完善的文件遗失处理机制，对于保护财产安全、维护信息安全、确保合规操作，及推动文件管理流程的持续优化都具有至关重要的作用。这种机制的构建和运行，不仅体现了组织机构管理的精细化和专业化，更是对组织内外各方利益的有效保障和负责任的体现。

1.处理原则

（1）及时报告

当发现文件遗失后，应立即向相关部门（文件管理部门和文件编写部门）报告，并尽快启动遗失处理程序。以确保遗失文件得到迅速处理，同时防止事态进一步恶化。

（2）保护现场

在发现纸质文件遗失后，应立即保护现场，并收集遗失文件的相关信息，如遗失时间、地点、文件的性质等。保护现场和收集相关信息有助于后续的调查和追踪。

（3）保密处理

在处理文件遗失事件时，需要保密，不要将遗失事件泄露给其他人，以免引起不必要的恐慌和损失。

（4）全面评估

在采取处理措施之前，需要全面评估遗失事件的影响和风险，设置相关预案，确保采取的措施能够有效地解决问题。

（5）获得处理授权

在处理文件遗失事件前，应先得到文件管理部、文件编写部、组织机构的授权，确保采取的措施合法、有效。

2.处理方法

（1）调查、寻找及追踪

尽快通知相关单位和人员，了解文件遗失的具体情况，然后通过调查、寻找和追踪等方法，尝试找回遗失的档案。

（2）取消隐藏恢复

如果文件是因为被隐藏而丢失的，可以通过取消隐藏来恢复文件。具体方法取决于操作系统和文件管理器的不同，可以参考相应的操作指南。

（3）专业软件恢复

如果文件是因为数据格式化、清空回收站等原因而丢失的，可以使用专业的数据恢复软件来恢复文件。

（4）系统自带的恢复功能

一些操作系统自带的恢复功能也可以用来恢复丢失的文件，例如，Windows系统的"回收站"功能、MacOS系统的"废纸篓"功能等。

（5）备份恢复

如果文件已经备份过，可以在硬盘、云储存、远程服务器等地方来恢复文件，具体取决于备份的设置和实际情况。

（6）物理恢复

如果文件是因为物理损伤而丢失的，例如，磁盘损坏、设备损坏等，可以通过物理修复来恢复文件。例如，一些数据恢复服务机构可以提供物理修复服务，帮助用户恢复受损的磁盘或设备上的文件。

（7）法律处理

如果文件遗失是人为故意造成的，组织机构可采取诉讼手段来要回文件；或向公安机关报案寻回文件，相关人员可能会面临刑事追究。

3.预防措施

（1）定期备份文件

定期备份文件是防止电脑文件丢失的最重要的步骤，可以将重要的文件备份到外部硬盘、云储存或者其他设备中，还可设置多种容灾备份机制，包括定时备份、手动备份等。

（2）使用可靠的硬盘

选择品牌知名、质量可靠的硬盘来储存文件。同时定期检查硬盘的健康状态，以确保硬盘的正常运行。

（3）采用多种储存方式

采用多种储存方式能够降低文件丢失的风险，除了电脑硬盘，还可以将文件备份到云储存、外部硬盘、甚至多张SD卡等。

（4）权限管理

对访问文件进行权限管理，确保只有被授权或经过审核审批的人员可以访问、编辑、修改文件。

（5）定期检查文件

通过定期检查文件完整性来确保文件没有被意外删除或修改。

5.2 档案管理

5.2.1 档案的分类

组织机构对档案进行分类管理，有利于档案的整理、保管、查找、使用、检索、长期保存，以及及时销毁，同时能让查阅档案的人员更好地理解工作或活动的全貌。

1.按照档案的性质和内容分类

可以划分为文书档案、科技档案、财务档案、人事档案。

（1）文书档案是指组织机构在日常行政事务活动中形成和使用的文件、信函、通知、合同、协议等各类文书。

（2）科技档案是指组织机构在科学技术研究和生产活动中形成的档案，包括科技计划、科技报告、科技论文、设计图纸、工艺文件、技术标准、专利申请文件等。

（3）财务档案是指组织机构在财务管理和会计核算过程中形成的档案，包括财务报表、会计凭证、会计账簿、税务文件、审计报告等。

（4）人事档案是指组织机构在人力资源管理过程中形成的档案，包括员工个人资料、劳动合同、考勤记录、绩效评估、培训记录等。

2.按照档案的形成和来源分类

可以划分为组织机构的经营管理档案、生产管理档案、技术研发档案、客户档案和供应商档案等。

（1）经营管理档案是指组织机构在经营管理活动中形成的档案，包括经营决策、计划工作、财务管理、物资管理、企业管理等。

（2）生产管理档案是指企业在生产管理过程中形成的档案，包括生产计划、生产进度、质量控制、设备管理、生产安全等。

（3）技术研发档案是指企业在技术研发过程中形成的档案，包括技术研发成果、专利证书、知识产权、技术交流等。

（4）客户档案是指企业在客户服务过程中形成的档案，包括客户信息、服务合同、客户服务记录、客户投诉处理等。

（5）供应商档案是指企业在采购过程中形成的档案，包括供应商信息、供应商合同、供应商评估、供应商管理等。

5.2.2 档案的整理与检索

档案的整理与检索不仅可以保护档案的安全和机密，还可以提高档案的利用效率，满足各类档案的使用需求，同时也有助于建设企业文化，记录企业、员工的发展与成长历程。

1.档案整理流程

（1）确定档案整理单位

明确件（卷）的构成及件（卷）内的排序。这个步骤需要确定档案的整理单位，如一份公文、一卷档案等。同时，还需要明确件（卷）内的排序，以便后续的整理过程。

（2）区分档案的不同价值

档案材料之间存在着一定的联系，同时还需要区分其不同价值，将重要的、常用的档案材料放在突出的位置，以便快速找到。

（3）编制检索工具

为了方便后续的检索和使用，需要为每份档案材料提供一个唯一的标识符，并编制相应的检索工具，如目录、索引等。

（4）全宗组织排列及系统化

全宗指一个独立机关、组织或个人在社会活动中形成的档案有机整体，即一个独立的档案整理单位。按照从前至后的程序，对全宗进行组织和排列，然后在全宗内进行系统化管理，使得档案材料能够有序地存放和检索。

（5）分类及目录编制

对全宗类档案进行分类，然后进行案卷的编辑和排列，并编制案卷目录，以便后续的检索和使用。

2.档案检索方法

（1）目录检索

这是一种传统的档案检索方法，通过编制目录索引来查找档案。目录索引可以是一本纸质的书本或者一张卡片，上面记录了档案的标题、作者、时间、关键词等信息。通过查找目录索引，可以找到所需的档案所在的目录页，从而了解该档案的详细信息。

（2）计算机检索

计算机检索是通过建立档案数据库来实现的。档案数据库是将档案的文本信息、图像信息、音频信息等转化为数字信息，储存在计算机中。通过建立索引，可以实现快速地查找所需的档案。

（3）手工检索

手工检索是通过查阅纸质档案或者图书等来实现的。这种方法需要人工翻阅档案或者图书，才能找到所需的档案。

（4）图像及语音检索

图像识别技术、语音识别技术可以将图像、语音转化为数字信息，并通过比对特征信息来实现图像、音频的识别和检索。

5.2.3 档案借阅

档案借阅可以帮助档案使用者获取所需信息，提高工作效率；帮助档案使用者更好地了解档案内容，提高自身素质。

1.借阅流程

（1）借阅申请

借阅人向档案管理部门提出借阅申请，填写纸质申请表格或提交在线申请，填写内容一般为借阅时间、方式、范围等。

（2）审核审批

档案管理部门应对借阅申请进行审核，确认借阅人是否具备相应的权限，以及申请的合理性和必要性，必要时应与借阅人进行沟通，了解具体借阅情况，若涉及重要档案的借阅，还需经过组织机构最高领导的审批。

（3）借阅办理

经过审核审批后，借阅人需要到指定的地方办理借阅手续，获取所借阅的档案。一般组织机构会提供相应的档案阅读工具和方法，以确保档案的安全和保密。

（4）保密承诺

借阅人在借阅文件前，应签署保密承诺，保证不会泄露组织机构机密信息。保密承诺通常包括保密期限、保密内容和保密责任等。

2.管理制度

（1）许可制度

借阅档案需要经过档案管理部门的许可，一般需要填写借阅申请表格，并经过相关审核。借阅申请需要提供借阅人的基本信息、借阅目的、借阅时间、借阅的档案种类和数量等信息。

（2）限期归还制度

借阅人需要在规定的期限内归还所借阅的档案。这个时间期限可以根据借阅人的需求和档案的重要性进行设定，一般不得超过一个月。如果借阅人无法在规定时间内归还档案，需要提前向档案管理部门申请延期，否则需要承担相应的责任。

（3）保密制度

借阅人需要遵守档案管理的保密规定，不得将所借阅的档案泄露或丢失。同时，借阅人不得在公共场所或未经授权的场合使用或谈论所借阅的档案信息。

（4）权限控制制度

不同的借阅人具有不同的借阅权限，只能借阅自己权限范围内的档案。借阅权限根据借阅人的职位、工作需要和档案的重要性等因素进行设定。

（5）安全储存制度

借阅人需要保证所借阅的档案储存安全，不得损坏、丢失或泄露。借阅人需要对所借阅的档案进行妥善保管，避免损坏、丢失或泄露。

（6）电子版档案使用制度

对于电子版档案，借阅人需要遵守相关的使用规定，不得进行非法复制、传播或使用。借阅人需要采取相关的安全措施，如使用加密软件、不在公共网络上传输电子档案等。

5.2.4 档案保管

档案保管的重要性不言而喻，它不仅是企业与员工权益的坚实护盾，更是企业运营过程中的真实记录和宝贵证据。通过对档案的细致管理，能够确保企业每一项决策、每一项交易都有迹可循，从而极大地提升企业管理的透明度和效率。

1.保管方法

（1）使用档案装具

档案装具是指将文件、资料、图表等收集整理，并放入特定的容器中，以便更好地保管和查找。这些容器通常包括档案盒、档案袋、文件夹等。

（2）建立档案库房

档案库房是指专门存放档案的房间或区域，要求具备防潮、防霉、防尘、防虫、防光、防震、防盗等特性，以保证档案管理的安全性和可靠性。

（3）数字化储存

随着技术的不断发展，数字化储存已经成为一种常见的档案保管方式。通过将档案数字化，可以将档案储存在计算机、磁盘、云端等数字设备中，方便查找和管理。

（4）防磁技术

一些档案，如音像档案、电子档案等，需要采取防磁技术来保护，可以防止磁场对档案的干扰和破坏。

（5）修复技术

当档案可能会受到损坏或老化时，需要进行修复。修复技术包括修复档案文件、修复档案材料、修复档案设备等，以保证档案的完整性和可靠性。

2. 保管要求

（1）选择合适的档案保管设备

档案保管设备一般有档案柜、档案架、档案盒等，经常查阅的、较小的档案可放入档案盒保管；体型较大的档案可放入档案架保管；重要、机密的档案放入有锁的档案柜或保险箱内进行保管。

（2）档案包装材料

档案包装材料一般有纸板、泡沫、气泡袋等；选择档案包装材料时应考虑其保护性、防火性、防潮性及成本等因素。

（3）档案库房温湿度控制

档案库房的温度应确保在14℃～24℃，相对湿度控制在45%～60%。

（4）定期备份档案

定期备份档案是防止电脑上的电子档案丢失，可以将重要的档案备份到外部硬盘、云储存或者远程服务器中。

（5）做好保密工作

档案保管人不得将保管的档案泄露或丢失。同时，不得在公共场所或未经授权的场合使用或谈论所借阅的档案信息。若有违规，组织机构应追究其责任。

5.2.5 档案遗失处理

档案遗失处理的主要目的和意义在于尽快找到或补办丢失的档案，以确保档案管理工作的准确无误。

1.立即报告

一旦发现档案遗失，应立即向相关部门或负责人报告。

2.评估损失

确定遗失档案的性质和重要性，评估可能造成的影响和后果。

3.暂停相关操作

如果遗失的档案与正在进行的活动相关，应暂停这些活动以防止进一步的损失。

4.启动应急预案

根据组织的政策和程序，启动档案遗失的应急预案。

5.搜索和恢复

尽可能地搜索遗失的档案，包括检查可能的存放地点和联系可能接触过档案的人员。

6.通知相关人员

如果档案包含个人信息，需要通知受影响的个人或组织。

7.法律咨询

根据档案的性质，可能需要咨询法律顾问，了解法律责任和合规要求。

8.记录和文档

详细记录档案遗失的事件，包括时间、地点、涉及人员和采取的措施。

9.加强安全措施

根据遗失事件的原因，加强档案的安全保护措施，防止类似事件再次发生。

10.内部调查

进行内部调查，查明档案遗失的原因，并对相关责任人进行问责。

11.外部通报

如果需要，向外部机构或公众通报档案遗失的情况和采取的措施。

12.恢复和重建

如果档案无法找回，考虑如何恢复或重建档案内容。

13.持续监控

在事件处理过程中持续监控情况，确保所有措施得到有效执行。

14.总结和改进

档案遗失事件处理结束后,总结经验教训,改进档案管理流程和安全措施。

5.2.6 档案销毁

档案销毁可以保障企业的商业机密不被泄露;缩短企业的档案保管期限,减少档案占据的空间;帮助企业释放资源,用于更有价值的用途。

1.销毁要求

(1)鉴定要求

在档案销毁前,应当对档案进行鉴定,确定哪些档案需要销毁,哪些档案需要保留。鉴定应当遵循相关规定和标准,确保销毁的档案是确有必要销毁的。

(2)安全要求

档案销毁必须在安全的环境下进行,确保档案不会被盗窃或泄露。销毁过程中必须有专人监督,防止档案被恶意利用。

(3)彻底性要求

档案销毁必须彻底,确保档案不会被恢复。销毁方式可以采用物理销毁或数字化销毁,但必须保证档案无法恢复。

(4)环保要求

档案销毁不能对环境造成污染。销毁过程中要注意垃圾分类和废品回收,确保销毁过程对环境影响最小化。

(5)授权要求

档案销毁须经过相关授权人员的授权,涉及重大、机密档案的销毁,需要组织机构最高领导的审批,确保销毁行为符合法律法规和机构内部规定。

(6)记录要求

留下销毁记录,以便后续追溯和核查。销毁记录应当包括销毁的时间、原因、方式、监督人员等信息。

2.销毁流程

(1)准备工作

确定需要进行销毁的档案范围,鉴定档案是否有销毁的必要性,并对销毁档案进行分类、整理和打包;检查销毁设备、销毁工具是否准备好,如物理销毁的碎纸机、数字化销毁的计算机设备等。

（2）申请销毁

向档案管理部门、相关领导提出销毁申请，并获得批准，填写销毁申请表，明确销毁的时间、地点、人员、原因等信息。

（3）实施销毁

由专门的档案销毁人员对需要销毁的档案进行物理销毁或数字化销毁；物理销毁包括碎纸、焚烧、压扁等方式，数字化销毁包括格式化硬盘、删除文件等方式。

（4）监督销毁

监督人员对整个销毁过程进行监督，确保销毁的档案完全无法恢复；监督人员应当遵循相关安全、环保和规范要求进行监督，确保销毁过程安全、合法和有效。

（5）记录过程

对整个销毁过程进行记录，并保留销毁证明；记录应当包括销毁的时间、地点、人员、方式、监督人员等信息。

5.3 电子文档与特殊档案管理

5.3.1 电子文档管理

电子文档管理可以提高工作效率、保障信息安全、实现多人协同编辑，是现代组织机构文档管理中不可或缺的一部分。

1.相关要求

（1）真实性

在电子档案的生成、传输、接收、储存过程中，需要采取措施确保其真实性，即保证档案的内容与实际情况相符，避免被恶意篡改或提供虚假信息。

（2）可读性

电子档案的储存格式、软件、硬件环境等应符合组织机构规范；在电子档案的储存和转移过程中，也需要使用相同的格式和标准，以确保其可读性。

（3）安全性

电子档案的失真风险较高，需要采取如建立防火墙、加密等措施，保护电子档案的内容和隐私。

2.备份工作

（1）选择备份方式

根据电子文档的数量、重要性及备份需求，选择合适的备份方式，如云端备份、移动设备备份或本地备份等。

（2）准备备份设备

备份设备一般包含云端储存服务、移动设备（如U盘、移动硬盘等）、本地计算机或服务器等。根据电子文档的性质、重要性，选择合适的备份设备。

（3）设置及执行备份任务

根据电子文档的备份需求，设置备份任务，包括备份的时间、频率、位置等参数，再执行电子文档的备份操作。

（4）检查备份效果

在备份任务执行完成后，需要检查备份的效果，包括备份是否完整、是否成功等。

（5）定期更新和维护

电子文档的数量和重要性可能会随着时间的推移而发生变化，因此需要定期更新和维护备份设备，以确保备份文件的完整性和可靠性。

3.保密工作

（1）加密保护

对电子文档进行加密处理，以防止未经授权的人员访问和窃取文档内容。加密可以使用对称加密或非对称加密方式，根据具体情况选择合适的加密算法和加密强度。

（2）权限控制

通过设置权限，限制访问电子文档的人员和操作权限。权限控制可以根据员工的职级、部门等因素进行设置，以确保只有经授权人员可以访问和操作电子文档。

（3）防火墙保护

在电子文档的服务器端设置防火墙，以防止恶意攻击和非法访问。防火墙可以根据访问协议、端口、IP地址等条件进行限制。

（4）审计监控

对电子文档的访问和操作进行审计监控，以发现和防止未经授权的访问和操作。审计监控可以通过日志、监控软件等方式进行实现。

（5）物理隔离

将电子文档的存储设备进行物理隔离，以防止非法访问和窃取。物理隔离可以通过将存储设备放置在安全柜、保险箱等方式实现。

5.3.2 音像档案管理

音像档案管理的作用在于记录和保存组织机构的历史和活动，展示组织机构的价值和特色，以及为组织机构提供宣传和教育服务。

1.管理流程

（1）收集档案

将各部门或个人在社会实践活动中直接形成的对国家、社会和组织机构有保存价值的录音、录像、照片、影片等辅以文字说明的历史记录进行收集。

（2）整理档案

组织机构需要将收集的音像档案按时间、内容和形成规律进行分类和编号。分类可以按照主题、形式、时间等不同标准进行，编号可以按照组织机构规定的统一规则进行。

（3）保管档案

在保管过程中，组织机构需要确保音像档案的安全性和完整性。保管场所应干燥、防潮、防尘、防磁，并配备相应的保管设备和措施，如空调、除湿机、防磁柜等。同时企业需要定期备份音像档案，以防丢失或损坏。

（4）使用档案

音像档案的使用包括借阅、复制、数字化等方式。组织机构可以制定相应的使用政策和规定，确保音像档案使用的安全性和保密性，防止泄露组织机构的机密信息。

（5）处置档案

当音像档案过期时，组织机构需要音像档案进行鉴定和处置，处置方式可以包括销毁、永久保存等。

2.相关要求

（1）遵守法律法规

组织机构应该遵守国家相关的法律法规，如《中华人民共和国档案法》《音像档案管理办法》等，确保音像档案的管理和使用合法、合规。

（2）保证档案完整

组织机构需要建立规范的音像档案管理流程，包括收集、整理、保管、使用和处置等环节的流程，保证档案的完整性和准确性。

（3）安全保管

组织机构需要确保音像档案的安全性和保密性。保管场所应该符合国家相关标准，防潮、防尘、防磁、防病毒等措施应该到位，并定期进行备份和更新。

5.3.3 硬盘档案管理

硬盘档案管理有助于提高工作效率，保护数据安全，节省空间，提高电脑运行速度，以及方便备份等。

1.管理方法

（1）及时整理

定期对硬盘中的档案和数据进行整理，清理不必要的档案和数据，以释放硬盘空间。可以设置定期整理的任务，如每个月或每个季度进行一次整理。

（2）删除不必要的文件

定期检查硬盘中的档案，删除不需要的档案，以释放硬盘空间。可以定期清理临时档案、备份档案、过期的电子档案等。

（3）给文件和文件夹命名

给硬盘中储存的档案命名时，名称要简洁明了，便于识别和记忆，同时能够准确反映文件或文件夹的内容。

（4）备份文件

定期备份硬盘中的重要档案，以防止数据丢失或损坏。可以选择完整备份、增量备份或差异备份等方式。

（5）分类整理

可以将硬盘中的档案按照类型、日期或重要性进行分类整理，便于查找和检索。可以按照档案类型、日期、重要性、联系人等属性进行分类。

（6）定期清理病毒和恶意软件

使用杀毒软件或防火墙等工具进行保护，定期清理硬盘中的病毒和恶意软件，以保护数据的安全。

2.相关要求

（1）在进行硬盘档案管理时，要确保备份档案的完整性、可靠性和安全性。备份应该是常规的、持久的和可恢复的。

（2）硬盘是常用的储存介质，具有稳定性、可靠性、持久性和高性能等特点。

（3）硬盘档案管理要求硬盘具有较大的储存容量，能够满足储存大量文件和数据的需求。

（4）硬盘档案管理要求数据储存具有安全性，能够保护数据不受损坏、丢失、泄露等风险。可以通过备份、加密、访问控制等方式来实现。

5.3.4 实物档案管理

实物档案可以为组织机构提供相关的历史资料和数据信息，这些资料是管理者进行分析、决策和预测的重要依据。

1.实物类别

（1）荣誉档案包括企业在各项工作中获得的奖杯、奖状、证书、奖牌、锦旗等。

（2）印章档案包括企业公章、合同章、财务章、法人章等。

（3）纪念性档案包括题词、赠送的字画，及各种纪念品等。

（4）证书证明档案包括企业的工商执照、执业许可证、组织机构代码、企业法人证书等，以及企业各类产品的专利证书、发明专利证书、新产品鉴定证书、质量认证证书、进口设备免税证书等。

2.管理方法

（1）制定实物档案管理制度

明确实物档案的收集、整理、保管、使用和销毁等方面的要求和程序。制度中可以包括实物档案的分类标准、编号规则、保存期限、存放方式、防护措施等。

（2）建立实物档案目录

对所有实物档案进行目录管理，记录每件实物的名称、编号、来源、尺寸、材料、内容等信息，便于查找和使用。

（3）维护实物档案

做好实物档案的防潮、防尘、防虫等工作，确保实物档案的完好。同时，定期清理和鉴定实物档案，将需要销毁的实物档案进行销毁，将需要继续保管的实物档案重新整理和存放。

（4）建立电子档案

对实物档案进行扫描、拍照等数字化处理，建立电子档案，方便查找和利用。

3.相关要求

（1）集中管理

如果实物属于归档范围，那么各部门应该及时将其提交给档案管理部门进行集中管理，不允许任何部门或个人将其保留在自己手中。

（2）专人负责

实物档案的管理应由专人负责，不得擅自将实物档案损坏、私存或转送他人，否则将给予惩处。

（3）拍照登记

由于特殊原因，应归档的实物需要在相关部门暂时保留，该部门应先将这些实物移交给档案管理部门进行拍照登记，然后再办理借用手续。

（4）定期鉴定

实物档案的鉴定应定期进行，根据实物的价值和重要性确定鉴定周期。

第 6 章
公关

6.1 公共关系工作流程与要求

6.1.1 公共关系工作流程

公共关系工作是通过评估社会公众的态度,确认与公众利益相符合的个人或组织的政策与程序,提高公关主体的知名度和美誉度,改善形象,争取公众的理解与接受,进而有效地管理组织与公众之间的关系。

1. 目标设定

公共关系工作常见目标为提高组织机构的知名度、树立良好形象、改善与媒体及公众的关系、增加社会影响力等。设定公共关系目标时应考虑以下因素:

①公共关系工作目标应与组织机构整体目标相一致,帮助组织机构塑造正面的形象,并将抽象的目标概念具体化。

②公共关系工作目标内容应划分为若干小目标,包括传播信息目标、联络感情目标、改变态度目标、引起行为目标等,以及考虑目标时间是长期、中期还是短期。

2. 调查研究

公共关系工作调查研究指组织机构通过科学方法收集公众的评价信息,并对其公共关系状态进行客观分析与研究。其目的是了解公众对组织机构的认知,对其形象的评价、反馈等信息,以便更好地调整自己的公共关系策略。

3. 方案制定

(1) 组织机构首先明确每次公共关系工作的目标是什么,结合目标及公众实质需求选择合适的公关形式,包括新闻发布会、讲座、研讨会、户外活动等。

(2) 组织机构应考虑媒体、公众的参与方便度和活动的实际需要,选择合适的时间和地点来召开公关活动。

（3）组织机构需要选择合适的传播渠道，包括媒体、网络、社交平台等，将公共关系信息传播给目标公众。

（4）组织机构应制定合理的预算和资源安排，包括人力、物力、财力等方面的资源，以确保公共关系计划的顺利实施。

（5）组织机构需要评估公共关系计划实施过程中可能出现的风险和问题，并制定相应的应对措施。

4.方案实施

按照制定的方案，通过各种传播手段和活动形式，与媒体、公众进行互动交流，提高组织机构的知名度和美誉度，增进媒体、公众对组织机构的理解和信任。

5.效果评估

通过各种指标和数据，评估公共关系活动的效果，发现存在的问题，总结经验，为下一步的公共关系工作提供参考。

6.1.2 公共关系工作要求

公共关系工作的目的主要是树立良好的形象和声誉，通过有效的沟通和宣传，增强公众对个人或组织的信任和好感，从而更好地实现公共关系的价值。要做好公共关系工作，需要达到以下要求。

1.建立和维护良好的内外关系

公共关系工作需要建立和维护组织机构与各类利益相关者之间的良好关系，包括政府部门、行业伙伴、媒体、公众等。公共关系工作必须做到真诚、透明、可靠，能够建立信任和共识，以满足利益相关者的需求和期望。

2.监测和分析市场及竞争环境

公共关系工作需要密切监测市场和竞争环境，了解行业趋势、市场需求、竞争对手情况，为组织机构提供战略指导和建议。

3.维护组织机构形象和声誉

公共关系工作需要积极维护组织机构的形象和声誉，及时响应和处理公众反馈和媒体报道，确保组织机构的声誉不受损害。

4.促进组织机构与公众的沟通

公共关系工作需要促进组织机构与公众之间的有效沟通，建立良好的互动和信任，解答公众疑问，传递组织机构的价值观和理念。

6.2 公共关系协调

本节及6.3、6.4主要以企业为例，来探讨企业间公共关系的协调、新媒体公关和危机公关处理等问题。

6.2.1 内部公共关系协调

内部公共关系协调是企业内部沟通、协调、管理的重要手段，也是企业公共关系管理的重要组成部分，对于增强企业内部凝聚力、促进团队协作及提高整体运营效率具有显著作用。

1.协调员工关系

（1）建立有效的沟通机制

沟通是员工关系协调的基础，通过定期的会议、座谈、反馈机制等方式，鼓励员工之间进行信息交流，增强彼此的信任和理解。

（2）明确角色和责任

清晰的工作描述和责任分配可以避免员工之间工作的混淆和冲突。公共关系人员应协助制定职务说明书，并确保员工对其职责有清晰的认识。

（3）培训和教育

定期为员工提供公共关系和沟通技巧的培训，帮助员工更好地理解公共关系的重要性，并学习如何有效地与同事、客户和其他利益相关者进行交流。

（4）建立激励机制

对于能够良好地处理公共关系的员工给予认可和奖励，以此鼓励其他员工效仿。

（5）调解和冲突管理

如果员工之间发生冲突，公共关系人员应提供调解和冲突管理技巧，帮助员工解决冲突，维护企业内部的和谐。

2.协调股东关系

(1) 透明和公开的信息沟通

确保所有股东都能获得准确、及时的信息,包括企业的发展方向、财务状况、决策过程等。可以通过定期的股东会议、公告、报告等方式实现。

(2) 设立有效的股东参与机制

设立股东大会、董事会会议等机制,让股东有机会参与企业的决策过程,并积极听取股东的意见和建议。

(3) 尊重股东的权利和利益

确保所有股东都能享有平等的权利和利益,包括投票权、分红等。同时要妥善处理股东之间的关系,避免出现权力斗争或利益冲突的情况。

(4) 建立专门的股东关系管理团队

企业可以从公共关系部、人力资源部、财务部、行政部等多部门中分别抽调1~2名人员组建成专门负责股东关系管理的团队,更好地协调股东之间的关系,处理纠纷和问题。

3.协调部门之间的关系

(1) 建立清晰的部门职责和任务

制定明确的部门职责和任务,确保各部门明晰自己的职责和任务,避免工作重叠和冲突。可以通过编写部门手册或制定部门职责说明书来实现。

(2) 促进跨部门沟通

建立跨部门沟通机制,包括但不限于定期会议、交流和信息共享、设立跨部门沟通平台或小组、使用企业社交软件等,以促进部门之间的信息流动和合作。

(3) 建立共享平台

利用现代信息技术建立共享平台,如云计算、大数据等技术,方便部门之间共享信息、知识和资源,减少沟通成本,提高沟通效率。

6.2.2 外部公共关系协调

协调企业与外部的公共关系,是推动企业稳健前行的关键因素。精心构建的公共关系不仅能使企业在市场竞争中获得更多的优势,获取更多市场份额,更能在应对内外部挑战时游刃有余。

1.协调与消费者的关系

（1）倾听消费者的声音

企业的公共关系管理部门应积极倾听消费者的意见和反馈，并做出相应的回应。可以通过调查问卷、在线论坛、社交媒体等方式实现。

（2）建立消费者社区

通过建立消费者社区，可以更好地了解消费者的需求和偏好，并以此为依据调整产品和服务。同时，消费者社区也可以成为消费者之间的交流平台，促进他们之间的互动和信息沟通。

（3）建立危机应对机制

企业的公共关系管理部门可以通过建立危机应对机制，来应对可能出现的消费者纠纷和投诉，包括制定应急预案，建立应急管理团队，以及与消费者保持密切沟通等。

2.协调与社区的关系

（1）积极参与社区公益活动

企业与社区的关系即企业与周围相邻的学校、机关、商店、医院、事业单位及居民等的关系。企业可以向社区开放部分文化福利设施，让社区居民受益；赞助社区内学校、医院、机关单位举办的各项公益活动，争取获得社区各组织及居民的信任。

（2）采用多渠道沟通方式

企业可以邀请社区领导及居民代表来本企业参观、座谈，帮助社区、居民对企业深入了解；通过社区公告栏、网上平台等渠道来增进社区对企业的深入了解；企业公关人员也应多结交社区具有代表性的人物，如居委会人员、社区各级领导、社区媒体传播者等。

（3）加强自省自查

企业定期自省自查生产经营过程中是否有与社区利益相违背的地方，有没有产生扰民的情况，处理"三废"和广告牌是否得当等。

3.协调与政府的关系

（1）遵守法律法规

企业应该遵守相关法律法规，包括税收政策、环保法规、劳动法等。不仅可以树立企业的良好形象，还能赢得政府的信任和支持。

（2）积极响应政府政策

企业应积极响应政府的政策，展示企业对政府的支持，增强企业与政府之间的合作和互信，包括响应政府的经济政策、产业政策、社会政策等。

（3）与政府保持沟通

与政府的外联部门保持沟通，随时了解相关政策的变动；搜索政府官网，了解、研究政府制定的政策，调整企业经营事项；参与政府举办的商业、公益活动，展示企业对社会的责任和担当。

4.协调与媒体的关系

（1）提升媒介素养

企业应学会理解媒体如何收集、编辑和发布信息，以及如何判断信息的真实性和价值；关注社会发展趋势，把握媒体运作的规律，学习应对媒体的思维与语言，提升媒介素养。

（2）常态化联系

企业公共关系管理部门应将各媒体当做客户一样对待，有计划地邀请媒体参与企业活动，与相关人员沟通、交流、交换意见，建立辐射范围较广的媒体布局网。

（3）建立负面信息应急机制

企业公共关系管理部门需要具备应对负面信息的能力，包括如何及时发现和处理负面信息，避免信息的扩散和影响，以及如何通过正面宣传来纠正负面信息的影响。

6.3 新媒体公关

6.3.1 新媒体公关管理流程

新媒体公关管理流程是通过采取一系列的步骤和措施，及时发现和处理新媒体环境中的舆情事件，以维护企业的形象和声誉，是企业公关管理在新媒体环境中不可或缺的一部分。

1.新媒体规划

企业新媒体公关部门需研究目标受众和媒体渠道，了解市场趋势、竞争对手和行业动态；确定品牌形象和目标，以便制定合适的公关策略媒体公关计划。

2.创建内容

企业应在各媒体渠道上创建有价值的、符合品牌形象的内容，包括博客文章、社交媒体帖子、视频等；确保内容有趣、有用和易于分享；定期更新内容，以保持关注度和吸引更多的受众。

3.舆情监测

企业的舆情监测小组应利用大数据、知名品牌监视系统等工具,去监测、收集社交媒体、公众号、网络新闻中与企业有关的信息,及时获取事件的一手资讯;舆情监测的频率设定在每天的固定时间,一般与各媒体发布新闻的时间同步。

4.数据分析

使用数据分析工具,如Google Analytics、Social Insights等,分析网站流量、社交媒体互动和搜索引擎优化等数据,了解哪些公关策略有效,哪些需要改进;根据数据分析结果,制定更好的公关策略,提高公关效果和回报率。

6.3.2　新媒体公关策略技巧

新媒体公关策略技巧对于企业的公关工作具有重要的作用,可以帮助企业建立品牌形象、传播品牌价值、进行危机管理、建立用户信任、引导舆论等,是企业公共关系管理的重要保障之一。

1.建立预警机制

企业应建立一个高度敏锐、高度精准的预警系统,通过监测社交媒体、网络舆情和客户反馈等,结合以往的公关事件经验,及时发现潜在的危机和风险。

2.加强公关沟通

企业需要与用户、消费者、媒体等各方加强沟通,建立开放、透明的沟通渠道和机制,及时回应和解决他们的问题和疑虑。

3.积极引导舆论

企业可以邀请客户代表、行业专家、权威人士来为自己背书站台,提升公信力;还可以发布正面信息来传递企业的价值观和优势,例如,推出新产品、公布好业绩、展示公益资料片等;企业公关人员可以直接在社交媒体平台上与网友、媒体积极、正面地互动;严肃地发布公告及声明。

4.应对谣言及传播谣言

在面对谣言和传播谣言时,公共关系管理部门需要分析谣言的动机,研究传播谣言的路径,有针对性地破坏谣言传播的土壤。例如,可以设立一个名为"谣言曝光台"的公众号或账号,分析澄清每一个谣言,以虚心的态度面对并纠正谣言,避免公众、其他媒体被谣言所误导。

6.3.3 新媒体公关注意事项

了解新媒体公关注意事项的目的和意义在于帮助企业在新媒体环境中建立良好的声誉，提升品牌形象，并有效应对各种危机和挑战。

1. 确保真实性和准确性

在新媒体公关中，发布的内容应该符合企业的价值观和品牌理念，不得发布虚假信息或误导性的内容，损害企业的声誉。

2. 建立社交媒体管理机制

企业需要建立社交媒体管理机制，及时回应公众的评论和反馈，保持与公众的互动，从而增强与公众的信任和互动，提高企业的知名度和美誉度。

3. 建立信息监测机制

在新媒体危机中，企业要建立信息监测机制，及时了解媒体、公众的关注点和舆情动向，收集和分析各种反馈信息，及时掌握事件的进展和影响。通过信息监测机制，企业可以更好地掌握舆论导向和公众态度，及时调整公关策略和应对措施。

4. 避免信息滞后

通过舆情监测及与媒体保持联系，及时了解事件的发展情况，并尽快（一般在"黄金24小时"内）发布信息，避免信息滞后。同时建立信息库，收集和整理相关信息，方便及时查找和使用。

6.4 危机公关

6.4.1 危机公关组织设立

在应对危机事件时，危机公关组织的角色显得尤为关键。它不仅能及时反馈危机处理进展、总结经验教训，更能提高信息传递的权威性和优化搜索引擎效果，更重要的是，危机公关组织能够有效地助力企业重塑并提升品牌形象，从而在危机中寻得转机。当公关危机事件发生时，企业设立专门的危机公关组织就显得尤为必要和重要。

1.了解危机的情况

在企业设立危机公关组织之前,首先需要了解企业所面临危机的具体情况,包括危机的分类、性质、严重程度、可控性、影响范围和紧急程度等。只有充分了解危机的具体情况,才能有针对性地设立危机公关组织,并有效地应对危机。

2.确定危机公关的组织结构

①通过评估企业常见危机的性质和严重程度、企业的规模和资源等,可以确定企业危机公关组织的人数。

②一般危机公关的组织结构为总负责人、法律专家、媒体专家。总负责人为公关专家,负责制定危机公关策略方针,法律专家负责评估危机的风险,媒体专家负责与媒体、公众、政府沟通。

3.设置应急预案

设置应急预案是组建高效危机公关组织的关键程序之一。应急预案应包括参与人员名单、危机公关策略及流程、媒体沟通计划,危机公关演练计划。平时应制定好预案,定期进行演练,以便在危机发生时能够迅速采取行动。

4.培训组织成员

企业的危机公关组织可以通过学习、培训来掌握与媒体沟通的技巧,了解各类媒体的运作规律特征、新闻的编辑喜好,及一直以来传递的价值观,同时还要学会如何及时回应媒体的问题、质疑,进而化解矛盾,平息风波,维护企业形象。

5.及时反馈总结

在处理危机公关事件的过程中,组织成员需要及时反馈危机处理的进度,以便团队能够根据情况及时调整公关策略。一旦危机公关结束后,组织应吸取经验教训,以更好地应对未来的类似危机。

6.4.2 危机公关预警制度

建立危机公关预警制度能够帮助企业及时发现和处理危机事件,提高企业危机事件的应急响应能力,预防危机发生,维护企业的声誉和形象。

1.舆情监测制度

企业应建立一套完整的舆情监测系统,通过监测新媒体、社交网络、论坛等渠道的言论和关注度，及时了解公众对企业的态度和看法，预警潜在的危机信号。监测范围应该包括企业的品牌、产品、服务、领导人等关键要素，同时要注意监测数据的客观性和准确性。

2. 竞争对手监测制度

企业应对竞争对手的行动和舆情进行监测，及时发现竞争对手可能采取的攻击手段或负面行为，提前采取应对措施。

3. 内外部风险评估制度

企业应对内外部的风险发生的概率和影响程度进行评估，包括供应链风险、政策法规风险、自然灾害风险等，预测可能引发危机的潜在因素。

4. 危机演练制度

企业应定期组织危机演练，模拟真实的危机情景，检验预警机制的有效性和应急响应能力，及时发现和修正不足之处。演练应该包括模拟危机发生、应急响应、危机处理等环节，同时要注意演练的针对性和实效性。

5. 建立应急响应机制

企业应制定和完善公关危机应急预案，明确各部门的职责和应对措施，确保在危机发生时能够迅速、有效地应对和处理。应急预案应该包括危机的识别、评估、处理、恢复等环节，注意预案的可行性和可操作性。

6.4.3 危机公关处理原则

危机公关处理原则对于企业在面临危机时，能够起到重要的指导作用，帮助企业有效应对并解决危机，保护企业的声誉，提升企业的形象，减少损失，增强内部团结，扩大正面影响力。

1. 诚恳沟通原则

企业应该采取诚恳的态度与公众和媒体进行沟通，坦诚地面对错误，向公众说明事实真相，以消除公众的负面对抗情绪。

2. 承担责任原则

企业应该勇于承担责任，从自身找原因，承认错误，采取积极的措施来解决问题，而不是急于撇清责任或强行争辩。

3. 速度第一原则

企业应该尽快采取行动，快速出面进行诚恳沟通，以平息舆论。在危机发生时，速度是关键，第一时间表态，尽快公布事实真相，避免事态扩大。

4. 权威证实原则

危机发生时，尽量寻求权威的第三方在客观公正的立场上去澄清相关事实，提升公众信服力。例如，可以邀请权威机构或专业人士进行调查和评估，以证明企业的清白和诚信。

6.4.4 危机公关处理流程

企业在面对危机时，危机公关处理流程能够有效地预防、控制和处理危机，恢复正常运营，并提升公司形象。

1. 调查与分析

对企业面临的危机进行全面而周密的调查研究，包括调研对象、调研方式及研究与分析危机的根源、发起源头和范围，评估在一定时期内的影响效果和范围。

2. 应对危机策划

以积极、负责的态度面对媒体，在与媒体合作的同时向公众传播对企业有利的消息，保护好企业形象，要确定不再引起新的危机。

3. 制定对策并执行

梳理所有信息内容，对本次危机进行定级，再依据危机的严重程度和类别，去制定解决对策并执行。

4. 发布声明解释事实

企业应选择新闻发布的确切时间和合适的地点，或发文解释的合适时间。不论是召开发布会还是在官方账号上发文，都应在"黄金24小时"内完成，既要公开表明事件不属实，也要说明事件已经在调查中，回应公众的关注。新闻发布会的地点应选在离媒体、公众方便的位置。

5. 妥善处理后续

如果企业确实存在错误或过失，在声明中应该表达歉意和赔偿意愿，展现自己对公众和受害者的关注和关心。

6.总结经验教训

在整个危机公关处理完成后,企业一定要对整个事件进行总结,分析原因,制定相应的预防措施,避免类似危机事件再次发生。

6.4.5 新媒体危机公关

新媒体危机公关处理要能够发挥快速响应、舆情监测、深度报道的协同作用,帮助企业更好地应对危机,维护或恢复品牌形象。

1.处理原则

(1)负责务实

当危机发生时,企业不可以逃避责任,应当在公共平台上积极表态,告知立场,承担危机所导致的不利影响,同时企业也应该尽快采取措施解决问题,追责危机产生的根源。

(2)敢于还击

面对已经明确不符合事实的不良、负面信息,企业应给予合理还击,通过公布证据来澄清事实,如图片、影像、音频等,同时对新闻中的虚假之处一一辩驳,对公布的证据链加以解释说明,尽量让公众及媒体能够迅速、清晰地了解情况。

(3)速度第一

新媒体公关危机处理一定要在"黄金24小时"给予回应,主要是给媒体、公众传递两个方面的内容:一是告知企业(或配合警方)已经着手在调查中,调查报告将第一时间发布;二是媒体、公众甚至政府对该事件的关注,企业一定会重视且严肃、认真处理,从而平息负面信息导致的社会舆论。

(4)忧患意识

通过培训教育塑造企业全体人员的新媒体危机公关意识,建立新媒体危机公关基金,做好新媒体危机公关处理经费预算上的准备。适度开展新媒体危机公关演练,让相关人员了解产生危机公关事件时应该有的心态和必做的事情。

2.处理流程

(1)分析评估事件

舆情监测小组评估社交媒体、网络平台出现的信息或事件是否符合企业的危机标准,若符合,则采取新媒体危机公关措施应对。

（2）确定应对形式与发言人

危机出现后，要有应对新媒体的统一口径，即明确的应对形式（如官方账号发文、召开新闻发布会等）和发言人（如发文的官方账号、法务团队和新闻发言人等）。由发言人详细阐述事件的起因、经过与结果，公开表明企业后续的处理态度。

（3）迅速全面地处理危机

企业应认真地了解事件涉及的受害人情况，真挚诚恳地道歉，按照规定给予安抚与赔偿，尽可能提供后续的服务与关照。

（4）告知结果

待危机处理后，企业需再次组织新闻发布会，将处理结果告知媒体和公众，或在官方账号发文宣布危机处理结果，从而平息整个事件风波。

（5）总结经验

在危机事件处理完成后，公共关系管理部门需要对整个事件进行总结，分析原因，制定相应的预防措施和应对措施，避免类似事件再次发生。

第 7 章 活动

7.1 商务活动

7.1.1 招商活动

招商活动是指活动主办方为吸引投资者或合作伙伴，向潜在的商业伙伴介绍和推广自己的项目、产品或服务，并达成合作意向而举办的一系列活动。招商活动的基本工作程序通常包括以下几个阶段。

1. 策划阶段

在策划阶段，需要行政文秘人员确定招商活动的目标，明确招商对象和范围，同时，制定活动策划方案，包括活动主题、时间、地点、参与人员、内容安排等，并确定活动预算和资源需求。

2. 准备阶段

准备阶段，行政文秘人员需要收集和整理招商活动的相关资料，包括企业介绍、项目资料、市场分析报告等。然后，确定活动所需的场地、设备、人员，进行预订和安排，并筹备活动所需的宣传材料、展示资料和礼品等。

3. 宣传推广阶段

准备工作完成之后，就进入宣传推广阶段，行政文秘人员要制订宣传推广计划，选择合适的渠道和方式进行活动宣传，包括新闻发布、社交媒体、电子邮件、电话邀请等，同时制作宣传材料和展示资料，力求信息准确无误、引人入胜，提高活动的曝光度和参与度。

4. 活动组织和执行阶段

活动的组织和执行阶段就是整个招商活动的"重头戏"了，行政文秘人员除了需要布置活动场地，包括搭建展台、摆放展示品、设置舞台等；还要协调好活动所需的设备和技术支持，确保音响、投影设备等正常运作；同时还要兼顾组织活动的注册签到，人员接待，并提供必要的支持和指导。

> **注意事项**
>
> 在招商活动过程中，提前预测和准备常见问题的答案，并进行模拟演练。为互动环节营造合适的氛围，鼓励投资者提问，并积极回应和解答问题。与投资者进行互动，建立良好的沟通和互信关系，以更好地促进招商活动目标的达成。

5.演讲和洽谈阶段

招商活动上的演讲者，通常由企业高层管理人员、项目负责人或相关专业人士担任，演讲内容包括企业及项目介绍、商业模式与竞争优势、市场分析和发展前景、合作机会和投资回报等，确保能吸引潜在投资者或合作伙伴的兴趣。

演讲结束后要安排洽谈环节，提供私密的洽谈空间，使双方的交流和沟通顺畅。

> **细节提示**
>
> 吸引投资者的关键是投资回报。为了更好地吸引投资者的兴趣，在演讲中要强调潜在的盈利能力和回报预期，让投资者看到合作的价值，并运用故事、案例和实例等，使演讲内容生动有趣，吸引投资者的参与，同时演讲者要表现出自信和魅力，展现企业或项目的潜力和信心，给投资者留下深刻印象。

6.合作达成和后续跟进阶段

洽谈结束后，双方要根据洽谈结果，进行合作细节的商讨和确定，包括合作方式、合作期限、权益分配等，然后起草合作意向书、合作协议或合同，双方进行确认和签署。

在合作达成后，行政文秘人员应进行后续的跟进工作，与投资者或合作伙伴保持良好沟通和合作关系。

7.评估和总结阶段

招商活动结束后，行政文秘人员需要对招商活动进行评估和总结，分析活动的效果和成果，总结经验教训，为未来的招商活动提供参考和借鉴。

7.1.2 商务洽谈

商务洽谈更侧重于双方建立和保持合作关系，通过对话和协商来增进彼此间的了解和信任，以达成长期合作的目标。洽谈的方式通常更为灵活和自由，双方可以就产品或服务的质量、价格、交货时间等问题进行讨论，同时也可能就未来的合作计划进行交流和协商。洽谈的结果通常是双方达成共识，建立互信关系，为未来的长期合作打下基础。

1. 基本程序

（1）洽谈准备

洽谈者对拟洽谈事项进行可行性研究，了解本次洽谈事件的前因后果、己方的预期目标、详细的数据与证据等，掌握洽谈地点、时间、对方的人数、背景信息，以及对方对此次洽谈的预期目标等。

（2）开局破冰

双方见面后，在进入具体内容洽谈前，互相见面、介绍、寒暄及以洽谈内容为话题进行交流，先破冰，互相得到认可，建立双方的初步信任。

（3）讨论交流

在商务洽谈的讨论阶段，双方就各自的需求和关注点进行深入的讨论和交流，充分表达自己的意见和诉求，同时也要认真倾听对方的意见和诉求，并尝试解决双方存在的分歧和问题。

（4）达成共识

在商务洽谈中，当双方存在分歧或问题时，可以通过提出协商方案来解决，例如，可以提出双方都可以接受的建议、妥协或修改等；或者可以寻求第三方机构或专业人士来协调双方意见，解决问题，以便双方能够达成共识。达成共识的形式可以为口头约定、签订书面协议等。

2. 工作要求

（1）知识储备

商务洽谈前，涉及商业合作的具体细节，如产品或服务的规格、质量、价格、交货时间、支付方式等，一定要提前熟悉。

（2）掌握洽谈技巧

商务洽谈的核心在于"洽谈"二字，因此，商务洽谈要求相关人员需要具备良好的洽谈技巧，包括制定洽谈策略、掌握洽谈节奏、运用语言技巧、观察和应对洽谈过程中的变化等。

（3）坚持利益与原则

作为商务洽谈人员，一定要保持清醒的头脑和坚定的立场，不要轻易妥协或让步。在达成共识之前，要认真评估每个约定、条款和细节，确保达成的共识符合企业的利益和原则。

7.1.3 商务谈判

商务谈判是商业活动中至关重要的一部分，通过谈判可以解决各方之间的分歧，达成双方共同接受的协议。在商务谈判中，各方通常通过讨论、交流意见、提出建议和折中解决方案等方式来达成最终的协议。

1.基本程序

（1）准备阶段

在商务谈判前，需要进行充分的准备。包括了解本企业的谈判目标和底线，了解对方的需求和利益，收集相关信息，制定谈判策略等。

（2）开场陈述

谈判开始时，双方通常会进行开场陈述，介绍己方的立场、需求和期望，明确谈判的目标、范围及期望的结果，提出己方的初始方案，并听取对方的反馈意见。

（3）探索讨论

对对方提出的问题和要求进行澄清和解释，确保双方对谈判有共同的理解和认知；双方讨论谈判方案的可行性和可接受性，以及任何需要进一步讨论的问题。

（4）协商报价

双方各自提出具体的要求和条件，包括价格、条件、时间表等，讨论双方之间的差异，并尝试达成一致意见。协商具体的细节问题，如支付方式、产品规格、服务条件等。在谈判过程中可通过达成临时协议来推进谈判进程。

（5）签署协议

双方回顾所有细节问题，确保所有问题都得到解决，就价格、条件、时间表、服务条件等达成最终协议，最终将协议书面化，并由双方签署。

（6）协议后工作

按照最终协议执行，企业应有专人跟踪和监督执行情况，及时解决问题和纠纷。在协议执行过程中，双方可以就任何问题进行沟通和协商，确保协议的顺利执行。

2.工作要求

（1）诚实和信任

在商务谈判中，诚实和信任是建立良好合作关系的基础，双方都需要遵守承诺，遵守协议内容，认真落实协议的内容和承诺，做到言行一致，确保双方的权益最大化。

（2）保密和维护关系

在商务谈判中，对商业机密和谈判内容的保密十分重要，因为这些信息可能涉及双方的商业利益和竞争优势。一旦这些信息被泄露或公开，可能会对双方的关系和利益造成不利影响，甚至可能导致谈判破裂或商业合作失败。

（3）合理和公平

在确定报价时，要根据产品的实际情况、成本、市场需求和竞争状况等因素进行综合考虑。同时，要考虑到双方的利益和目标，确保报价合理、公正。

（4）灵活和变通

商务谈判需要灵活运用各种技巧和方法，包括倾听、表达、询问、让步、妥协等。要根据谈判的进程和情况，灵活运用各种技巧，以达到双赢的结果。

（5）遵守法律法规

在商务谈判中，要遵守相关的法律法规和商业道德规范，维护双方的合法利益和商业声誉。

> **注意事项**
>
> 进行商务谈判时，双方需要遵守的法律法规包括但不限于《中华人民共和国合同法》《中华人民共和国劳动合同法》《中华人民共和国公司法》《中华人民共和国反不正当竞争法》等。

7.1.4 签约仪式

签约仪式是指与企业或机构达成合作协议或签订合同时所举行的正式仪式。它通常涉及双方代表的出席、协议或合同的签署，以及一系列的庆祝活动或仪式。签约仪式的目的是正式确认合作关系的建立，并展示双方的决心和承诺。签约仪式的基本工作程序通常包括以下5个阶段。

1.策划和准备阶段

在签约仪式的准备阶段，行政文秘人员需要协调会议时间、地点和参与人员，收集、整理和准备签约所需的文件和合同，并与签约仪式场地和设备供应商协调，确保签约仪式所需的场地和设备准备就绪。

> **注意事项**
> 行政文秘人员在准备签约材料时，需要了解签约文件和签约过程中的法律要求和合规性，可以通过与法律部门或律师合作，确保签约所涉及的文件和程序符合法律法规，并按照企业或组织的政策和程序进行操作。

2.会前沟通和协调阶段

会前沟通和协调阶段，行政文秘人员应与各方参与人员进行沟通，发送邀请函并确认他们的到场情况，提供签约仪式的详细信息，回答参与人员的疑问，并协调参与人员的行程安排，确保他们能按时到达签约现场。

3.签约现场支持阶段

在签约仪式现场，行政文秘人员需要协助完成现场的布置和准备工作，包括座位安排、文件和签字工具的准备等。提供现场支持，协助参与人员找到座位、分发文件，并解决可能出现的问题或需求，确保签约仪式的顺利进行。

4.签署和记录阶段

在合同签署阶段，行政文秘人员要确保签约仪式的签署顺序符合约定，为签约人员提供所需的文件和合同。协助签约人员进行签名、盖章或提供其他身份确认的操作，确保签署过程的顺利进行。在签署过程中，行政文秘人员需要注意记录签约仪式的重要信息，如签署时间、顺序和签约人员身份等。

> **细节提示**
> 在签约仪式中的签署阶段，行政文秘人员首先需要核对签约人员的身份和签署权限，确保他们有权签署文件。其次，确认签署顺序，并注意签署位置，确保签约人员在文件正确的位置签名。另外，要确保每个签约人员都完成了签署，注意签署日期的准确性。

> 在签约人员签署后，细致检查签署结果，确保签名清晰可辨认。及时收集和整理已签署的文件，并进行备份和存档，确保签署过程的完整性和合规性。
>
> 最后，务必遵守适用的法律法规和行业规定，确保签署过程合规。

5.会后工作阶段

签约仪式结束后，行政文秘人员应该整理和归档签约仪式的文件和记录，确保其安全性和机密性，并完成签约仪式的报告或总结，包括签约人员的反馈和签约结果，最后还应协助后续的行政工作，如与签约人员的后续沟通、发放文件副本等。

7.1.5 展览活动

展览活动是一种有特定主题或目标的展示、展览活动，其目的是向参观者展示特定产品、服务或行业的最新发展和成果。作为一个行政文秘人员，策划并操办一场展览活动需要细心地组织和安排，展览活动的基本工作程序主要包括以下4个阶段。

1.活动策划阶段

在准备展览活动前，行政文秘人员需要进行充分的策划。首先，明确展览活动的目标、主题和定位，如产品展示、行业交流、文化艺术展览等。

其次，考虑参观者和参展商的便利性、场地容量和设施来选择适合举办展览活动的时间和地点，并制定详细的策划方案，方案包括活动内容、规模、时间、地点、参展商招募方式、宣传推广计划和预算等。

最后，展开参展商的招募工作，确定目标参展商群体，通过邀请函、招募公告、行业协会或合作伙伴联系等方式，邀请相关行业的参展商参加活动，并提供参展信息和报名流程。

2.活动准备阶段

准备阶段是一场展览活动能否成功举办的关键环节之一，收集参展商的申请信息，筛选合适的参展商，并与其进行联系、洽谈和确认展位是准备阶段的首要工作。

参展商确定后，行政文秘人员需要根据参展商的需求和展览主题，设计展位布置方案，包括展台搭建、展品摆放、灯光音响等，以展示参展商的产品和服务。同时利用多种渠道对展览活动进行宣传推广，包括线上媒体、社交媒体、电子邮件、传单等，提高活动的知名度，吸引更多的参观者和潜在客户。

此外，准备阶段还需要根据展览活动的规模和要求，确定现场设施需求，包括场地搭建、设备调试、展示工具和展示资料等，确保展览现场的顺利进行。

> **注意事项**
>
> 对于一场展览活动而言，参展商的选择至关重要。为确保展览活动能达到预期目标，行政文秘人员应根据展览活动的主题和目标，确定目标参展商群体，通过多种渠道进行招募和推广，与潜在参展商进行有效沟通和洽谈。筛选参展商时要考虑其产品或服务的质量与展览主题的匹配程度，确保参展商的参与能够提升整个展览的价值。

3.活动执行阶段

执行阶段顺利与否直接关乎展览活动的目标能否达成，因此在活动的执行阶段，行政文秘人员首先要按照展位布置和设计方案，对展览现场进行布置和装饰，确保展区整洁、亮眼，并且能全面、清晰地展示参展商的产品和服务；然后联系、沟通并协调参展商按时到场，确保展品的正确摆放与安装，为参展商提供必要的协助和支持，解决和处理现场临时出现的问题。

> **细节提示**
>
> 展位的布置要能突出参展商的展品特色和亮点，提供清晰的展示信息和吸引人的互动元素。在展会现场，行政文秘人员要能提供专业的接待服务，积极解答参观者的疑问，协助参展商进行商务洽谈，同时要确保现场活动有序进行，提升参观者的体验感。

4.活动结束阶段

当展览活动进入尾声，行政文秘人员应与参展商和参观者进行交流，收集他们对展览活动的评价和建议，了解他们的需求和期望，为未来的展览活动提供参考和改进方向。同时根据参展商和参观者的反馈意见，对展览活动的效果进行评估，包括参展商和参观者对活动的参与度、达成的目标等，总结活动的成功之处和可以提升的空间。

7.1.6 商业赞助

商业赞助是指一方（通常是企业或个人）向另一方（通常是活动主办方或组织者）提

供资金、资源或支持，以换取在特定活动中获得广告曝光、品牌宣传、公众认可或其他利益的过程。一般包括赞助体育赛事、文化艺术展览、慈善活动、学术研讨会等。

活动赞助方的行政文秘人员在组织和准备商业赞助的活动中，应做好以下工作。

1. 策划和调研

行政文秘人员应参与赞助活动的策划和调研工作，协助收集和整理与赞助活动相关的信息，如赞助机会、活动类型、活动主办方、目标受众等，帮助分析和评估各种赞助选项，以支持决策的制定。

①行政文秘人员可以使用多种渠道，如互联网搜索、行业报告、市场调查等，获取有关赞助机会、活动类型、活动主办方、目标受众等方面的信息。

> **细节提示**
> 例如，企业计划赞助一场体育赛事，行政文秘人员可以收集该赛事的历史数据、参与队伍和观众规模等信息，以便后续的分析和评估。

②行政文秘人员可以使用电子表格、文件管理系统等工具，对赞助机会进行分类和整理，并确保信息的准确性和完整性。

> **细节提示**
> 例如，可以建立一个赞助活动数据库，记录各种赞助机会的详细信息，包括活动名称、时间地点、参与人数、曝光机会等。

③行政文秘人员可以协助分析和评估各种赞助活动，可以根据收集到的信息，帮助企业进行赞助活动的比较和权衡。

> **细节提示**
> 例如，可以分析不同赞助活动的目标受众是否与企业的目标客户群体匹配，评估赞助活动带来的品牌曝光机会和影响力，考虑赞助活动的预算和资源要求等。通过这些分析和评估，行政文秘人员可以为赞助决策提供有价值的参考意见。

④行政文秘人员可以将整理和分析的信息编制成报告或总结，提供给企业决策者，以支持最终的赞助决策。报告可以包括各种赞助活动的优缺点、预期效果、风险评估等内

容,为企业决策者提供全面的参考。

> **细节提示**
>
> 假如企业考虑赞助一场国际性的科技展览活动,行政文秘人员可以收集有关该展览活动的信息,如展览的规模、参展企业和观众群体的特征等。然后,整理这些信息并与企业的目标受众进行对比,分析是否存在潜在的市场机会。此外,还可以分析该展览活动的宣传渠道和曝光机会,评估该展览活动对企业品牌的影响力和曝光度。最终,行政文秘人员可以将整个分析过程和建议编制成报告,提交给企业决策者,帮助他们做出是否赞助该展览活动的最终决策。

2.协商和合作协议

行政文秘人员应参与活动主办方的协商和商务谈判,可以协助起草赞助合作协议,并确保合同条款的准确和清晰,与活动主办方协调并解决合作协议中的问题或疑问。

3.宣传和推广

行政文秘人员在负责商业赞助活动的宣传和推广工作时,应协助完成宣传材料设计,如海报、传单、宣传册等,并与相关部门或合作伙伴合作,确保宣传材料的制作和发布。

①行政文秘人员应负责收集和整理活动相关的信息,如活动日期、时间、地点、主题等,以及赞助方的品牌元素和标识,然后与设计团队沟通,协助制定宣传材料的整体风格和布局,确保宣传材料能够准确传达赞助方的信息和活动的关键信息。

②行政文秘人员应负责宣传材料的制作和发布。包括与印刷企业或相关供应商合作,确保宣传材料按时制作和印刷;监督制作过程,包括校对内容、确认设计和印刷质量等,一旦宣传材料制作完成,行政文秘人员则进行分发和发布,确保宣传材料能够传达到目标受众。

> **细节提示**
>
> 假设企业赞助了一场音乐节活动,行政文秘人员可以与设计团队合作,协助设计海报和传单,以展现赞助方的品牌形象和活动信息,可以提供活动的日期、时间、地点等细节,并与设计团队共同确定海报的整体风格和排版。一旦设计完成,行政文秘人员可以与印刷企业合作,确保海报按时印刷完成。并确保海报在活动场地和其他相关场所得到展示。

4.行政支持

在赞助活动的组织和准备过程中,行政文秘人员可能需要提供行政支持,包括协调会议时间、安排会议室、协调活动日程、文件管理、协调相关部门和人员的合作等。

①行政文秘人员负责协调会议时间、安排会议室。可以与活动组织者协调,确定会议的时间、地点和参与人员,并安排合适的会议室提供给他们使用。行政文秘人员需要确保会议室的预订和布置符合活动需求,提前安排好会议所需的设备和物资,如投影仪、音响设备、会议材料等,以保证会议的顺利进行。

②行政文秘人员可以协调活动日程。需要与相关部门或人员协调,确保活动日程表的安排合理和紧密衔接,可以与活动组织者沟通,了解各项活动的时间要求,并协调各方的日程,避免时间冲突和资源浪费。行政文秘人员需要灵活应对变化和调整,确保整个活动的时间安排合理,流程顺利进行。

③行政文秘人员还负责处理文件。在赞助活动的准备过程中,会涉及大量的文件,行政文秘人员可以负责文件的收集、整理和归档,确保相关文件的妥善保存和信息的准确传递。

④行政文秘人员需要协调相关部门和人员的合作。赞助活动通常涉及多个部门和人员的协作,如市场营销团队、设计团队、活动执行团队等。行政文秘人员可以作为协调者,与各方沟通和协商,确保各个环节的协调配合,并及时汇报活动的进展情况。

> **细节提示**
>
> 假设一家企业决定赞助一场大型展览活动。行政文秘人员可以组织一场会议来讨论赞助细节和需求;可以与市场营销团队协调,确定展览日程和展位布置;与设计团队协商宣传材料的制作;与活动执行团队沟通活动的时间表和资源需求。在整个过程中,行政文秘人员负责协调各方的合作,提供行政支持,确保活动的顺利进行。

通过提供行政支持,行政文秘人员能够有效地组织和协调赞助活动的各个方面,确保活动的顺利进行,提高工作效率,并为赞助方提供良好的行政服务。

5.数据收集和跟踪

行政文秘人员可能需要收集和跟踪赞助活动的相关数据和信息,包括媒体曝光量、参与人数、销售数据等,协助整理和分析这些数据,并生成相关报告供企业管理层参考。

①行政文秘人员需要收集媒体曝光量的数据。在赞助活动中,媒体曝光对于品牌推广

和宣传非常重要，行政文秘人员需要收集相关媒体报道、新闻稿、社交媒体提及等数据，并整理记录，可以使用媒体监测工具或与媒体渠道合作，获取准确的曝光数据。

②行政文秘人员需要跟踪参与人数的数据。赞助活动通常可以吸引大量的参与者，了解参与人数对于评估赞助活动效果非常重要。行政文秘人员可以通过与活动组织者合作，使用注册系统、门票销售数据、参会登记表等方式协助活动执行团队，获取准确的参与人数数据。

③行政文秘人员还需要协助收集销售数据。赞助活动有时会涉及产品销售或促销活动，了解销售数据对于评估活动的商业效果和回报率非常重要。行政文秘人员可以与销售团队合作，收集与赞助活动相关的销售数据，并进行整理和分析，可以跟踪销售额、销售渠道、销售地区等数据，并将其纳入报告中。

> **细节提示**
>
> 例如，一个体育赛事的赞助活动中，行政文秘人员可以协助收集与赞助产品相关的销售数据，包括销售额、销售地点和销售增长率等，以便评估赞助活动对销售业绩的影响。

④行政文秘人员可以协助整理和分析这些数据，并生成相关报告供管理层参考。可以使用电子表格软件或数据分析工具，对收集的数据进行整理、归纳和分析，可以生成报告、制作图表和图形，以便管理层了解赞助活动的效果和回报。

> **细节提示**
>
> 行政文秘人员可以根据收集的媒体曝光量、参与人数和销售数据，生成一个综合性的报告，包括活动的影响范围、参与者反馈、销售增长等指标，以便管理层评估赞助活动的成功与否。

6.协调和沟通

行政文秘人员在赞助活动中扮演着协调和沟通的角色。需要与活动主办方、合作伙伴、供应商等进行有效的沟通和协调，确保各方之间的顺畅合作和信息共享。

7.2 内部活动

7.2.1 团建活动

团建活动是指企业通过精心策划一系列活动，达到深度强化员工之间的凝聚力、激发团队协作精神并兼顾提升员工的身心健康等目的的活动。这些活动通常是有计划、有组织、有目标的，团建活动的基本工作程序主要有以下5个阶段。

1. 计划和筹备阶段

行政文秘人员需要在活动的筹备阶段与相关部门和人员沟通协调，制订团建活动的计划，包括确定活动的主题、时间、地点、人员、预算、安全措施等，确保所有的细节都得到妥善的安排。

> **细节提示**
> 选择合适的场地是团建活动成功的关键之一。行政文秘人员需要根据员工人数、活动形式、距离、天气状况、预算等因素来选择活动场地，并确保场地容量、安全性等符合团建活动的需求。

2. 活动准备阶段

①在活动准备阶段，行政文秘人员需要准备活动通知、邀请函并发送给参与者，活动通知或邀请函中应提供详细的活动信息，包括时间、地点、活动安排和要求。同时，确保活动通知及时发送，以便参与者能够合理安排自己的时间。

②行政文秘人员还需要进行活动所需设备的准备和检查、食品和饮料的准备等，并在活动开始前对活动细节进行最后的确认。

3. 活动进行阶段

行政文秘人员在活动过程中主要负责协调工作，需要确保所有的活动都按照计划和方案执行，同时也要处理突发情况或意外事件。行政文秘人员需要时刻保持与参与者的沟通和联系，确保所有活动都顺利进行。

> **细节提示**
> 　　团建活动的运动和游戏项目可能存在一些安全隐患，行政文秘人员需要提前对相应的风险进行了解和评估，并采取相应的措施进行控制和防范。例如，提前告知员工注意事项、检查场地设施、检查道具、制定应急预案、准备急救药品等，确保员工的安全和团建活动的顺利推进。

4.活动结束阶段

行政文秘人员在活动结束后需要对活动进行总结和回顾，收集和整理所有的活动照片和记录，对活动进行评估和总结，并向参与者反馈活动的结果和效果。行政文秘人员还需要对活动进行归档和记录，以便将来参考和借鉴。

5.后续跟进阶段

行政文秘人员需要进行活动的后续跟进，了解员工对活动的反馈和建议，对员工的意见和建议进行整理和回应，并根据需要进行后续的沟通和交流。同时还需要对活动的效果进行评估和总结，以便在未来的团建活动中进行改进和提高。

7.2.2　娱乐活动

娱乐活动是指企业为员工提供的一系列娱乐和放松的活动，旨在促进员工之间的交流和互动，提高员工之间的凝聚力，增强团队协作能力，提升员工工作满意度，这些活动可以是企业内部组织的庆典、员工聚会、团队建设活动、节日庆祝、户外游戏、文艺演出、运动竞赛等。

1.工作要点

以下是行政文秘人员组织开展企业内部娱乐活动的工作要点。

（1）确定活动目标和需求

与相关部门或上级领导沟通，了解内部娱乐活动的目标和需求。明确活动的性质（如团建、庆典、员工活动等），以及参与人数、预算和时间等方面的要求。

（2）筹划活动方案

根据活动目标和需求，制定详细的活动方案。确定活动的主题、形式、时间、地点及所需的资源和费用等。考虑活动内容的多样性和趣味性，以提高员工参与的积极性。

（3）预订场地和资源

与场地管理方联系，预订活动所需的场地和设备。确保场地符合活动需求，并与相关供应商协商预订其他必要的资源，如音响设备、餐饮服务等。

（4）安排活动日程

制定详细的活动日程安排，包括各项活动内容、时间、顺序等。确保活动流程紧凑有序，并合理安排员工的参与和休息时间。

（5）协调相关事务

与各部门或供应商协调合作，确保活动所需的各项事务顺利进行。例如，与人力资源部门合作，通知员工参与活动的安排；与餐饮供应商协商餐食安排；与娱乐服务提供商确认表演节目和表演流程等。

（6）管理预算和费用

制定活动预算，并在活动过程中进行费用管理和控制。与财务部门协商预算安排和费用报销等事宜，确保活动在可控范围内进行。

（7）宣传和推广活动

与内部传媒部门合作，制作宣传材料，如海报、通知、内部邮件等形式，宣传活动的信息、时间和地点，确保员工充分了解活动内容和参与方式。

（8）确保活动顺利进行

在活动当天，负责现场协调和管理。与相关工作人员合作，确保各项活动顺利进行，场地布置整齐，娱乐节目按计划进行，餐饮服务到位等。

（9）收集反馈和总结

活动结束后，收集员工的反馈意见，并进行总结和评估。了解员工对活动的满意度和建议，以便提供更好的内部娱乐活动。

2.工作要求

以下是行政文秘人员组织开展企业内部娱乐活动的工作要求。

（1）策划和组织能力

行政文秘人员需要具备良好的策划和组织能力，能够制订全面的计划并确保活动的顺利实施，需要综合考虑活动的目的、预算、时间安排、场地选择、活动内容等方面，以确保活动能够满足员工的期望和需求。

（2）协调能力

行政文秘人员需要与不同部门和团队进行协调和沟通，确保活动的各项准备工作能够顺利进行，需要与场地管理人员、供应商、表演者等进行联系和协商，确保资源的有效利用和合作伙伴的配合。

（3）注重细节

行政文秘人员需要注重细节，确保活动的各个环节都得到充分考虑和安排，需要准备活动所需的物资和设备，如音响设备、道具、礼品等，并确保现场布置、食品饮料、活动流程等细节都符合预期。

（4）时间管理能力

行政文秘人员需要具备良好的时间管理能力，能够合理安排活动的时间和进度，需要根据活动的要求和预算，制定时间表并确保各项准备工作按计划进行，确保活动能够按时顺利进行。

（5）沟通和团队合作能力

行政文秘人员需要与团队成员和相关方进行良好的沟通和协作，确保活动的顺利进行，需要与团队成员分享活动的目标和计划，听取意见和建议，并协调各方的工作，以达到团队合作和协同工作的目的。

注意事项

在活动过程中可能会出现一些意外情况或问题，行政文秘人员还需要具备解决问题的能力和应变能力，需要快速反应，并能够灵活应对各种情况，确保活动能够继续进行并顺利解决问题。

7.2.3 竞赛活动

竞赛活动是指以竞争为基础的活动，旨在鼓励员工之间的良性竞争，以提高员工的专业技能、知识储备或团队合作能力。竞赛活动可以是个人竞赛，例如，知识竞赛、技能比赛、销售竞赛等，也可以是团队竞赛，例如，团队合作挑战、创意比赛等。

1.工作要点

以下是行政文秘人员组织开展企业内部竞赛活动的工作要点。

（1）确定竞赛目的和形式

行政文秘人员需要与管理层或相关部门讨论并确定竞赛活动的目的和形式，目的可以是促进团队合作、提高技能水平、激励员工等，形式是团队竞赛或是个人竞赛。还需要确定竞赛的主题和规则。

(2) 策划活动细节

行政文秘人员需要制定竞赛的时间表、预算和活动细节；需要确定竞赛的日期、时间和地点，并确保场地、设备和资源的可用性。此外，还需要考虑奖品和证书的准备，活动宣传和参与人员的招募等方面。

(3) 沟通和协调

行政文秘人员需要与相关部门、团队或参与者进行沟通和协调。需要与相关部门协商竞赛活动的要求和支持，如场地预订、设备借用等；与参与者沟通活动的细节、规则和要求，并回答他们的问题。

(4) 宣传和报名

行政文秘人员需要负责竞赛活动的宣传和报名工作，包括准备宣传材料，如海报、传单或电子邮件，以向员工宣传竞赛活动；并提供报名方式和截止日期，收集和记录参与者的报名信息，并进行必要的确认和提醒。

(5) 筹备和准备

行政文秘人员需要确保竞赛所需的设备、材料和奖品等准备就绪；需要协调与设备和供应商的合作，确保所有必要的物品和资源到位；还需要安排竞赛现场的布置，如设置比赛区域、场地标识、裁判席位等。

(6) 竞赛执行和监督

在竞赛活动的执行过程中，行政文秘人员需要协调裁判、记录分数、解答问题并确保竞赛的公正性；记录参与者的表现和成绩，并解决可能出现的问题或争议。

> **细节提示**
> 行政文秘人员应协助提供安全的比赛环境、合理的安全措施和紧急应对预案，确保参赛者在活动中的安全。在筹备竞赛活动时，可能会遇到意外情况和潜在的风险。如天气变化、设备故障、参赛者意外受伤等，行政文秘人员应进行风险评估和管理，并制定相应的应对措施，以有效应对潜在的问题和突发状况。

(7) 结果宣布和总结

竞赛结束后，行政文秘人员需要宣布竞赛结果和颁发奖品，可以现场发布竞赛成绩，也可以向参与者和相关人员发送通知，并组织颁奖仪式。此外，还需要对竞赛进行总结和评估，以获得反馈意见，总结活动经验。

2.工作要求

以下是行政文秘人员组织开展企业内部竞赛活动的工作要求。

（1）策划能力

行政文秘人员应具备良好的策划能力，能够制订详细的活动计划，包括竞赛项目、规则、参与条件等，计划应考虑活动的目标、参与者的需求及活动场地和资源的可行性，以确保竞赛活动的顺利进行。

（2）组织协调能力

行政文秘人员需要具备良好的组织协调能力，能够与裁判、参赛者、志愿者等进行有效的沟通，协调各方资源，确保活动的顺利执行。

（3）活动推广能力

行政文秘人员应具备一定的活动推广能力，能够通过内部通信、邮件、公告栏等渠道有效地宣传和推广竞赛活动，吸引更多的参与者，可以通过设计宣传材料，制作活动海报或宣传册，及利用社交媒体平台等形式进行活动宣传。

（4）细致的安排和执行能力

行政文秘人员需要具备细致的安排和执行能力，能够制定详细的竞赛流程；协调比赛设备和场地，确保竞赛活动按计划进行；同时注意时间管理，确保活动的每个环节都有充分的时间准备并能顺利执行。

（5）数据统计和总结能力

行政文秘人员需要具备一定的数据统计和总结能力，能够收集和整理竞赛活动的相关数据，包括参与人数、成绩、反馈意见等，可以利用电子表格或数据管理工具进行数据统计和分析，并根据结果提供相关报告和总结，为后续的活动改进提供参考。

7.2.4 文化活动

企业举办文化活动对于员工和组织都具有重要的意义，它能够增强员工之间的凝聚力和团队合作，激发员工的积极性和创造力，塑造企业的品牌形象，传递企业正确的价值观，提升工作环境和员工福利，促进跨部门交流和知识共享，为企业的稳定发展打下坚实基础。企业文化活动的基本程序主要有以下5个阶段。

1.策划阶段

在活动策划阶段，行政文秘人员需要协助上级领导制订文化活动计划，确保计划的合理性和可行性。通过与相关部门沟通，了解活动需求和资源需求来协调资源分配。同时，行政文秘人员需要协助领导制定预算，并监督预算的执行情况。

> **注意事项**
> 举办文化活动可能会面临预算有限或资源不足的问题，影响活动的质量和规模。行政文秘人员应该尽早预估所需资源，寻求赞助或合作伙伴支持，同时灵活调整活动方案，以适应可用的资源。

2.宣传阶段

行政文秘人员需要协助策划团队制作宣传材料，如海报、传单、内部通知等。并将宣传材料分发给员工，确保全体员工知晓。

> **注意事项**
> 在宣传阶段可能会遇到参与者报名信息不准确或确认不清的情况，影响活动的参与和准备工作。为了避免该问题，行政文秘人员应建立完善的报名和确认流程，及时与参与者沟通核实，确保信息的准确性和参与者的正确理解。

3.组织阶段

行政文秘人员需要协助团队成员的工作，包括协助团队成员制定活动组织方案、活动流程、场地布置、人员分工等。此外，行政文秘人员还需要负责采购活动所需的物资和设备，确保物资的充足和质量。行政文秘人员还需要安排活动前的准备工作，如设备调试、食品酒水准备等。

4.实施阶段

行政文秘人员需要协助上级领导组织文化活动的实施，包括活动现场的协调和管理、应急情况的应对等，确保活动按照计划顺利进行，并及时处理出现的问题。同时还要记录活动的关键节点和成果，以便后续总结和评估。

> **注意事项**
> 文化活动现场需要准确掌握时间和节奏，确保各项活动按计划进行，并保证流程的顺畅和参与者的参与感。行政文秘人员应密切关注时间安排，做好时间管理，并在必要时进行调整，以保证活动的流程和节奏。

5.总结评估阶段

行政文秘人员需要对文化活动进行总结和评估,包括活动效果、预算执行情况等。分析活动的优点和不足,提出改进意见和建议。最后,整理活动资料和记录,形成报告后汇报给领导,并向相关部门进行反馈,以便后续此类活动的经验借鉴和效率提升。

7.2.5 庆典活动

企业庆典活动是为了纪念重要事件、庆祝特殊日期或者庆祝企业的里程碑而举办的庆祝性活动。庆典活动的目的是增强员工的凝聚力、提高士气、展示企业的成就和荣誉等。庆典活动的成功举办需要经过以下5个阶段。

1.策划阶段

在策划阶段,行政文秘人员需要积极参与活动方案的制定,提供意见和建议,协助领导和相关部门制订具体的活动计划。确定活动的主题、目的、时间、地点和预算等关键要素,以保障活动的顺利开展。

> **细节提示**
>
> 在策划和组织过程中,行政文秘人员应该积极与团队合作,积极鼓励团队成员提出创新和个性化的观点,寻找新的创意和策略。通过引入新颖的活动元素、互动方式或特色节目等,提高庆典活动的吸引力和独特性。

2.筹备阶段

行政文秘人员负责确定活动流程,安排人员分工,确保活动的顺利进行。通过与领导地沟通,及与相关部门的密切合作,进行活动场地的选择和布置,确保场地符合活动的需求。此外,行政文秘人员还需要负责采购活动所需的物资和设备,并确保物资充足且设备运行正常。为了应对可能出现的问题或意外情况,行政文秘人员还需制定应急预案。

3.实施阶段

行政文秘人员按照预定的计划,组织庆典活动的实施,确保庆典活动按计划执行。同时,行政文秘人员需要监控活动进展情况,协调各方资源,处理出现的问题。及时向领导和相关部门汇报进展情况。最后还需要收集和反馈活动中的问题和不足之处,并提出改进建议。

4.招待阶段

行政文秘人员需要为参与者提供周到的招待服务,包括餐饮、住宿、交通等方面的服务,确保安排好参与者的行程,增强参与者的活动体验。同时,行政文秘人员应该与参与者保持良好的沟通,及时了解他们的需求和反馈,并提供必要的协助。

> **注意事项**
>
> 庆典活动中的餐饮服务可能面临食物供应不足或不符合参与者需求的问题。行政文秘人员应该提前了解参与者的饮食偏好和数量,并与餐饮供应商进行充分沟通和协调,确保提供充足且合理的食品和饮料。

5.评估阶段

行政文秘人员在活动结束后需要对庆典活动进行反馈和评估,评估活动的成果和效果。通过收集嘉宾和观众的反馈意见和评价,分析活动的优点和不足之处,并将评估结果汇报给领导和相关部门,提出改进和调整的建议,以便在未来的活动中不断优化。

7.3 公益活动

7.3.1 公益赞助

公益赞助是一种商业行为,企业通过赞助某项社会活动或慈善事业来提升品牌形象、刺激产品销售和增加品牌价值,既有助于企业实现商业目标,又能够推动社会的进步和发展。

1.基本程序

(1)确定赞助目标

行政文秘人员首先要明确企业的赞助目标,赞助目标可以是公益活动、慈善事业或社会团体。行政文秘人员需要评估这些目标与自身的品牌形象、产品定位和营销策略是否相符,以确保赞助行为的合理性和可行性。

(2)调查市场需求

在确定赞助目标后,行政文秘人员需要对市场需求进行调查,了解目标受众的需求和偏好。这可以帮助行政文秘人员制定更具针对性的赞助方案,提高赞助效果。

调查市场需求的方式一般为同行分析、社交媒体调查、受众访谈、数据分析及监控、调查问卷等。

（3）制订赞助计划

根据市场需求调查结果，行政文秘人员需要制订详细的赞助计划，包括赞助金额、赞助方式、宣传策略、品牌推广计划等。赞助计划应考虑到企业的财务状况、市场资源、产品特点和营销目标等因素。

（4）协商合作细节

行政文秘人员需要与赞助目标进行深入的沟通和协商，明确合作细节，包括赞助金额的使用方式、宣传合作的实施方式、品牌合作的范围和期限等。双方须签订合作协议，确保合作过程的公正性和合法性。

（5）执行赞助计划

行政文秘人员按照赞助计划执行相关合作，包括提供资金、物资、技术支持等。同时，行政文秘人员需要通过宣传和品牌推广，提高公众对于赞助活动的认知度和关注度。

（6）监督与评估

在合作过程中，行政文秘人员需要对赞助计划的实施进行监督和评估，帮助企业及时发现问题、调整策略，确保赞助行为的效果达到预期目标。同时，监督和评估也可以为企业的后续公益行为提供参考和经验教训。

2.工作要求

（1）遵守法律法规

行政文秘人员在公益赞助过程中需要遵守相关法律法规，如税收政策、慈善组织管理制度等。以确保企业公益行为的合法性和合规性，避免因违法行为而受到处罚。

（2）保护品牌形象

行政文秘人员在公益赞助过程中需要注意保护企业品牌形象，避免与不良形象或负面事件相关联。需要选择与自身品牌形象相符的公益活动进行赞助，同时加强品牌宣传和推广，提高品牌的美誉度和公信力。

（3）建立长期合作关系

企业与赞助目标之间需要建立长期稳定的合作关系，为赞助目标提供稳定、持续的资金和资源支持，有利于企业更好地参与公益事业，提高社会责任感和公众认可度。

（4）透明化管理

行政文秘人员在公益赞助执行过程中需要实行透明化管理，如公开捐赠协议、定期公布捐赠使用情况等方式，确保捐赠资金和资源的合理使用和有效追踪，提高公众对于企业

（5）关注社会价值

行政文秘人员在执行公益赞助时需要关注活动的社会价值，考虑赞助活动对于社会的影响力和贡献度，避免过于追求商业利益而忽视社会的需求和期望，从而为企业的品牌形象和社会责任增添更多的价值。

7.3.2 慈善捐赠

慈善捐赠指个人或组织出于同情心或为了帮助他人而进行的一种捐赠行为。慈善捐赠的主体是社会公众，其形式多种多样，其目标是为了满足社会公众利益。慈善捐赠可以促进社会进步、改善社会福利、帮助贫困人口、保护环境和支持各种社会公共服务项目。

1.基本程序

（1）选择捐赠机构

企业、组织机构选择捐赠机构时，应结合机构资质、机构评价来评估受捐赠机构的合法性和信誉度。机构资质指在民政部门注册的证明、税务登记证明等，机构评价指在慈善导航网、基金会中心网等地评价。

（2）确定捐赠方式

一般捐赠方式分为三种。第一种是线下捐赠，企业组织机构可以前往受捐赠机构的办公场所、捐款箱等进行捐赠；第二种是银行转款，通过银行转账的方式将捐款金额转账给该受捐赠机构，需要提供该机构的银行账户信息；第三种是第三方支付平台捐款，捐赠者可以通过支付宝、微信等平台进行捐赠，要提供该机构的支付账号信息。

（3）确认捐赠项目及账户的真实性

企业、组织机构捐赠前应通过查看机构的官方网站或咨询机构的相关人员，确认捐赠项目是否符合该机构的主旨和业务范围；通过查看机构提供相关的证明材料，确认捐款账户是否为该机构的官方账户。在确认捐赠项目及账户的真实性后，再行捐赠。

（4）获取捐赠证书和个人资料卡

行政文秘人员应在完成捐款后向受捐赠机构索取捐赠证书和个人资料卡。捐赠证书用于证明其捐赠行为和金额，个人资料卡用于记录捐赠者的基本信息和历史捐款记录等。

（5）申报税前扣除

根据税法规定，申报公益性捐赠的税前扣除资格。具体操作需要按照相关税法规定进行，并提供相关证明材料和捐赠凭证，以便税务部门审核和认定。

2.工作要求

（1）合法合规

慈善捐赠必须遵守国家法律法规和相关政策规定，按照规定履行捐赠手续，选择合法的捐赠方式和捐赠机构，确保捐赠行为合法合规。

（2）真实可靠

企业、组织机构应当提供真实的捐赠信息和相关证明材料，避免虚假捐赠或恶意骗取捐赠行为的发生。

（3）尊重隐私

慈善捐赠应当尊重捐赠者的隐私权，采取必要的措施保护捐赠者的个人信息不被泄露、滥用和侵犯，保护捐赠者个人信息安全。

（4）无偿捐赠

捐赠者不得以任何形式要求或索取回报。慈善机构也不得以任何形式向捐赠者收取费用，确保捐赠行为的纯公益性和无偿性。

（5）公开透明

慈善机构应当向社会公开捐赠信息、财务报告、项目进展等情况，接受社会监督和评价，增强公众对慈善捐赠的信任和支持。

（6）专业管理

慈善捐赠应当由专业的慈善机构进行管理和使用，确保捐赠资金和物资的安全性和使用效益。同时，慈善机构也应当加强风险管理和风险防范，确保慈善捐赠行为的可持续性和稳定性。

第 8 章 调研

8.1 调研基本流程

8.1.1 主题设定

调研流程中的主题设定是指在进行调研前确定调研的主题或问题的过程。主题设定对于调研的目标和结果具有重要影响，它需要明确调研的范围和方向，以便后续的数据收集、分析和报告能够围绕主题展开。

下面是调研流程主题设定需要的准备工作。

1. 明确调研目的

首先需要确定调研的目的，即为什么要进行这项调研，以及调研的目标是什么。例如，调研可以是为了了解员工对新政策的态度和反馈意见，或者是为了探究市场需求和竞争情况等。

2. 确定调研范围

根据调研目的，确定调研的范围。包括调研的对象（如员工、客户、市场等）、调研的时间范围和地理范围等。

3. 确定调研问题

根据调研目的和范围，提炼出明确的调研问题。调研问题应该能够回答调研目的，并且具有一定的可操作性和研究性。例如，如果调研的目的是了解员工对新政策的态度，那么调研问题可以是"你对新政策的态度是积极的还是消极的？请说明原因。"

4. 收集背景信息

在设定主题之前，对相关的背景信息进行收集和了解。包括查阅相关的文献、数据和统计资料，以及咨询相关领域的专家或同行，从而更好地把握主题的内涵和重点。

8.1.2 方案拟定

方案拟定是指根据调研目的和要求，制定出调研的具体方案和计划，包括调研的内容、方法、时间、地点等。

行政文秘人员拟订调研方案时可以按照以下步骤进行。

1.收集调研资料

行政文秘人员根据调研计划，收集相关的调研资料，包括文献资料、统计数据、专家意见等，为后续方案拟定提供依据。

2.分析和评估

行政文秘人员对收集到的调研资料进行综合分析和评估，了解相关情况和问题，找出研究重点和方向。

3.制定调研方案

行政文秘人员根据调研目的和范围，结合分析和评估结果，制定详细的调研方案，包括调研的具体步骤、内容和方法，确保方案的可行性和有效性。

> **注意事项**
>
> 在方案拟订时要合理安排调研时间和资源，确保调研工作的顺利进行，不影响正常的工作进程。

8.1.3 组织分工

在行政文秘人员进行调研过程中，组织分工是非常重要的。它能够帮助团队高效地完成调研任务，并确保调研结果的准确性和可靠性。以下是组织分工的一些重要注意事项。

1.根据调研的目的和内容进行合理的分工

根据调研的目的和内容，将任务分解成不同的部分，然后根据各部分的复杂度和重要性进行合理的分工，确保每个人都能承担适合自己的任务。

2.考虑团队成员的专业背景和能力

在分工时，要考虑团队成员的专业背景和能力，将任务分配给最合适的人员，以提高工作效率，同时也能够保证调研结果的质量。

3.确定任务的时间节点和交付要求

在分工时,要明确每个任务的时间节点和交付要求。以帮助团队成员有一个清晰的工作目标,提高工作效率,并确保调研结果能够按时完成。

4.加强沟通和协作

在分工完成后,团队成员之间要加强沟通和协作,及时分享信息和进展,协调解决问题。避免重复工作和信息的遗漏,提高工作效率。

5.定期检查和评估工作进展

在调研过程中,行政文秘人员应定期检查和评估工作进展,及时发现问题和不足,采取相应的措施进行调整和改进,确保调研任务顺利完成。

8.1.4 前期准备

行政文秘人员在调研前期准备工作中,需要做以下5项工作。通过认真准备,可以保证调研活动的顺利进行。

1.制作会务手册

(1)确定会议日程

包括调研活动的开始时间、结束时间,以及每个环节的具体安排。

(2)确定调研目的和内容

明确调研的目标、重点和涉及的内容,以便参与人员清楚了解。

(3)列出参与人员名单

包括调研小组成员、其他相关人员等,确保参与人员都能被通知到。

2.制发通知或函件

(1)写清调研的目的和内容

在通知或函件中明确说明调研的目标、内容,以及参与人员的职责和要求。

(2)确定参与人员名单

在通知或函件中列出参与人员的姓名、职务等,确保他们能准确收到调研的相关信息。

(3)明确时间和地点

通知或函件中应明确调研活动的时间、地点,提醒参与人员及时安排行程。

3.制作展板图纸

（1）明确展示内容

根据调研的目标和内容，确定要在展板上展示的相关数据、图表和结果。

（2）设计布局和风格

制作展板时，要考虑布局的合理性和信息的易读性，同时注意与调研主题相符的风格和色彩搭配。

（3）使用清晰简洁的语言

展板上的文字要简洁明了，以便参与人员能够快速理解展示的内容。

4.撰写调研重点简介

（1）简明扼要地介绍调研重点

用简洁的语言总结和概述调研的主要内容和目标。

（2）强调调研的重要性

在简介中突出强调调研对于解决问题、推动发展等方面的重要性，以增强参与人员的重视程度。

（3）提供参考资料

简介中可以提供相关的参考资料或文献，帮助参与人员更好地理解调研的背景和现状。

5.安排线路及乘车

（1）安排交通工具

根据参与人员的人数和行程安排，选择合适的交通工具，如公共交通或租车等。

（2）安排出行线路

考虑交通状况，预留充足的时间，以防意外情况的发生。还需准备相关的车票、路线图等物资，以便参与人员在调研期间使用。

8.1.5 调研实施

前期准备工作都完成后，着手准备调研实施。

1.准备调研工具和材料

根据调研目的和需要，准备调研工具和材料，如调研问卷、访谈提纲、笔记本、录音设备等。

2.进行实地调研或面谈访问

根据调研计划,前往被调研对象所在的地点进行实地调研,或者与被调研对象进行面谈访问。在实地调研或面谈过程中,与被调研对象进行沟通和交流,提出问题并记录相关信息和意见。

3.记录数据和观察结果

在调研过程中,及时记录所收集到的数据和观察结果。可以使用录音设备记录访谈内容,或者将重要的观察结果和记录写在笔记本上。

4.提取关键信息和数据

将收集到的调研数据和信息进行整理和分类,提取关键的信息和数据,以备后续的分析和总结。

5.与被调研对象核实和确认

在调研结束后,与被调研对象核实和确认收集到的数据和信息的准确性和完整性。可以通过邮件、电话或面谈等方式与被调研对象进行沟通。

8.1.6 调研报告撰写

完成调研工作后,根据记录和结果撰写调研报告,同时注意以下细节。

1.标题和封面

在报告的第一页上,写明报告的标题和日期,并设计一个简洁清晰的封面。封面应包含机构或公司的名称、报告的标题、报告撰写人的姓名和日期等基本信息。

2.摘要

在报告的第二页,撰写一个简洁明了的摘要。摘要应概述整个调研报告的目的、方法、主要发现和建议等内容,帮助读者快速了解报告的核心要点。

3.调研方法

在摘要之后,说明所采用的调研方法。例如,调研采用的是问卷调查、访谈、文献研究还是其他方法。解释为什么选择这些方法,以及调研的样本选择和数据收集方式。

4.调研结果

在报告的主体部分,详细陈述调研的结果。可以按照不同的主题或问题进行组织,确保逻辑清晰。使用合适的表格或图像来呈现数据,使结果更加直观易懂。

5.结果分析

在呈现调研结果之后，进行结果的分析和解读。对于发现的重要数据和趋势进行解释，并提供有关原因和影响的分析。

6.建议和推荐

基于调研结果和分析，提供相应的建议和推荐。建议应具体、实用，并与调研目的相一致。可以列出改进建议的清单，或者提供详细的行动计划。

7.结论

总结整个调研报告的主要内容，强调重要的发现和建议。确保结论简明扼要，对读者产生积极影响。

8.1.7 调研总结

总结环节是调研活动的重要一环，对于确保调研活动的有效性和成果的应用具有重要意义。因此，在进行总结时需要重点关注关键内容，确保总结的准确性和可行性。

1.信息整合

总结环节需要对调研活动中收集到的各种信息进行整合。包括对参与者的意见、调研结果、数据分析等进行梳理和整合，确保总结准确完整。

2.梳理重点问题

在总结过程中，需要识别出调研活动中的重点问题和核心议题，并对其进行详细分析和总结。这有助于突出重点，提炼出有效的解决方案。

3.引用数据支撑

总结过程中，应当引用调研活动中收集到的相关数据和信息，以支持总结的观点和结论。帮助增加总结的可信度和说服力。

4.突出亮点

总结环节可以突出调研活动中的亮点和成果，以激发参与者的积极性和对调研活动的重视度。有助于进一步推动相关问题的解决和改进。

5.结合实际

总结应当结合实际情况和调研目的，提出具体可行的建议和改进措施。以增加总结的实用性和实施性。

8.2 调研基本内容

8.2.1 调研目的

调研的目的是收集信息和数据，以获得对特定主题、问题或情境更深入的了解。明确调研目的可以帮助调研团队确定研究的具体方向和范围，设定明确的问题和目标，从而指导调研的进行，避免浪费和偏离主题。以下是调研的一些常见目的。

1.收集市场信息

行政文秘人员通过调研可以了解目标市场的发展规模和预计增长率，包括过去几年的发展情况及未来的发展趋势，帮助企业评估市场发展潜力和挖掘新的增长点。

行政文秘人员通过调研还可以收集竞争对手的信息，包括其产品、定价、市场份额、营销策略等。通过了解竞争对手的优势和弱点，帮助企业制定更有效的竞争策略，并找到自身的差异化优势。

2.确定需求和问题

行政文秘人员通过调研可以了解目标市场中潜在客户的需求和痛点，他们所面临的问题和挑战。通过深入了解客户需求，可以帮助企业开发出更符合市场需求的产品或服务。

除此之外，进行调研可以分析目标市场的需求趋势和变化，包括消费者行为、新兴技术和市场创新等方面的趋势。帮助企业预测市场未来的发展方向，做出相应的战略调整。

行政文秘人员通过调研还可以收集客户的反馈和意见，了解他们对现有产品或服务的评价、改进建议及未满足的需求。帮助企业改进现有产品或服务，发现新的市场机会。

3.评估产品或服务

行政文秘人员通过调研可以评估当前产品或服务的特性、功能、性能和质量水平。通过收集用户反馈信息和市场销售数据，了解产品的优点和不足之处，以便改进和优化。

除此之外，进行调研可以评估用户在使用产品或服务时的整体体验，包括易用性、操作流程、界面设计等。通过了解用户体验，发现潜在的问题，并提出改进建议。

行政文秘人员通过调研还可以评估产品或服务的品牌形象和声誉，包括品牌知名度、市场认可度、用户口碑等。帮助企业了解自身产品或服务在市场中的形象和影响力，并制定相应的品牌管理策略。

相关说明

调研的目的是增加对特定主题的了解，解决问题，支持决策，并帮助企业在竞争激烈的环境中保持敏锐。具体的调研目的会根据需求和情境的不同而有所差异。

8.2.2 调研对象

在进行调研时，调研对象是指调研人员希望获取信息和数据的目标人群或实体。根据调研的目的和研究问题，调研对象可以是以下几种类型之一。

① 如果想了解消费者的需求、偏好、购买行为等，调研对象可以是目标市场中的消费者或现有客户。

② 如果想了解员工的满意度、意见、需求等，调研对象可以是企业内部的员工。

③ 如果希望获得关于特定行业、领域或学术研究的专业见解和观点，调研对象可以是行业专家、学者、研究人员等。

④ 如果想了解合作伙伴或供应商的反馈、需求、合作体验等，调研对象可以是合作伙伴或供应商。

⑤ 如果希望了解公众对某一社会问题、政策或产品的看法、态度等，调研对象可以是广大公众或特定社会群体。

注意事项

在选择调研对象时，需要综合考虑研究目标、资源可行性、时间限制和研究对象的特点，以确保能够获得准确、有效的数据和信息。

8.2.3 调研方式

调研方式是指调研过程中所使用的调研的手段、工具，以及如何进行样本选择和数据处理。下面是这些环节的一些关键要点。

1.调研手段和工具

在调研过程中，调研人员通常会使用问卷调查、访谈、焦点小组讨论、观察法等手段进行。利用问卷调查调研过程中，一般会使用问卷设计工具创建问卷，并选择合适的发布方式（面对面、在线等）；利用访谈调研过程中，需准备面试指南或访谈提纲，选择适当的访谈方式（面对面、电话等）并记录访谈内容；利用焦点小组讨论调研过程中，需组织小组参与者，提供适当的讨论主题和指导，记录讨论过程；利用观察法调研过程中，需准备观察记录表，使用摄像机、录音设备或纸笔进行观察记录。

2.样本选择

调研样本的选择一般有三种方式：一是随机抽样，通过随机选择的方式从总体中抽取样本，以确保样本的代表性；二是方便抽样，选择容易接触到的个体作为样本，如在街头、社交媒体上进行调查；三是分层抽样，将总体分成不同层级，然后在每个层级中进行随机抽样，以确保不同群体的代表性。

3.数据处理

调研数据的处理方式有两种：一是定量数据，使用统计软件（如SPSS、Excel）进行数据输入、清理和分析，应用合适的统计方法（如描述统计、回归分析等）来总结和解释数据。二是定性数据，对访谈、焦点小组讨论和观察数据进行逐字转录或摘要整理，进行主题编码和内容分析，提取关键观点和主题。

> **注意事项**
>
> 在进行数据处理时，需要注意数据的保密性和隐私，并确保数据的准确性和可靠性。
>
> 此外，还可以考虑使用数据分析工具和技术来处理大量数据或进行更复杂的数据分析，如文本挖掘、网络分析、机器学习等。
>
> 请注意，调研过程中的具体操作方法和工具选择可能会根据研究的具体领域、目标和资源情况有所不同。因此，根据自己的需求和情况进行适当的调整和选择。

8.2.4 调研组织

调研组织是指为了达到调研目的而组织起来的团队或机构，可以由具备相关领域的专业知识和调研技能的组织内部的员工担任，或委托专业的调研机构来进行市场调研，还可以聘请具备丰富的行业经验和专业知识的独立的咨询顾问来进行调研。

调研组织应负责整个调研项目的规划、组织和监督，具体内容为选择合适的研究方法，设计调研方案，数据整理、清洗、分析和解释，并运用统计和分析方法提取有用的信息和结论。在调研的最后还需整理调研结果，撰写报告和展示材料，向利益相关者提供清晰、准确的调研结果。

相关说明

在选择调研组织时,调研人员需要考虑多个因素,包括预算、时间限制、专业知识需求和数据保密要求等。同时,也可以根据具体的调研项目需求,采用不同的组织方式进行灵活的调研安排。无论选择哪种方式,重要的是确保调研团队具备足够的专业能力和资源,能够有效地开展调研工作,提供准确可靠的市场信息和洞察。

8.2.5 调研时间和地点

调研时间和地点的选择是调研项目中的关键因素。调研时间应该根据调研的目的和需求来确定,确保能够覆盖所需的时间范围,同时需要考虑参与者的适配度和调研结果的时效性。调研地点则应与目标受众和调研对象的位置相符,可以选择办公场所、客户所在地、市场区域等,确保调研地点的便利性和易达性,以方便参与者的参与和数据的收集。

1.时间安排

调研时间需要根据调研项目的复杂程度和范围来确定,较为简单的调研项目可能只需要几天或几周,而复杂的项目可能需要数月甚至更长时间。在规划调研时间时,要考虑到数据收集、数据处理、分析和报告撰写等各个环节的时间需求,并合理安排工作进度。

同时,还需留出适当的缓冲时间,以应对可能出现的延误或调整。

2.地点选择

调研地点应根据调研对象和调研方法的特点来确定。问卷调查可以通过面对面、电话、在线等方式进行;面对面调查通常在公共场所、办公室或居民区进行;电话调查可以在任何地方进行;而在线调查可以在全球范围内进行;访谈可以选择在受访者的办公场所、居住地或公共场所进行面对面访谈,另外,也可以使用电话或视频通话进行远程访谈;焦点小组讨论一般在设有合适设备,环境舒适的会议室或专门场地进行,以促进小组成员的互动和讨论;观察法需要在实际的观察场景中进行,可以是工作场所、学校、社区等,取决于研究对象和研究内容。

注意事项

在选择时间和地点时,需要考虑到调研对象的适配度和便利性,确保能够方便地与调研对象进行沟通,采集数据。同时,要确保所选时间和地点不会对调研结果产生不利影响,并符合伦理和法律的要求。

8.2.6 调研经费

调研经费是用于支持调研项目所需的资源和费用,调研经费的分配和使用应该根据调研的规模、范围和复杂程度来确定,具体地分配与使用包括以下5个方面。

1.调研人员和团队

包括招募、培训和支付调研人员的工资、津贴和奖励。这些人员可能包括研究员、调查员、数据分析师等,他们负责实施和管理调研项目。

2.数据收集和分析

涉及数据采集工具和设备的购买或租赁,如调查问卷、访谈设备、数据分析软件等。此外,还需要支付与数据收集和分析相关的费用,如数据清洗、处理和解读等。

3.调研场地和设施

如果需要在特定地点进行调研,可能需要支付场地租金、设备租赁费用和其他相关费用。包括会议室、实验室、焦点小组讨论场所等。

4.采样和调研对象

涉及调研对象的选择和招募,可能需要支付激励费用、样本费用和参与者的补偿费用等。

5.调研报告和呈现

包括撰写、编辑和设计调研报告的费用,以及相关的呈现和传播费用,如印刷、制作幻灯片、会议费用等。

> **细节提示**
>
> 在确定调研经费时,需要综合考虑调研项目的复杂程度、调研范围、调研时间和人力资源等因素。确保经费的合理分配和有效使用,以实现调研目标并取得有价值的调研成果。此外,应根据实际情况进行预算控制和费用监控,确保调研经费的合规性和可持续性。

8.3 调研主要方法

8.3.1 问卷调查法

问卷调查法是一种常用的数据收集方法，旨在收集大量受访者的意见、观点和反馈。它可以用于各种领域的研究，包括学术研究、市场调研、社会调查等。问卷调查法通过向受访者提供一系列问题，收集他们的答案和观点，以便获取信息和数据。该调查方法具有便捷性、保密性、覆盖面广、数据可量化、可重复性和比较性等优势。

行政文秘人员在采用该调查方法时应注意以下事项。

1.确定调查目的

明确调研的目的和研究的问题。例如，通过调查了解员工对行政办公流程的满意度、改进建议或对新政策的反馈等。

2.问题设计

设计问题时要确保问题清晰、简明，避免歧义和偏颇。问题应该与研究目的紧密相关，并提供适当的回答选项。

3.样本选择

样本选择要具有代表性，能够代表要研究的整体人群。样本大小应足够大，可以得出可靠的统计结果。可以是整个公司的员工、特定部门的员工或特定岗位的员工等。

4.预测试

在正式实施问卷调查之前，可以进行预测试。选择一小部分受访者填写问卷，并根据他们的反馈确认问卷的问题是否清晰、有用和易于回答。根据预测试的结果进行必要的修改和调整。

5.问卷分发

选择合适的方式将问卷分发给受访者。可以通过电子邮件发送问卷链接、在公司内部系统或员工门户发布问卷链接，或者在会议或员工培训中分发纸质问卷。确保提供足够的时间给受访者填写问卷，并提醒他们问卷的重要性。

6.数据保密和隐私保护

确保受访者的信息保密和隐私保护。遵守相关法律法规，如数据保护法和公司的隐私政策。匿名调查可以增加受访者的信任和回答的真实性。

8.3.2 文献调查法

文献调查法是通过系统地查阅和分析已有的文献、资料、研究报告、学术论文等来获取信息和数据的调研方法。它可以用于学术研究、市场调研、政策分析等多个领域的研究。

1.文献调查法的优势

（1）已有数据

通过查阅已有的文献和资料，可以获取丰富的数据和信息，而无须进行原始数据的收集。

（2）具有权威性和可靠性

合理选择和评估文献来源，可以获取有权威性和可靠性的信息，从而支持研究的可信度和准确性。

（3）具备研究基础

文献调查可以作为研究的基础，帮助行政文秘人员了解已有研究的进展、局限性和待解决的问题，从而指导自己的研究方向和方法。

（4）省时和经济

相比于原始数据的收集，文献调查可以节省更多时间和成本。可以通过已有文献的分析来回答研究问题，从而更高效地进行研究工作。

2.文献调查法的实施步骤

（1）确定研究目的和问题

明确进行文献调查的目的和研究问题。有助于行政文秘人员确定需要查阅的文献类型和范围。

（2）收集文献来源

使用图书馆资源、学术数据库、在线期刊和专业网站等，收集与研究问题相关的文献。可以使用关键词搜索、分类浏览、引用链追踪等方法来找到相关的文献来源。

（3）筛选和评估文献

对收集到的文献进行筛选和评估。根据研究问题和研究标准，挑选出与研究问题相关的、可靠的和有权威性的文献。

（4）整理和分析文献

将阅读的文献进行整理和分析。可以使用文献综述的形式，根据主题或类别进行归纳和总结，梳理出已有研究的主要观点、发现和结论。

> **注意事项**
> 在进行文献调查时,应该注重文献的质量和可靠性,避免引用过时、不权威或有偏见的文献。同时,要养成良好的引用习惯,确保对文献来源进行正确引用和引用格式的规范。

8.3.3 实地观察法

实地观察法是通过直接观察研究对象或现象,以获取信息和数据的一种调研方法。它可以用于社会科学、自然科学、人类行为研究等多个领域的研究。实地观察法强调直接观察现象,以获取准确、详细和真实的数据。实地观察法具有真实性和准确性,深入理解和详细描述,灵活性和适用性等优势。

1. 实地观察法的特点

(1) 直接观察

实地观察法要求研究者亲自前往研究现场,通过自己的感官观察来获取数据。这种直接观察有助于准确捕捉现象、行为和环境的细节。

(2) 详细和系统观察

实地观察法要求研究者进行详细和系统的观察。通过记录行为、互动、环境等方面的信息,可以获得丰富的数据,从而深入理解研究对象。

(3) 多种观察方式

实地观察法可以采用不同的观察方式。参与观察者直接参与研究对象的活动和互动,非参与观察者以旁观者身份观察研究对象。观察者的角色可以根据研究问题的需要灵活调整。

(4) 现场环境的重视

实地观察法注重研究对象所处的实际环境。观察者需要关注环境因素对行为和互动的影响,并记录相关信息。

2. 实地观察法的实施步骤

(1) 明确研究目的和问题

明确进行实地观察的目的和研究的问题。有助于确定观察的重点和内容。

(2) 制订观察计划

制订观察计划,确定观察的时间、地点和持续时间等。根据研究问题和目标,确定需要观察的对象和要观察的内容。

（3）观察过程

前往调研现场，进行详细和系统的观察。记录观察到的行为、事件、互动和环境等。可以使用笔记、录音、摄影等工具来帮助记录和备查。

（4）数据整理和分析

整理观察收集到的数据，将其编码和分类。根据需要，可以使用统计方法或定性分析方法对数据进行分析，发现模式、趋势和关系。

> **注意事项**
>
> 在进行实地观察时，观察者应尽可能减少对研究对象的干扰，并尊重其隐私和个人权益。同时，观察者要注意不可带有主观偏见，尽可能客观地记录和分析观察数据。

8.3.4 访谈调查法

访谈调查法是通过与受访者进行面对面或电话交流的方式，询问问题并记录他们的回答和观点，以获取信息和数据的方法。在行政文秘工作中，可以采用访谈调查法来了解员工对行政流程、工作环境、团队合作等方面的看法和建议。

1.明确调研目的和问题

明确进行访谈调查的目的和研究的问题。例如，想了解员工对行政流程的满意度、团队合作的效果、工作环境的改进等。

2.访谈指南设计

制定访谈指南，列出要询问的问题或主题。确保问题清晰、具体，并能够深入挖掘受访者的意见和观点。同时，为了保持灵活性，行政文秘人员也可以根据对话的发展随时调整问题或追加问题。

3.确定访谈对象

确定希望进行访谈的对象，如行政部门的员工、某个项目团队成员或相关部门的负责人等。选择具有相关经验和知识的受访者，以获得有价值的信息。

4.记录和整理

在访谈过程中，记录受访者的答案和观点。可以使用录音设备或笔记来记录重要信息。在访谈结束后，整理和编辑访谈内容，以便进行后续的分析和总结。

5.数据分析和解读

对收集到的访谈数据进行分析和解读。可以使用定性分析方法，如主题分析、编码分析等，提取出关键观点、主题和模式。根据分析结果，解读访谈数据，形成结论和建议。

6.结果呈现和应用

将访谈调查的结果整理成报告、总结或提案，以便与相关部门或管理层分享。在结果呈现中，提供对问题的描述、分析结果和相关的建议。确保以清晰和易于理解的方式呈现数据和结果。

> **注意事项**
>
> 在进行访谈时，注意保持良好的沟通和倾听技巧，确保给受访者足够的时间和空间来表达意见和观点，鼓励开放的对话和深入的回答；提问时保持客观和中立；尊重受访者的隐私和个人权益，确保数据的保密性；与受访者建立信任关系，并及时反馈调查结果，促进改进和决策的实施。

8.3.5 典型调查法

典型调查法是指常用的、经典的调查方法，包括问卷调查、访谈调查和观察调查。这些调查方法被广泛应用于各个领域的研究，以收集信息、获取数据和了解观点。

1.问卷调查

问卷调查是一种常见的调查方法，通过向受访者提供一系列问题，收集他们的回答和观点。问卷可以采用纸质形式或线上形式，问题可以包含开放性问题和封闭性问题。问卷调查适用于大样本量的调查研究，可以量化收集的数据，进行统计分析。

2.访谈调查

访谈调查是通过面对面或电话交流与受访者进行对话，询问问题并记录他们的回答和观点。访谈调查可以是结构化的，根据预先设计的问题进行，也可以是半结构化或非结构化的，以更深入地探索受访者的观点。访谈调查适用于获取详细和丰富的信息，深入了解受访者的看法和经验。

3.观察调查

观察调查是直接观察研究对象或现象，记录行为、互动和环境等方面的信息。观察可以采用参与观察或非参与观察的方式进行。观察调查适用于研究对象的行为和情境，提供直接、准确和详细的数据。

这些典型调查方法各有优势和适用范围，行政文秘人员可以根据研究目的、研究问题和资源来选择合适的方法，也可以结合多种方法进行综合调查。此外，还有其他调查方法，如实验调查、案例研究、文献调查等，可以根据具体调研需求选择使用。

8.3.6 全面调查法

全面调查法是一种广泛收集信息和数据的调查方法，旨在全面获取了解和描述研究对象或研究领域的信息。它的目标是覆盖尽可能多的信息来源，包括各种观点、经验、数据和资料，以便获得多样化和全面的信息。全面调查法具有多样性和丰富性、深入理解和详细描述、综合分析等优势。

1.多种数据收集方法

采用多种数据收集方法，如问卷调查、访谈调查、观察调查和文献调查等，以获取不同类型的信息和数据。通过综合多种数据来源，可以获得更全面、丰富的研究材料。

2.多个样本来源

涉及多个样本来源，如个人、组织、群体、地区等，以覆盖不同的观点和背景。从不同的样本来源中收集数据，可以获得广泛和多样化的信息，帮助研究者获得全面的认识。

3.多个角度和维度

从变量、指标、主题等不同的角度和维度考察研究对象或研究领域，可以获取全面的数据和信息。

4.综合分析和总结

对收集到的多种信息和数据进行综合分析和总结。通过比较、整合和综合不同来源和角度的信息，形成全面的描述、分析和结论。

> **注意事项**
>
> 全面调查法可能需要更多的时间、资源和人力投入。研究者需要进行合理的调查设计、样本选择和数据分析，以确保数据的质量和可信度。此外，在使用全面调查法时，要注意保护受访者的隐私和权益；尊重受访者的意见和观点，保持客观和中立的立场。同时，进行全面调查也需要注意调查范围和研究问题的明确性，避免信息过载和研究目标模糊不清。

8.3.7 抽样调查法

抽样调查法是一种常用的数据收集方法,用于从总体中选择具有代表性的样本,并通过对样本进行调查来推断总体的特征和情况。在研究中,往往无法对整个总体进行调查,因此采用抽样调查法可以更高效地获取信息和数据。抽样调查法具有经济性、代表性、推断性、精确性和可靠性等优势。

1.定义总体和抽样框架

确定研究的总体,即希望进行推断的整个群体。然后,建立一个包含总体中所有个体的抽样框架,即一个详细的总体清单或描述。

2.选择抽样方法

根据研究目的和总体特点,选择合适的抽样方法。常见的抽样方法包括简单随机抽样、系统抽样、分层抽样、整群抽样等。每种抽样方法都有其特定的优缺点和适用条件。

3.确定样本大小

根据抽样方法和研究需求,确定合适的样本大小,以保证结果的可靠性和统计推断的有效性。

4.抽取样本

使用选定的抽样方法,从抽样框架中抽取样本。确保抽样过程是随机的,以保证样本具有代表性。

5.数据收集

对抽取的样本进行数据收集,可以使用问卷调查、访谈调查等方法。确保在数据收集过程中采取适当的技术和方法,以保证数据的准确性和可靠性。

6.数据分析和推断

对收集到的样本数据进行分析,得出关于总体特征和情况的推断。使用适当的统计方法和数据分析技术,以保证推断的有效性和可信度。

注意事项

抽样调查法的可靠性和有效性依赖于抽样方法的正确选择和抽样过程的严谨。研究者需要注意样本的选择偏差和样本大小的合理性,以避免引入偏见和不准确的结果。同时,合理的样本设计和数据收集方法也是确保抽样调查结果的质量和可信度的关键。

第9章 资产

9.1 办公用品管理

9.1.1 办公用品采购

办公用品采购主要是指企业日常办公所用到的各类用品的采购，主要包括办公设备、办公文具、办公耗材、清洁用品等。办公用品采购工作通常由办公室采购人员专门负责，在办公用品采购过程中，采购人员需要重点关注明确采购需求、控制采购成本、管理供应商3方面。

1.明确采购需求

为使采购需求更加明确，保证办公用品的采购符合规定，采购人员可使用以下方法达成目的。

（1）进行充分的沟通与调研

与相关部门或员工进行沟通，进行实地调研，了解他们的实际需求和使用习惯，了解他们常用的办公用品种类、数量、频率及特殊要求，了解一段时间内的实际消耗。

（2）分析历史数据

仔细分析月度或者年度的采购记录及消耗记录，以了解常用的办公用品类型和消耗量。结合员工人数和预计增长率进行预测，尽可能保证采购的准确性。

（3）制定需求清单

根据调研结果和历史数据，制定一份详细的办公用品采购清单。按照类别（如文具、耗材、设备等）对物品进行分类，以便更好地管理和采购。

（4）考虑办公用品的损耗性

可在采购预算内，结合办公用品的损耗性考虑实际需求。对于实际应用中，损耗性比较大的办公用品，可将采购需求适当提高。对于实际应用中，损耗性较小、可以循环利用的办公用品，可将采购需求适当降低。

2.控制采购成本

采购人员应从以下几方面对办公用品的采购成本加以控制。

（1）做好采购预算

制定尽可能准确的采购预算，根据业务需求和财务状况确定可承受的采购成本范围。确保采购活动与预算保持一致。

（2）供应商评估与选择

可选取多个供应商进行比较，评估其价格、质量、服务和交货速度等方面，选择具有竞争力的供应商，并与其进行谈判以获得更好的价格和优惠条件。

（3）量化采购办公用品

通过集中采购、联合采购或批量采购等方式，减少单次采购的频率和规模，以获得更好的采购价格，以减少采购过程中的成本和管理工作。

（4）选择替代品

根据实际需求和预算限制，考虑选择价格更低但质量合适的替代品，与供应商合作，寻找经济实惠且符合要求的办公用品。

（5）优化采购流程

规范、简化和自动化采购流程，减少人工操作和纸质文档处理。采用电子采购系统、在线采购平台等工具，提高效率并降低采购成本。

3.管理供应商

管理供应商可以帮助采购人员降低采购成本、节约采购时间、提升采购效率等。采购人员通过以下措施对供应商进行管理。

（1）供应商选择与评估

仔细评估供应商的信誉、质量控制能力和服务水平。考虑他们的产品质量、价格竞争力、交货准时性和售后服务等关键指标。

（2）合同管理与签订

与供应商签订合同或协议，明确价格、供货期限、付款方式、产品规格和售后支持等条款。确保合同条款合理，并对供应商履行合同进行监督和审查。

（3）绩效评估

定期评估供应商的绩效，包括价格竞争力、产品质量、交货时间、客户服务和售后支持等方面。与供应商进行反馈和讨论，共同改进绩效以满足需求。

(4) 构建多元化供应网络

建立多个供应商和备选资源的供应链网络，降低对单一供应商的依赖性。可以确保采购灵活性和供应连续性，在价格、服务和产品质量方面有更多选择余地。

> **细节提示**
>
> 在采购办公用品时，需要注意以下细节，以提升采购工作的质量。
>
> ①研究市场价格。在选择合适的供应商之前，对市场上的办公用品价格进行调研，提前了解市场价格，以便在与供应商的谈判之中，抢占先机。
>
> ②合理规划库存。库存量需要根据实际需求规划，不宜过多，也不宜过少，保持适量的库存能够有效避免因短缺或积压造成的浪费。
>
> ③考虑多方采购渠道。除了传统的办公用品供应商，还可以考虑在线采购平台和批发商等不同的采购渠道。比较价格和服务，选择最适合的供应商。

9.1.2 办公用品领用

规范的办公用品领用流程与清晰的办公用品领用要求，可以有效地控制办公用品消耗成本，规范办公用品的领用手续和办公用品的管理，提高工作效率。

1.办公用品领用流程

（1）设定领用标准

行政部明确规定办公用品的领用标准，并根据不同职位和部门的需求制定相应的标准。包括确定可领用的办公用品种类、数量限制、使用频率等，确保领用办公用品的公平性和合理性。通过明确的领用标准，可以规范员工的领用行为，避免过度领用或滥用办公用品的情况发生。

（2）提交领用申请

员工或部门根据个人或部门的实际需要，按照规定的流程向行政部提交办公用品的领用申请。申请过程包括填写申请表格、注明领用的具体物品和数量，并注明领用的原因或用途。提交领用申请可以帮助行政部更准确地评估申请的合理性，确保对办公用品的需求做出合理的安排。

（3）领用申请审查

行政部仔细审核申请的内容和符合性，确保申请符合办公用品领用标准。批准合格的申请，并及时通知员工或部门领取办公用品，保证领用流程的透明和规范。

（4）办公用品领用

员工或部门按照通知到达指定领用地点，领取所需的办公用品。在领用过程中，应核对办公用品的质量、型号和数量，确保与申请一致，避免过多或过少地领用。

（5）归还办公用品

员工或部门对于可循环使用的办公用品，需要妥善保管，秉持合理使用和节约成本的原则，按照正常流程进行使用。使用后需要及时归还，避免损坏或丢失，经行政部对其质量和数量进行检验后，完成归还手续。

（6）记录与管理

行政部负责办公用品领用地记录和管理工作。包括记录领用申请、批准和通知的信息发送，验收和归还的记录，以及相关文件的归档和保存。这些记录和管理措施有助于保持领用流程的可追溯性和后续审计的便捷性。

2.办公用品领用要求

（1）了解领用政策与流程

员工或部门在领用办公用品时，需提前了解企业有关领用政策与流程，遵守企业领用办公用品规定，包括如何申请领用、领用的限制、审批流程等。

（2）合理申请

若需要大量的或者特殊的办公用品，应该提前申请并说明理由，确保申请合理，符合有关要求，避免浪费或过度领用。

（3）根据职位和需求领用

员工或部门需要根据自己的职位和工作需求领用合适的办公用品，避免资源浪费，并确保能够正常开展工作。

（4）妥善保管办公用品

领用办公用品后，员工或部门需要妥善保管，避免损坏或丢失，减少企业的财产损失。当办公用品损坏或失效时，及时通知相关人员进行修复或更换。

（5）及时归还办公用品

领用的办公用品如不再需要或归还时限到期，应及时归还给行政部，避免长时间闲置或滞留。

> **常犯错误**
>
> 在领用办公用品时应细致入微，遵守企业的规定与政策，避免下述常犯错误，以确保办公用品的合理使用。
>
> ①未经批准领用。即便有明确的办公用品领用政策和程序，但仍未按照其规定领用办公用品，以至于造成一定的负面影响。
>
> ②过度领用。部分员工可能会因各种各样的原因过度领用办公用品，造成资源浪费与库存紧张。因此，员工在领用时要根据实际需要合理计算数量。
>
> ③忽视库存管理。行政部在员工或部门领用办公用品时，应注意库存管理，避免重复领用或过期浪费。应及时记录领用情况与库存情况，避免出现办公用品短缺或过剩的情况。

9.1.3 办公耗材管控

办公耗材是指日常办公时使用的消耗性产品，办公耗材管控是指企业通过监控和控制办公耗材，达到节约成本、提高效率、规范管理的目的。

1. 办公耗材分类及管理原则

（1）办公耗材分类

办公耗材一般分为办公用品和低值易耗品两类。

①办公用品是指日常工作中使用的消耗性用品，如纸张、笔、文件夹、各类文具等。

②低值易耗品是指价格较低但长期使用或者是价格较高但易消耗的物品，如办公桌椅、文件柜、小型仪器设备、工具、高级墨盒等。

（2）办公耗材管理原则

对办公耗材实行"归口管理、统一采购、按需领用、费用分摊"的管理原则。

①可依据工作性质、历史记录、经验法则等设定办公耗材领用基准。如对于高级墨盒的领用，各部门及相关人员月领用高级墨盒不得超过月均使用量的1.5倍。对于笔这样的文具用品，除新入职员工外，原则上不再配备整支笔，笔芯需要以旧换新。

②可对部分办公耗材进行限制使用，根据工作需要严格发放，限定总数，自第二次领用时，要求以旧换新。如需重复领用，则需说明领用原因及旧有物品损耗原因。如记账本只限财务人员使用。

③对于特殊性质的办公耗材，应列入特殊项目，由专人负责，根据各部门的实际工作需要，进行统一管控，如打印机。原则上，行政部、综合部等刚需部门给予配备，其他部

门如需打印机，应提交相关领导审批。

2.办公耗材管控流程

（1）制定办公耗材管理制度

企业需建立完善的办公耗材管理制度，包括采购、领用、使用、管理等各个环节的规范和流程，以此规范办公耗材的使用行为。

（2）编制办公耗材采购计划

行政部可以根据企业的实际情况，制订办公耗材采购计划，确定采购物品种类、数量、采购方式、供应商、采购价格等关键点。

（3）完成办公耗材采购流程

根据办公耗材采购计划，按照采购流程逐步完成相关手续，实现对采购过程的监督和控制，在采购过程中控制成本。

（4）设置库存控制

建立库存管理系统，设置库存警戒线和最大库存量，定期进行库存盘点和调整，以保证耗材的供应和使用不会造成过多或过少的情况。

（5）规范办公耗材领用流程

办公耗材领用前要进行申请和审批，确认领用人员身份和领用物品的类型、数量等信息，完成相应的领用手续，以确保办公耗材的领用合理，避免资源浪费。

（6）监控办公耗材的使用

建立办公耗材使用监控机制，通过技术手段或人工巡查来监控耗材的使用情况，及时发现异常情况或滥用情况并处理。

（7）处理报废办公耗材

设立办公耗材报废处理流程，对于过期、损坏或不再需要的耗材，按照规定的流程进行报废处理，包括记录、清点、销毁等环节。

（8）数据分析与优化

定期对耗材管理数据进行分析和评估，了解消耗情况和使用趋势，针对问题进行优化和改进，提高耗材管理的效率和效果。

3.办公耗材管控要求

（1）办公耗材采购要求

①评估供应商。针对供应商的信誉度、交付能力、质量管理水平等综合指标进行评估，以便选择更合适的供应商。

②明确采购预算。采购预算应在企业实际经济情况的基础上制定，尽量选择价格合适、质量有保障的耗材；对采购的限额和次数进行明确规定，确保预算合理分配，避免过度开支和浪费，以便控制成本。

③保证采购质量。确保所采购的办公耗材符合质量要求。可以要求供应商提供质量保证和认证证明，并进行定期的质量检查。

（2）办公耗材领用要求

①加强审批与签字手续。领用人员应该提供相应的领用需求佐证材料，例如，电子邮件、领用单、部门主管证明等，以便领用审批正常进行。

②建立领用登记制度。记录物品的领用时间、数量、种类等，方便日后核对。

（3）办公耗材使用要求

①制订合理的使用计划与使用标准。例如，制定纸张、文具、耗材等的使用教程，减少浪费，节约资金。

②核查与制止不合理使用情况。对办公耗材使用的不合理行为进行监管和约束，例如，对超标的、不必要的使用行为进行核查和制止。

③提倡节约使用。提倡员工节约使用办公耗材，通过合理使用和悉心维护，延长耗材的使用寿命。

（4）办公耗材管理流程要求

制定办公耗材管理制度和流程，包括采购、领用、使用、归还和废弃等，明确各个环节的职责和权利。

（5）办公耗材数据管理要求

建立数字化办公耗材管理体系，对办公耗材的数据进行分类、整理、分析，加强对数字化数据的监控和管理。

（6）办公耗材监控管理要求

建立办公耗材管理制度和监控体系，用工具监测办公耗材使用情况，减少损失和盗用问题的发生，确保办公耗材在信息化、智能化方面可持续发展。

4.办公耗材节约方法

在对办公耗材进行管控的过程中，可采用以下方法，以达到控制成本，节约资源的目的。

（1）耗材统计

通过计算机信息化管理手段、条形码、RFID等物联网手段对购进、领用、库存和报废情况进行统计，实现即时化、可视化和全局性报表统计。

（2）重复利用

鼓励员工重复使用文件夹、文件袋和其他办公用品；设立回收箱，方便员工回收纸张、塑料和金属等可回收材料。

（3）打印控制

对印刷管理进行管控，减少纸张的浪费，同时防范信息泄露，建立网络打印审批制度，增加复印必须输入工号的要求等。

（4）精细管理

在办公耗材进销存方面可以通过信息化手段实现精细管理，如实现耗材在线管理，实时掌握库存情况，及时补充缺货物资，减少因材料短缺带来的办公延误和资源浪费。

9.2 办公设备管理

9.2.1 办公设备采购

办公设备采购是指国家行政机关、企事业单位或其他组织机构购买和配置用于办公工作的设备的过程。这些设备包括电脑、打印机、碎纸机、移动硬盘、电话机、幻灯机、摄像机、文档处理软件、办公家具等。

1.办公设备采购需求分析

（1）了解办公工作类型

了解组织的办公工作类型，包括文字处理、数据分析、图形设计等，以确定所需办公设备的功能和性能要求，不同类型的工作可能需要不同类型的设备。

（2）评估设备使用频率

评估办公工作的规模和频率，确定办公设备的耐用性和稳定性需求，高频率和大工作量的使用可能需要更耐用和高性能的设备。

（3）了解办公人员需求

与使用办公设备的办公人员进行沟通，了解他们的需求和意见，询问是否对办公设备有特定的要求。

（4）评估采购预算

评估采购预算，并根据预算限制确定办公设备的价格范围，平衡价格和性能之间的关系，确保所选办公设备符合预算要求。

（5）考虑技术的兼容性

考虑现有的技术设备和系统，确保新购设备与现有设备的兼容性。

2.采购资金来源

（1）自筹资金

可以使用自有资金来支付办公设备采购费用，包括现金储备或从日常经营活动中积累的利润。

（2）贷款

如果没有足够的自有资金，可以考虑向银行或其他金融机构申请贷款，以支付办公设备采购费用。

（3）租赁

可以选择租赁办公设备而不是直接购买。

（4）外部资助

可以寻求政府拨款、捐款或赞助来支持办公设备采购，尤其是对于非营利组织或特定项目。

3.供应商选择管理

（1）选择有良好声誉的供应商，查阅供应商的客户评价、业界评比及历史交易记录来评估其信誉，减少后续交付和售后服务方面的风险。

（2）确保供应商提供的办公设备质量符合行业标准和质量认证要求。通过了解供应商的产品质量管理体系和质量认证情况来评估其产品质量。

（3）比较不同供应商的报价，寻找性价比最高的办公设备，不仅要考虑办公设备的初期购买成本，还要考虑其长期运营成本和维护费用。

（4）确保供应商提供全面的技术支持和售后服务，包括设备安装、配置、维护和维修。

（5）确保供应商能够按时交付所需的办公设备，避免因交货延误导致工作中断和不便。

4.合规和风险管理

（1）行政文秘人员采购办公设备时，要了解并遵守相关的政府采购法规。

（2）采购涉及专利、商标的办公设备时，要进行充分的知识产权审查，确保设备的生产商或供应商拥有合法的知识产权，并且采购的办公设备不会侵犯他人的知识产权。

（3）如果从国外采购办公设备，应了解并遵守进口和出口法规，包括海关手续、进口关税、进口限制等方面的规定。

（4）评估采购办公设备可能带来的风险，并购买适当的保险来防范办公设备损坏、被盗、责任事故等方面的风险。

（5）确保与供应商签订的采购合同明确规定了双方的权利和责任，并有适当的解决争议机制。

5.办公设备验收内容和程序

（1）验收内容

①比对办公设备的规格表和合同条款，确保设备符合所需的规格和功能要求。

②检查办公设备的外观，确保没有明显的瑕疵、划痕或变形等问题。

③检查办公设备是否具有必要的安全功能和防护措施，并符合适用的法律法规和标准。

（2）验收程序

①在办公设备到达之前，准备好验收所需的相关文件、规格表和合同条款。

②办公设备到达后，进行外观检查，确认设备的完整性和外观是否符合要求。

③根据办公设备的规格和功能要求，进行逐项功能测试。

④进行性能评估，测试办公设备在正常工作条件下的性能和可靠性。

⑤记录验收过程中的检查结果、测试数据和评估意见。

⑥将验收报告和评估结果与供应商代表进行核对，确保双方对验收结果的一致认可。

⑦在验收确认后，接收合格的办公设备并进行相应的记录和存档。对不合格的办公设备，与供应商协商解决方案，包括要求修复、更换或退货。

常见错误

办公设备采购过程中，售后服务是确保办公设备顺利运行的重要环节，但是，有时容易忽视供应商的售后服务承诺。

①对供应商的售后服务能力未进行充分的了解和调查。在选择供应商时，仅仅关注其设备的价格和性能，而忽略了供应商的售后支持能力。

②合同签订阶段，未明确约定售后服务条款，导致售后服务范围不清晰，发生纠纷时难以维护自身权益。

9.2.2 办公设备维护与维修

办公设备需要进行定期的维护和及时修复，确保设备性能保持在最佳状态，以提高办公人员的工作效率。定期维护与维修可以预防一些常见的办公设备故障，避免办公设备出现严重的故障，从而减少维修成本，还可以延长办公设备的使用寿命。通过正确的维护和维修措施，可以预防办公设备故障和损坏，减少设备更换和新购置的频率。

1.办公设备维护

①列出每个办公设备的名称、型号、规格和关键信息，全面了解需要维护的设备范围。

②根据设备类型和使用情况，确定每个办公设备需要进行维护的频率，有些办公设备需要日常维护，有些办公设备可能需要定期保养。

③确定每个办公设备需要执行的维护任务，包括清洁、润滑、校准、更换零部件等。

④确定负责执行每个办公设备维护任务的责任人，可以指定特定的办公人员、维修团队或外部供应商来负责维护工作。

2.办公设备维修

（1）办公设备维修责任

①行政部门负责协调安排办公设备的维修工作，负责接收维修请求、安排维修人员、协调维修时间，并确保维修任务的完成。

②维修人员负责实际的维修工作，包括故障排查、设备维修、更换零部件等。

（2）办公设备维修流程

①办公人员遇到办公设备故障或需要维修时，向行政部门提出维修请求，可以通过口头、书面申请或电子申请方式进行申报。

②行政部门接收维修申请后，记录故障报告的详细信息，包括办公设备名称、型号、故障描述等，进行初步的故障评估，判断是否需要进行维修。

③如果确定需要维修，行政部门安排维修人员进行实际的维修工作。

④维修人员根据行政部门的安排进行办公设备的故障排查，确认故障原因，并采取适当的维修措施，如修复故障、更换零部件等。

⑤维修人员记录维修过程中的详细信息，包括维修日期、维修内容、使用的零部件等。完成维修后，向行政部门提交维修报告，存档保存。

⑥行政部门负责对维修工作进行验收，检查维修结果是否符合要求，并与办公人员确认，在验收合格后，行政部门会收集办公人员的反馈，以评估维修质量。

3.办公设备应急故障处理

（1）故障报修与评估

当办公设备出现故障时，首先要进行故障识别。办公人员应尽快向行政部门报告故障，并提供详细的故障描述。行政部门需要快速评估故障的紧急程度和影响范围，了解故障对工作的影响，并判断是否需要立即采取应急措施。

（2）采取应急措施

根据办公设备故障的性质和紧急程度，采取应急措施来减少工作中断。包括临时修复、设备替代、临时工作安排等。将故障报告和维修请求转交给负责设备维修的人员或部门，根据故障的紧急程度，安排维修人员尽快进行修复工作。

（3）设备故障维修

在应急故障处理过程中，及时进行沟通和协调至关重要，确保办公人员和部门之间的沟通畅通，及时共享故障信息、应急措施和维修进展。维修人员到达现场，要根据故障的性质和维修方案，进行相应的维修工作。维修完成后，进行必要的测试和验证，以确保设备的正常运行。

（4）设备维修验收

设备维修完成后，行政部门应进行验收，并与维修人员确认设备是否恢复正常。同时，也需要收集办公人员的反馈意见，以评估维修质量和满意度。最后，对故障进行记录和分析，以了解故障的原因和频率，帮助制订预防性维护计划和改进措施，以减少类似故障的发生。

> **常见错误**
>
> 在办公设备的维护与维修工作中，可能会将维护工作放在次要位置，忽视了设备的正常保养，导致设备逐渐累积问题，最终引发严重故障，造成工作中断和额外的修复成本。

9.2.3 办公设备报废

办公设备报废是进行设备管理和资产管理的重要手段，当办公设备达到其寿命、无法修复或不再满足业务需求时，报废是必要的处理手段。报废设备不仅可以节约维护和修理费用，还可降低安全风险。

1.办公设备报废标准和程序

（1）办公设备报废标准

①当办公设备的使用寿命到期或达到规定的报废年限时，可以考虑将其报废。

②如果办公设备出现严重故障或需要进行昂贵的维修，超过了其价值或可替代成本，可以考虑将其报废。

③当办公设备无法满足业务需求或技术要求时，可以考虑报废。

④如果办公设备存在安全漏洞、无法满足安全和合规要求，或无法得到必要的技术支持和更新，可以考虑报废。

（2）办公设备报废程序

①对办公设备进行评估，确认是否符合报废标准，包括办公设备状况的检查、性能评估、维修记录的审查等。基于评估结果，决定是否报废设备，同时，办公设备报废还需要获得行政部门或管理层的批准，并确保遵守内部政策和程序。

②对报废的办公设备进行资产清查，记录报废办公设备的相关信息，如型号、序列号、采购日期、成本等。

③对报废设备中储存的数据进行安全处理，包括数据清除、磁盘销毁、数据加密等措施，以防止数据被泄露和滥用。

④选择适当的办公设备报废处置方式，如办公设备回收、捐赠、出售或合理的废物处理，根据政策和法规要求，选择合适的合作伙伴或服务商进行办公设备报废处置。

⑤记录办公设备报废的详细信息，并编制办公设备报废报告，报告应包含报废设备的数量、类型、价值、处置方式等信息，以备参考和审计。

2.办公设备处理方式

（1）设备回收

寻找可靠的设备回收商或认可的电子废弃物回收中心，将报废设备进行回收处理。设备回收商或回收中心通常会采用适当的技术和方法，将办公设备进行拆解、分离和分类，以便回收利用其中的可再利用材料。

（2）设备拆解

设备回收商或回收中心将办公设备拆解后，对其中的金属、塑料、玻璃和其他材料进行回收，这些材料经过再加工，可以制造新的产品，减少资源的消耗和废物的产生。

（3）有害物质处理

某些办公设备中可能含有有害物质，这些有害物质需要经过专业的处理，以防止对环境和人类健康造成危害。办公设备报废过程中确保这些有害物质得到安全的回收、处理或处置，符合相关的环境法规和规范。

（4）废物处理

对于无法回收和再利用的部分，如设备壳体、电子电路板等，需要根据当地的环境法规和规范进行合规的废物处理，可以将其交给合格的废物处理商，确保废物经过适当的处置，不对环境和健康造成负面影响。

3.办公设备报废资产管理

（1）报废设备资产评估

在报废办公设备之前，应进行全面的资产清查，记录办公设备的相关信息，如型号、序列号、采购日期、成本等。了解所拥有的办公设备，并为财务核算和后续处置提供基础数据。通过对报废办公设备的年限、状况、性能和市场价值等因素进行评估，确定其在当前状态下的价值。

（2）确定处置方式

基于资产评估结果，决定报废设备的处置方式，在做出报废决策时，需要综合考虑环保、经济、安全等因素。如果报废办公设备仍然有一定的价值或可再利用的部分，可以考虑将其转移给其他部门、项目或个人使用。在转移过程中，需要进行资产过户，并确保相应的法律法规和合规要求得到满足。

（3）报废设备信息注销

一旦办公设备被报废，需要及时将其从资产管理系统中注销，并进行相应的核销。在办公设备报废过程中，确保已报废办公设备上的数据得到安全处理和保护，可进行适当的数据备份、清除或销毁操作，以防止敏感信息的泄露和滥用。

常见错误

在办公设备报废工作中，可能会对办公设备报废程序和要求不重视，没有充分了解相关的报废规定和程序，导致了不规范的报废流程和操作。

①有时会忽略对报废办公设备的价值评估，直接将其处理掉，导致一些办公设备被过早报废，浪费了可继续使用的价值资源。

②在办公设备报废时选择了不合规的处理方式，如随意丢弃、无授权的二次销售或未经环保处理，导致法律风险或违反环境法规。

③忽略了办公设备数据的妥善处理，导致数据泄露或丢失，造成安全隐患。

9.3 固定资产管理

9.3.1 固定资产管理

固定资产管理是行政文秘工作中重要却容易被忽视的工作，管好了不会产生明显的利润，但管不好却会在无形之中增加企业成本，影响利润。中小型企业大多数没有固定的人员负责固定资产管理，大部分工作会由行政后勤人员代管，流程也相对简单。中大型公司会在行政部、后勤部或财务部等部门设置专门管理固定资产的人员，负责管理、采购、盘点、折旧等工作。

1. 固定资产的分类管理

行政文秘人员应对固定资产进行分类管理，可从以下几个维度进行分类。

（1）根据资产的功能用途进行分类

①生产设备：用于生产产品或提供服务的设备，如机器、生产线等。

②运输工具：用于运输货物或人员的工具，如汽车、货车等。

③办公设备：用于办公的设备，如电脑、打印机、复印机等。

④通信设备：用于通信和信息传输的设备，如电话系统、传真机、网络设备等。

（2）根据资产的性质和特点进行分类

①房地产：包括土地、厂房、办公楼等不动产资产。

②机械设备：包括机器、工具、仪器等可移动设备。

③车辆：包括汽车、摩托车、自行车等交通工具。

④电子设备：包括电脑、手机、摄影设备等电子产品。

（3）根据资产的投资规模进行分类

①大型固定资产：投资金额较高、规模较大的资产，如生产线、大型机械设备等。

②中型固定资产：投资金额适中、规模适中的资产，如办公设备、中型车辆等。

③小型固定资产：投资金额较低、规模较小的资产，如电脑、小工具等。

2. 固定资产管理的重点事项

（1）资产登记和分类

确保每个固定资产都有唯一的标识编码，包括资产的名称、型号、规格、数量、购置日期、原值等信息。便于跟踪固定资产的使用和价值变动。

（2）资产清查和盘点

定期进行资产清查和盘点，核实实际存在的资产与记录一致。使用资产标识编码进行验证，并记录盘点结果，及时处理差异和异常情况。

（3）资产维护和维修

定期对固定资产进行维护和保养，包括清洁、润滑、检查等工作。及时维修故障，并记录维修情况和维护历史。

（4）资产处置和报废

根据公司政策和相关法律法规，制定资产处置和报废流程，及时处理不再使用或报废的固定资产。包括评估资产价值，选择合适的处置方式（如转让、销售或报废），并记录处置过程和结果。

（5）资产移交和调配

在固定资产转移或部门间调配时，及时更新资产登记和记录。确保资产的所有权和管理责任的变动得到妥善处理，避免产生纠纷或遗漏。

（6）资产保险和保护

确保固定资产得到适当的保险覆盖，包括火灾、盗窃等风险。采取必要的安全措施，如安装安全设备、制定安全操作规程等，保护资产的安全。

（7）资产使用监控

监控固定资产的使用情况，包括使用频率、维修记录、折旧情况等。及时发现并解决潜在的问题，确保资产得到有效利用。

（8）相关文件和记录管理

建立健全资产管理档案和记录，包括资产购置合同、保修卡、维修记录、处置文件等。保持资料的完整性和可追溯性，方便后续查询和审计。

9.3.2 固定资产盘点

对于行政文秘人员来说，固定资产盘点工作的核心利益在于确保资产管理的精准无误，从而保障财务报表的准确性，资源的最优化配置，及时响应采购需求等，因此，行政文秘人员的固定资产盘点工作应围绕这些内容展开。

1.有序地计划和组织

制订详细的固定资产盘点计划，明确盘点时间、范围和目标。确保充足的人力资源，并合理安排时间，以完成盘点工作。

2.采用现代技术

利用现代技术和工具改进资产管理和盘点工作。使用资产管理软件或系统，提高数据准确性、处理效率和信息共享能力。

3.标准化和流程改进

制定标准化的资产管理流程和操作细则并推广。确保各部门和员工都遵守相同的规范和流程，减少错误和不一致性。

4.质量控制和数据验证

在盘点过程中，采用质量控制措施，确保数据的准确性。对盘点数据进行数据验证和核对，尽量减少错误和差异。使用标签或条形码等标识方式，提高资产记录的准确性和追踪能力。

5.跨部门合作

与财务部门、设备管理部门、IT部门等相关部门紧密合作，共享信息和资源，解决资产管理问题。建立有效的沟通渠道和协作机制，协调各部门的资源，推动资产管理的优化和改进。

6.定期审查和改进

定期审查资产管理流程和盘点工作的效果，识别问题并改进。根据反馈情况和实际需求，不断优化资产管理策略和措施。

9.3.3 固定资产处理与清理

固定资产处理与清理是指对企业或组织中不再使用或不再需要的固定资产进行处置或清理的过程。在进行固定资产处理与清理时，企业需要合理评估资产的价值和当前市场需求，选择合适的销售渠道或处理方法。同时，应遵守相关会计准则和税务规定，以确保处理和清理过程的合规性。

1.固定资产处理与清理步骤

（1）了解政策和流程

熟悉企业或组织的固定资产处理与清理制度和流程。包括了解什么样的资产需要清理、处理的方式及所需的文件和审批程序等。

（2）盘点资产清单

与相关部门（如财务部、采购部或设备管理部门）合作，获取企业的固定资产清单。核对清单，确保其中包含所有需要处理和清理的资产，并进行记录。

（3）资产分类和标识

根据企业或组织的规章制度，对固定资产进行分类，例如，可再利用、待报废、捐赠或出售等。为每个资产分配唯一的标识码，便于在后续的处理和清理过程中进行跟踪。

（4）制定处理方案

根据资产的状态和价值，制定处理方案。对于可再利用的资产，可以考虑重新分配给其他部门或员工使用。对于待报废的资产，确定最佳的报废方式，如内部销毁或委托专业机构进行处理。对于可以捐赠或出售的资产，需要确定适当的受益方或销售渠道，并与其进行处理协商。

（5）准备文件和审批

根据公司的要求，准备相应的文件和表格。包括报废申请、捐赠协议、销售合同等。确保所有的处理和清理都经过必要的审批程序，并保留相应的文件备查。

（6）资产处理和清理

根据处理方案，执行相应的操作。包括将资产移交给其他部门使用、安排报废处理或委托第三方机构处理、与受益方或买家进行沟通和安排交接等。

（7）跟踪和记录

在整个处理和清理过程中，确保对每个资产进行跟踪和记录。更新资产清单，包括处理日期、处理方式和相关的文件和信息。

（8）报告和总结

完成固定资产处理和清理工作后，编写总结报告。报告中应包括处理的资产数量、价值及处理方式的详细信息。报告完成后应提交给相关部门或管理层，以供参考和审查。

2.固定资产处理与清理的重点注意事项

（1）选择合理的处置方式

固定资产可以选择多种方式进行处置，包括出售给其他企业或个人、以捐赠形式转移给慈善组织或非营利机构，进行报废处理等；还可以考虑以拍卖、折价销售或二手市场出售的方式变卖资产。帮助企业回收一部分价值，并减少清理过程的成本和麻烦。在处置固定资产时，应遵循相关法规和准则，并妥善处理所有相关文件和手续。

（2）对资产进行分类、清点和标点

清理固定资产时，需要对资产进行分类、清点和标记。不再使用的固定资产可以被彻底拆除或移除。清理过程也包括处理资产相关的文件和记录，如保修文件、维护记录等。

第 10 章 后勤

10.1 车辆管理

10.1.1 车辆使用与调度管理

车辆使用与调度管理是指对组织机构内部的车辆资源进行有效管理和调度，包括车辆的日常使用安排、调度计划、维护保养、油耗控制、车辆安全等方面。以确保车辆的合理利用、安全运行和成本控制。

1. 棘手问题

行政文秘人员在车辆使用与调度管理中常见的棘手问题如下。

（1）资源限制

在车辆资源有限的情况下，行政文秘人员可能会面临各部门或员工对车辆的需求存在冲突的问题。行政文秘人员应合理调配有限的车辆资源，满足不同部门和员工的需求。

（2）车辆维修

及时安排车辆的维护和修理，避免因车辆故障而影响工作进程，同时控制维修成本，是一项重要而困难的任务。

（3）调度变更

部门之间的需求变更、紧急任务的安排等可能导致调度计划的变动，行政文秘人员需要灵活应对，并及时沟通和协调各方。

（4）违章与罚款

行政文秘人员需要妥善处理违章问题，确保违章记录的准确登记和罚款的及时支付，以避免造成麻烦和损失。

（5）数据记录与报告

车辆使用数据的记录和报告对于评估车辆管理效果和成本控制至关重要。然而，数据收集、整理和报告的过程可能烦琐且容易出现错误，需要高度的准确性和可靠性。

（6）应急管理

车辆管理中可能面临突发事件，如事故、突发故障或紧急任务的处理。行政文秘人员需要迅速应对，与相关方沟通协调，并采取正确的应急措施，以尽可能降低不利影响。

（7）车辆合规管理

行政文秘人员需要确保车辆使用符合法律法规和组织机构内部规定，如许可证的有效性、是否符合安全运行标准等。

2.解决措施

以下是针对上述问题的解决措施。

（1）资源调配与需求冲突

①建立车辆使用优先级顺序。根据各部门的工作紧急性和重要性，制定车辆使用的优先级顺序，确保优先满足关键任务和紧急需求。

②建立预订和调度系统。建立预订和调度系统，让各部门提前申请车辆使用，并根据资源可用性进行合理调度，平衡不同部门的需求。

③配备多功能车辆。根据日常车辆使用需求分析，尽量配备具备多种功能的车辆，能够满足不同部门的基本需求，减少资源冲突的可能性。

（2）车辆维护与故障修理

①制订维护计划。制订定期维护计划，包括检查、保养和维修等，确保车辆保持良好状态，减少故障发生的可能性。

②建立固定维修合作关系。与可靠的维修厂或供应商建立合作伙伴关系，确保能够及时获得维修服务，减少维修时间和对工作的影响。

③故障报告和记录。设立故障报告机制，及时记录车辆故障和修理情况，以便追踪维修历史，分析故障模式，减少类似问题的再次发生。

（3）调度冲突与变更管理

①及时沟通和协调。建立良好的沟通机制，确保各部门之间及时共享调度信息和变更需求，协商解决冲突，并灵活调整调度计划。

②预留调度缓冲时间。在调度计划中预留适当的缓冲时间，以应对意外变更或突发需求的出现，避免因调度冲突而影响工作进程。

（4）违章与罚款管理

①定期检查违章情况。定期对车辆进行违章检查，确保驾驶员遵守交通规则，及时处理违章记录，避免罚款和不良记录的产生。

②建立违章管理流程。包括记录违章情况、通知驾驶员、缴纳罚款等步骤，以确保违章问题得到及时处理。

（5）数据记录与报告

①采用自动化数据记录系统。采用自动化的车辆管理系统，准确记录和储存车辆使用数据，避免人为造成的错误和遗漏。

②定期进行数据分析与报告。定期进行车辆使用数据的分析并编制报告，包括行驶里程、燃油消耗、维修成本等，以评估车辆管理效果，控制成本。

（6）突发事件与应急管理

①建立应急联系机制。建立应急联系人和应急机制，确保在突发事件发生时能够及时通知相关人员，采取应急措施。

②应急预案和培训。制定车辆管理的应急预案，定期对员工进行培训，提高员工应对突发事件的能力和应急反应能力。

（7）车辆合规管理

①定期进行法规培训。行政文秘人员定期学习车辆管理相关的法律法规和规定，了解最新的法规要求和合规标准。

②持续监测法规变化。密切关注法律法规的变化和更新，及时调整车辆管理政策和流程，确保车辆管理的合规性。

3.注意事项

行政文秘人员在车辆使用与调度管理工作中应注意以下事项。

（1）法律法规和合规性

要始终遵守交通法规和相关规定，确保车辆的使用和调度符合法律法规要求，特别是车辆许可证、保险和年检等的合规性要求，及时更新和维护相关文件。

（2）安全和保险

确保车辆使用和调度过程中的安全性，包括合理安排驾驶员，保障乘客的安全，保持车辆良好状态，保证安全驾驶等，同时，确保车辆保险的有效性和覆盖范围，以应对意外事故。

（3）文件和记录管理

妥善管理与车辆使用和调度相关的文件和记录，包括车辆登记、保险文件、维修记录等，确保文件的准确性、完整性和及时性，以便追踪和核实相关信息。

（4）预防事故和违章

采取预防措施，避免车辆事故和违章行为的发生，包括合理安排驾驶员的工作时间和行程、增强驾驶员的安全驾驶意识、定期维护和检查车辆等。

（5）预留适当的时间

在车辆调度管理中，预留适当的时间，以应对突发情况和交通拥堵等不可控因素，确保行程的合理安排，避免时间冲突和延误。

（6）建立紧急联系机制

建立紧急联系人和应急机制，以应对突发情况，如事故、故障或紧急任务，确保相关人员能够及时获得支持和协助，保障安全和顺利完成任务。

（7）维护良好的沟通和协调

与各部门、员工和供应商保持良好的沟通和协调，及时了解需求和问题，并寻求解决方案，建立有效的沟通渠道，促进信息的畅通流动。

（8）定期审查和改进

定期审查车辆使用与调度管理工作的效果和问题，并根据反馈和数据进行改进，持续优化工作流程和方法，提高工作效率和质量。

10.1.2 车辆维保与费用管理

通过有效的车辆维保与费用管理，可以保证车辆行驶的安全性，降低维修成本，提高车辆性能，对于企业的车辆管理十分重要。

1.车辆维保费用内容

（1）车辆保养费用

包含更换机油和机滤、清洗和保养车辆内部（如空调、音响、座椅）及检查和更换刹车片、刹车油、轮胎、刹车盘、转向器等所需的费用。

（2）车辆维修费用

指对车辆故障进行修理和更换零部件的费用，如更换灯泡、维修发动机、变速箱及门窗等所需的费用。

（3）保险费

根据企业实际情况选择合适的保险公司，并在合同中约定保险费用和保险范围。

（4）年审费用

要根据当地规定时间进行年审并缴纳相应费用。

（5）路桥费

按照当地规定的标准按时缴纳；

（6）油费

根据实际情况进行控制和管理，如制定油耗标准、定期统计油耗等。

2.车辆维保措施

车辆维保的具体措施如下表10-1所示。

表10-1　车辆维保措施

序号	维保措施	具体内容
1	制订详细的车辆维保计划和预算	行政文秘人员可通过评估车辆的使用情况、行驶里程数和保修期等因素，制订详细的车辆维修保养计划，包括保养周期、更换配件、维修项目等。同时，根据计划和预算，合理安排资金使用，确保维修保养费用的有效利用
2	建立车辆维修保养档案	行政文秘人员可对每辆车建立详细的维修保养档案，记录车辆的维修历史、更换配件、保养记录等信息，方便对车辆维保费用的使用进行全面的了解和跟踪
3	实行车辆维修保养审批制度	行政文秘人员可对每辆车的维修保养费用进行审批管理，确保费用使用是必要的，防止浪费和滥用
4	加强对驾驶员的培训和管理	行政文秘人员应对驾驶员进行设备维护和安全驾驶的培训，提高驾驶员对车辆维护的重视程度，同时对驾驶员的违规行为进行严格管理，避免因人为因素造成车辆损坏和费用浪费

10.1.3　车辆安全与事故管理

车辆安全与事故管理是指对企业内部车辆的安全运行进行管理和监控，以预防事故的发生，并在事故发生时及时处理和应对。包括车辆的安全保障、驾驶员培训、事故预防和事故处理等方面。

1.棘手问题

以下是行政文秘人员在车辆安全与事故管理工作中经常会遇见的棘手问题。

（1）驾驶员安全意识和行为

驾驶员的安全意识和行为对车辆安全至关重要，然而，有些驾驶员可能存在安全意识不强、违规驾驶、疲劳驾驶等行为。

（2）车辆维护与检修

车辆的定期维护和检修对确保车辆的安全和正常运行至关重要，然而，由于工作繁忙或其他原因，有时车辆的维护和检修可能被忽视或延迟。

（3）事故处理与应急响应

在车辆发生事故时，如何有效处理事故和进行应急响应至关重要，包括及时报警、保护现场、伤员救治等方面。同时，还需要进行事故调查和分析，找出事故原因，并采取相应措施避免类似事故再次发生。

（4）车辆安全培训与意识普及

提供车辆安全驾驶培训和加强安全驾驶意识对于降低事故风险至关重要。然而，如何设计和实施有效的培训计划，并确保培训的内容能够增强员工安全意识，提升驾驶技能，是一个比较复杂的问题。

（5）车辆保险与赔偿

在车辆发生事故时，如何确保车辆得到适当的保险覆盖，如何高效处理事故赔偿事宜，以及保护企业的利益，又要妥善解决事故受害者的权益，是一个需要仔细处理的重要问题。

2.解决措施

以下是针对上述问题的解决措施。

（1）驾驶员安全意识和行为

①建立严格的驾驶员招聘标准，确保雇用具有良好驾驶记录和安全驾驶意识的驾驶员。

②提供定期的安全培训和教育，包括交通规则、防御性驾驶技巧、疲劳驾驶预防等。

③建立内部监督机制，定期检查驾驶员的驾驶行为和违规情况，并采取必要的纠正措施。

（2）车辆维护与检修

①制订车辆维护计划，明确维护频率和维护内容，确保按时进行车辆的例行维护和检修。

②建立维护记录和管理系统，记录维护细节、维修历史和检测结果，以便跟踪和管理车辆的维护情况。

③配备专业的维修团队或寻找可靠的合作伙伴，确保维修人员具备专业技能和维修经验，能够对车辆进行维修和保养。

（3）事故处理与应急响应

①建立事故应急预案，包括事故报警程序、应急联系人、现场保护措施等，以便在事故发生时能够及时响应和处理。

②培训驾驶员和相关人员，提高其事故应急处理的能力，包括急救技能、现场保护措施等。

③进行事故调查和分析，找出事故的根本原因，并采取相应的措施，如修正操作流程、加强培训等，以预防类似事故再次发生。

（4）车辆安全培训与意识普及

①制订全面的车辆使用安全培训计划，包括定期培训课程、安全宣传活动等，以增强员工的安全意识。

②制作安全宣传资料，如海报、安全手册等，用于普及安全知识，宣传安全理念。

③强调安全文化建设，鼓励员工参与安全活动并提出安全改进建议，营造关注车辆安全使用的良好氛围。

（5）使用安全技术设备

①安装车辆监控系统和定位系统，实时监测车辆的位置和行驶情况，以及驾驶行为，以便及时发现异常情况。

②配备必要的安全设备，如防滑链、灭火器、急救箱等，确保车辆配备完善的安全设备，并进行定期检查和更新。

3.工作要求

行政文秘人员关于车辆安全与事故管理的工作要求如表10-2所示。

表10-2 行政文秘人员关于车辆安全与事故管理的工作要求

序号	名称	详细描述
1	熟悉法律法规	了解交通和车辆安全管理的法律法规要求，确保车辆使用和管理符合法律法规
2	协调与沟通	与相关部门和人员进行有效的协调和沟通，包括与驾驶员、保险公司、维修厂等的沟通，确保事故处理和维修等工作的顺利进行
3	事故报告	能够准确、详细地记录事故情况，包括事故发生时间、地点、原因、损失情况等，并及时向上级报告和通知相关人员
4	应急处理	事故发生时能够迅速响应，采取相应的紧急措施，并与相关人员协调配合，处理事故现场和后续事宜
5	数据分析	能够收集、整理和分析车辆事故和安全管理的相关数据，并准备事故相关的报告和总结，提供给管理层参考
6	安全培训	能够协助组织安排驾驶员的安全培训和教育活动，增强驾驶员的安全意识，提高驾驶技能
7	审查和改进	能够审查车辆安全管理工作的效果，及时发现问题和隐患，并提出改进措施，推动安全管理工作的持续改进
8	具备保密意识	保护车辆使用和事故管理的相关信息的机密性，遵守组织的保密制度和规定，保护车辆和员工的利益

10.1.4 车辆年检与违章处理

车辆年检和违章处理的主要作用都是为了确保道路交通的安全和秩序。通过进行车辆年检和违章处理，可以及时发现和处理潜在的交通安全隐患，减少交通事故的发生，保障公民的人身财产安全。

1. 车辆年检内容

（1）外观检测

在将车辆送去年检之前，应注意检查车辆灯光是否正常，包括车灯亮度、光线是否均匀等；检测车身外观是否整洁，有无刮擦、变形、掉漆等情况；检查车辆的悬架是否改装过，以及轮胎是否与车辆适配。

（2）上线检测

车辆是否能上线检测取决于其刹车、转向、声音等系统是否完好，因此，在将车辆送检之前应检查车辆的刹车系统，包括刹车片的磨损情况、刹车油的清洁度等；检查车辆的转向系统，包括转向灵活性、转向助力等；检查车辆的灯光、喇叭等声音设备是否正常工作。

（3）违章检查

在将车辆送去年检前，行政文秘人员需要先处理该车辆的所有违章记录，否则无法通过年审。

（4）其他检测

行政文秘人员还应检查车辆是否经过改装、改型、改造，以确保车辆的安全性能和环保性能达到国家相关标准；检查车辆行驶证、号牌、车辆档案等是否与实际情况相符，是否有任何变化，并办理相应的审批和异动手续。

2. 车辆违章处理

车辆违章处理措施如表10-3所示。

表10-3 车辆违章处理措施

序号	车辆违章处理措施	具体内容
1	罚款	违章驾驶员按照企业规定在一定期限内强制性地缴纳一定经济数额作为处罚
2	暂停驾驶工作	如果驾驶员出现严重违章行为，应暂停其驾驶工作，并对其进行安全驾驶培训，培训合格后方可重新上岗
3	绩效考核	企业相关部门对驾驶员的违章行为记分，在绩效考核时对该驾驶员进行扣分并采取相应的惩罚措施

10.2 餐厅管理

10.2.1 员工就餐满意度管理

作为企业行政人员，应该重视员工的生活和福利需求，为员工提供良好的就餐环境和条件，让员工感受到公司的关怀和温暖，从而提高员工的满意度和忠诚度，以提升企业的综合竞争力和可持续发展能力。行政文秘人员可以从多个方面来提高员工就餐满意度，具体如表10-4所示。

表10-4 提高员工就餐满意度的措施

序号	管理措施	具体实施
1	制定餐饮服务标准	行政文秘人员可以通过制定员工餐饮服务标准，包括食品的质量、口味、卫生等，为提高员工就餐满意度提供参考
2	安排餐饮服务	根据公司要求和员工需求，合理安排员工餐饮服务的时间、地点和方式。通过合理安排餐饮服务，行政文秘人员可以确保员工能够及时获得营养丰富、口味适宜的餐食
3	多样化的餐饮选择	提供多样化的餐饮选择，满足不同员工的口味和需求。提供多种菜系和特殊需求的菜品，如素食、低盐低脂、少数民族饮食等。同时，可以定期推出季节性菜品、特色菜肴等，增加员工就餐的多样性选择，提高就餐吸引力
4	沟通与反馈	通过问卷调查、面谈或在线反馈渠道等方式收集员工的意见，了解他们对餐饮服务的满意度和反馈意见。及时向相关部门汇报，并将员工的反馈意见作为改进餐饮服务的重要参考，帮助提高员工就餐满意度
5	制定合理的价格和优惠政策	在考虑员工的收入水平和消费能力的基础上，制定合理的餐饮价格。可以设置价格优惠措施，如提供员工优惠券、打折活动、免费餐券等，吸引员工就餐。同时，可以定期对价格进行调整和优化，以满足员工的消费需求
6	监督与评估	行政文秘人员需要定期对员工餐饮服务进行监督与评估，确保餐饮服务的质量和卫生符合公司的标准和要求。可以通过定期检查食品的质量、环境的卫生和调查员工的满意度等方式进行评估，并定期向上级汇报评估结果
7	提供员工培训	为餐厅员工提供培训和发展计划，以提高餐厅员工在餐饮服务方面的专业知识和技能。提高餐厅管理水平，从而提升员工的就餐满意度
8	宣传与推广	通过宣传和推广活动，提高员工对餐饮服务的认知度和接受度。例如，通过发布宣传资料、组织推广活动或提供员工喜欢的食品等方式，增加员工对餐饮服务的兴趣和期待

10.2.2 餐厅食品安全管理

员工餐厅的食品质量好坏直接关系到员工的健康和生命安全，也关系到企业的形象和声誉。通过有效的食品安全管理，可以预防和控制食品安全问题的发生，提高员工的工作效率和生活质量,增强企业的形象和声誉。因此,企业应该制定完善的员工餐厅管理制度和措施,确保员工餐厅的食品安全。行政文秘人员可以通过以下几个方面,加强对餐厅食品安全的管理,具体措施如表10-5所示。

表10-5 员工餐厅食品安全管理措施

序号	管理措施	具体实施
1	制定食品安全政策	协助公司制定明确的食品安全政策,明确对食品质量、卫生及安全的要求和标准,包括食品采购、储存、加工、制作、配送等方面的规定,以及食品安全事故的报告和处理程序。确保餐厅的食品制作、加工和储存过程符合食品安全政策和法律法规要求
2	供应商管理	定期对供应商的资质、食品储存和处理过程、检验记录等进行检查和监督,确保供应商的食品质量、卫生条件和安全标准符合要求。对供应商的评估应该包括现场考察、样品检测、质量管理体系等多个方面,以确保食品质量安全可靠
3	监督食品制作过程	通过定期检查或抽查的方式,对餐厅的食品制作过程进行监督和管理,确保食品制作人员遵守食品安全规定,如正确洗手、穿戴防护装备、避免交叉污染等。同时,应该对食品的原材料、制作过程和成品进行质量控制和检测,确保食品的质量和安全
4	强化食品安全培训	对餐厅员工进行食品安全培训,增强员工对食品安全的认识,提高员工食品安全意识,确保员工了解如何预防食品安全事故和应对食品安全问题。培训可以采取线下培训、网络培训、知识讲座等多种形式,确保员工能够及时获得最新的食品安全知识和相关信息
5	建立食品安全管理制度	协助餐厅建立完善的食品安全管理制度,确保食品安全的持续和稳定。这些制度包括食品采购、储存、加工、制作、配送等方面的规定,以及食品安全事故的报告和处理程序。同时,应该建立食品质量档案,记录食品的来源、制作过程、检测结果等信息,方便管理和溯源
6	定期评估和改进	定期对餐厅的食品安全状况进行评估和审查,及时发现存在的问题和风险,并采取相应的改进措施。可以采取定期检查、问卷调查等方式,了解员工的意见和建议,针对存在的问题进行改进和优化。同时,建立食品安全信息反馈渠道,及时收集和处理员工的反馈信息,促进持续改进
7	建立食品安全监管机制	建立食品安全监管机制,定期对餐厅的食品安全状况进行检查和监督。可以设立专门的食品安全监管部门或小组,负责食品安全的检查、抽样检测、问题反馈和改进等工作。同时,制定食品安全应急预案,建立快速响应机制,及时处理食品安全问题和事故

10.2.3 餐厅环境卫生管理

餐厅环境卫生管理是指对餐厅内部环境的卫生状况进行管理和监督,以确保食品安全,保障员工健康。餐厅环境卫生管理范围,包括厨房、餐厅、卫生间、储物室等,旨在营造清洁、卫生、安全的餐饮环境,防止食品污染和传播疾病的风险。

1.卫生标准

行政文秘人员在餐厅环境卫生管理工作中应制定的卫生标准如表10-6所示。

表10-6 餐厅环境卫生标准

序号	名称	详细描述
1	餐厅清洁	①每日清洁餐厅地面、墙壁、玻璃等 ②定期清洁和消毒餐桌、餐椅、餐具、餐具架等 ③定期清洁和消毒餐厅内部设施,如自助餐台、冷柜、咖啡机等 ④定期清理和更换餐厅垃圾桶,进行垃圾分类和处理
2	厨房卫生	①定期清洁和消毒厨房设备,如炉灶、烤箱、蒸锅等 ②定期清洁和消毒烹饪工具、餐具等 ③定期清理和消毒厨房地面、墙壁和排水口 ④定期清洁和消毒储存食材的冰箱和冷藏柜
3	食品安全	①确保所有食材符合卫生标准,遵守食品安全法规 ②严格控制食材的储存温度,避免食材变质和感染 ③建立食材储存区域和食品分区,避免交叉污染 ④定期检查食品过期情况,确保使用新鲜和符合质量要求的食材 ⑤建立食品供应商管理制度,对供应商进行审查和评估
4	卫生设施	①提供足够的洗手设施和用品,并保持干净卫生 ②定期清洁和消毒卫生间,包括马桶、洗手盆、镜子等 ③确保卫生间内有充足的卫生纸和手纸
5	室内空气质量	①保持餐厅内通风良好 ②定期检查和清洁空调系统,确保其正常运作和过滤空气 ③定期清洁和消毒空气净化器、风扇等设备
6	员工卫生	①员工必须穿戴干净、整洁的工作服和头套 ②员工每日进行健康检查,包括体温测量和健康检查 ③强调员工必须保持良好的个人卫生习惯,包括勤洗手、修剪指甲、发型整齐等

2.工作要点

在餐厅环境卫生安全管理中,行政文秘人员的工作要点包括但不限于以下内容。

(1)制定和更新管理制度

行政文秘人员负责协助餐厅管理团队制定、更新和修订餐厅环境卫生安全管理制度,确保其符合相关法律法规和标准,并及时对相关人员进行培训,使其了解相关信息。

(2)建立档案管理

行政文秘人员负责建立和维护餐厅环境卫生安全的档案管理系统,包括相关文件、记录和报告的整理和归档,确保文件的完整性和可查阅性。

(3)检查和监督执行

行政文秘人员需要定期对餐厅环境卫生进行安全检查和监督,确保各项卫生标准的严格执行，在发现问题及时提出改进措施并跟进落实。

（4）培训和教育

行政文秘人员可以协助组织员工的培训和教育活动，包括卫生标准和操作规范的培训，以提高员工对卫生安全的认识和重视程度。

（5）协调沟通

行政文秘人员需要与餐厅内部的各个部门进行有效的沟通和协调，确保卫生标准的严格执行和落实，解决卫生安全方面的问题和难题。

（6）报告和通知

行政文秘人员需要及时向上级领导报告相关的卫生安全情况，包括检查结果、存在的问题和改进措施等，以便上级领导能够及时了解和采取相应措施。

（7）数据收集和分析

行政文秘人员可以负责收集和整理与餐厅环境卫生安全相关的数据和信息，如检查记录、卫生问题整改情况等，并进行分析和报告，为管理层决策提供参考意见。

3.注意事项

（1）供应商选择和食材采购

选择可靠的供应商，并确保采购的食材符合卫生安全标准。要求供应商提供相关的证书和检验报告，并定期进行供应商的评估和监督。

（2）食品储存和保管

确保食品储存环境符合卫生要求，避免食品受到污染或滋生细菌。严格控制食品储存区的温度、湿度和通风，避免食品腐败和变质。

（3）食品加工和处理

在食品加工和处理过程中采取必要的卫生措施，如员工正确穿戴工作服和手套，使用清洁的工具和设备，并遵守正确的食品处理流程和操作规范。

（4）卫生设施和设备

定期清洁和消毒工作区、厨房设备、餐具和餐具清洗设备，确保无菌和无污染的餐厅卫生环境。

（5）员工卫生和培训

要求员工保持良好的个人卫生习惯，包括勤洗手、穿戴干净的工作服和头套等。定期进行食品安全培训，提高员工对食品安全的认识和意识。

（6）卫生检查和监督

定期进行卫生检查，包括食品样品的抽检和微生物检测，以确保食品符合安全标准。

及时处理发现的卫生问题。

（7）食品安全记录和追溯

建立完善的食品安全记录和追溯体系，包括供应商信息、食材采购记录、食品处理记录等，以便在需要时能够进行溯源和追踪。

（8）应急处理和沟通

建立应急处理机制，对食品安全事故或突发事件能够及时响应和处理。与相关监管部门和消费者保持有效沟通，及时回应投诉和建议。

10.2.4 餐厅人员安全管理

企业做好餐厅人员安全管理工作，对于维护员工的安全、预防安全事故的发生、增强员工安全意识、维护企业声誉和形象等方面都具有重要的意义。

1.餐厅人员安全管理措施

餐厅人员安全管理措施如表10-7所示。

表10-7 餐厅人员安全管理措施

序号	安全管理措施	具体内容
1	培训与教育	餐厅应该定期组织员工参加培训和教育活动，提高员工的安全意识和技能水平，如消防安全知识、急救技能、食品安全知识等方面的培训
2	持证上岗	餐厅的工作人员需要持有相关的证件才能上岗，如健康证和厨师证等，确保相关员工具备必要的知识和技能
3	行为规范	餐厅应该制定一套完整的行为规范，包括穿着、言行举止和卫生习惯等方面的规定，员工需要遵守这些规范，保证自身和他人的安全
4	应急预案与演练	针对火灾、食物中毒、停电等突发事件，餐厅应制定完整的应急处理预案，同时员工也要定期进行应急演练，提高员工应对突发事件的能力
5	健康管理	餐厅应该注重员工的健康管理，包括定期检查身体、督促员工保证充足休息和避免疲劳工作等。同时，对于患病员工要及时调岗或者停职治疗，防止疾病传播
6	设备维护	对于厨房的燃气设备、电器设备和加热设备等要派人员定期重点检查和维护，同时做好设备维护记录工作

2.餐厅人员安全管理细节

（1）做好培训工作

行政文秘人员应对餐厅员工进行消防安全、食品安全、操作规范、突发事件处理等方面的培训，让员工做到熟练掌握消防器材的使用方法，确保在火灾发生时能够迅速采取行动；了解食品卫生标准、食品质量安全标识等；熟悉设备使用、烹饪技巧、服务流程、报警流程、应急疏散等知识。培训后采用笔试及模拟演练等方式来考核，培训分数应计入绩效考核。

（2）穿戴合规

餐厅员工需要遵守餐厅穿戴要求，包括不得穿着拖鞋、凉拖等易导致事故的服装。同时，也需要按照规定正确穿戴工作服、口罩、手套等个人卫生用品，以保证食物的安全卫生。

10.3 宿舍管理

10.3.1 员工宿舍使用管理

通过加强对员工宿舍的使用管理，可以提高员工的住宿体验和生活质量。同时，也可以确保宿舍资源的合理分配和有效利用，为公司节省成本，提高运营效率。行政文秘人员可以通过表10-8所示的措施，对员工宿舍的使用进行管理。

表10-8 员工宿舍使用管理措施

序号	管理措施	具体实施
1	制定宿舍管理规定	制定明确的宿舍管理规定，包括宿舍的使用、维护、保养、安全等方面，并明确每个宿舍成员的责任和义务。管理规定应该根据公司的实际情况和员工的需求进行制定，确保规定的合理性和可操作性
2	分配宿舍资源	根据员工的住宿需求和公司的宿舍资源情况，采取员工自主选择和行政安排相结合的方式合理分配宿舍资源。在分配宿舍资源时，应该考虑到员工的个人需求、公司的资源限制和管理的效率等
3	定期检查和维护	安排专人定期对宿舍进行检查、维护和维修，确保宿舍设施的正常运行和安全，及时发现和解决问题。检查和维护范围包括宿舍的门窗、水电设施、家具、空调等设施
4	建立宿舍管理档案	建立宿舍管理档案，记录宿舍的人员住宿情况、使用情况、维修记录等信息，方便后续查询和管理，为宿舍的分配和管理提供依据。宿舍管理档案应该包括宿舍的基本信息、住宿人员名单、入住时间、退房时间等，以及维护记录和相关文件
5	定期清理和消毒	安排专人定期对宿舍进行整体的清洁和消毒，保持宿舍的卫生和整洁，确保员工的居住环境卫生、健康
6	建立报修和投诉机制	建立报修和投诉机制，通过设立宿舍管理员、投诉箱等方式，及时处理员工在使用宿舍过程中遇到的问题和投诉，确保问题得到及时处理

续表

序号	管理措施	具体实施
7	定期进行满意度调查	通过问卷调查、面谈等方式，定期进行员工宿舍满意度的调查，了解并收集员工对宿舍使用管理的意见和建议，及时改进和优化。满意度调查应该包括员工对宿舍设施、住宿条件、管理服务等方面的评价和建议，以及满意度得分等数据
8	更新宿舍信息	行政文秘人员需要定期更新宿舍的信息，包括宿舍的入住情况、设施变化、政策调整等信息。帮助公司更好地了解和掌握员工宿舍的使用情况，为管理决策提供依据和支持

10.3.2 员工宿舍安全管理

员工宿舍安全管理是企业后勤管理中十分重要的环节，可以保障员工生命财产安全、维护宿舍秩序、促进员工心理健康，以及提高企业形象和员工满意度。

1.员工宿舍安全管理措施

员工宿舍安全管理措施如表10-9所示。

表10-9 员工宿舍安全管理措施

序号	安全管理措施	具体实施
1	个人物品管理	个人贵重物品应该随身保管，避免丢失或被盗。同时，宿舍内应该建立个人物品存放制度，确保每个人的物品都有指定的存放位置和方式，避免混放或乱放
2	门窗安全管理	入住人员应该养成随时关闭门窗的习惯，尤其是在离开宿舍时，必须关好门窗、锁好房门或大门。同时，企业应该定期对宿舍的门窗进行维护和检修，确保其完好无损
3	环境卫生管理	宿舍内应该保持整洁、卫生，个人不得乱扔果皮、纸屑、乱倒污水、饭菜等垃圾，定期进行全面清洁和消毒，确保宿舍环境的卫生整洁
4	禁止行为管理	宿舍内应禁止乱扔垃圾、酗酒、打架、斗殴、赌博、吸烟等不良行为，明确禁止行为的种类和处罚措施
5	安全防范管理	加强安全防范管理，如宿舍公共区域安装监控摄像头、设置门禁系统等，确保宿舍内的安全和防盗。同时公司应该定期进行安全检查和隐患排查，及时发现和处理存在的安全隐患
6	电器使用管理	宿舍内应该禁止私拉乱接电线、电缆，不得擅自安装电器，明确可以使用的电器种类和功率限制，避免因电器使用不当引起的火灾等安全事故
7	烧煮食物管理	宿舍内应该禁止烧煮食物、烧水等行为，避免因烧煮食物引起的火灾等安全事故

2.员工宿舍安全管理细节

（1）禁止存放危险物品

公司应禁止员工在宿舍内存放易燃易爆、有毒有害等危险物品，预防火灾、爆炸和中毒等事故的发生。

（2）访客管理和监控

公司需制定访客管理和登记制度，确保宿舍内的安全。同时，考虑安装监控设备，对宿舍入口、公共区域等进行监控，以提高安全性。

（3）门禁管理

建立门禁管理制度，包括门禁开启时间、门禁使用方法、门禁保养维护等方面的规定；为每个员工设置独立的门禁密码，并定期更换，以防止他人冒用身份进出。

10.3.3 员工宿舍环境管理

员工宿舍环境管理是指通过对公司内部员工宿舍环境的管理和维护，为员工提供舒适、安全、卫生的居住条件。包括宿舍设施、卫生条件、安全设备等的管理，旨在创造一个良好的居住环境，促进员工的健康，提升员工工作效率。

1.卫生标准

行政文秘人员在员工宿舍环境管理中，应明确的卫生标准如表10-10所示。

表10-10 卫生标准

序号	名称	详细描述
1	卫生清洁	确保宿舍卫生环境整洁，包括定期清洁地面、墙壁、家具和设备，清洁卫生间、走廊等公共区域，清理垃圾和废弃物，保持良好通风
2	床上用品清洁	定期更换床上用品，如床单、被套、枕套等，并确保它们清洁、整洁、无异味和污渍
3	卫生间卫生	保持卫生间干燥、清洁，定期清理卫生间设备，如马桶、洗手盆、淋浴器等
4	室内空气质量	确保宿舍内空气流通良好，避免潮湿、霉味和异味，及时处理室内空气污染问题，如通风不良、烟味等
5	害虫防治	采取措施防止害虫滋生和蔓延，如定期清理宿舍、堵塞缝隙，使用害虫防治产品等，确保宿舍环境干净、卫生
6	垃圾处理	建立垃圾分类制度，提供足够的垃圾桶和垃圾袋，定期清理垃圾并妥善处理，遵守环保和卫生要求

2.工作要点

作为行政文秘人员,在员工宿舍环境管理中,应了解以下一些常见的工作要点。

(1)宿舍分配与登记

负责宿舍的分配和登记工作,确保每位员工有合适的宿舍安排。记录员工的宿舍信息,包括宿舍号码、入住日期等,并及时更新和维护宿舍登记记录。

(2)宿舍维护与清洁

协调宿舍的日常维护和清洁工作,与相关部门或外包服务商合作,确保宿舍的卫生状况良好,定期进行清洁和消毒,保持宿舍环境整洁、舒适。

(3)设施设备管理

负责监督宿舍内设施设备的管理和维修,监督宿舍内设备的正常运作,及时安排人员处理设备故障或损坏,并协调维修或更换工作。

(4)宿舍安全管理

关注宿舍的安全状况,确保宿舍设施符合安全要求。定期进行安全检查,排除安全隐患,并采用相应的安全设施,如安装烟雾报警器、灭火器等。

(5)制定宿舍规章制度

协助制定和执行宿舍规章制度,向员工提供宿舍管理相关的政策和指导。解答员工的疑问,处理宿舍纠纷或投诉,并协调解决与宿舍管理相关的问题和需求。

(6)员工反馈与沟通

建立有效的沟通渠道,积极收集员工对宿舍环境的反馈意见。及时处理员工的反馈,并提供必要的解决方案或改进措施。

(7)记录与报告

及时记录和报告宿舍环境管理的相关情况,维护宿舍档案和相关文件,记录宿舍维护、清洁、维修等工作的情况和进展。

(8)监督与督促

监督员工遵守宿舍规章制度,并督促相关管理人员履行宿舍管理职责。针对违规行为或不当行为,及时采取相应的纠正措施。

10.4 卫生区管理

10.4.1 卫生清洁与检查

定期对公司卫生区进行清洁和检查对于提高员工的工作效率、保障员工的健康、提升公司的形象、激发员工的积极性、预防安全事故以及遵守法律法规要求都具有重要的意义。当行政文秘人员需要进行卫生区的清洁和检查工作时，可以采取以下具体措施。

1. 制定卫生标准和管理制度

制定明确的卫生标准和严格的管理制度，包括卫生区的清洁标准、垃圾分类标准、卫生设施使用规定等。通过制度的制定和执行，可以规范员工的行为，提高卫生意识，确保卫生区的清洁和整洁。

2. 制订清洁计划

行政文秘人员应该根据卫生区的实际情况和公司的要求，制订一份详细的清洁计划。清洁计划应该包括以下内容。

（1）清洁的时间和频率

确定每天的清洁时间、每周的清洁频率等，确保卫生区得到及时清洁。

（2）清洁的人员和分工

安排合适的清洁人员，可以根据卫生区的规模和大小来分配人员数量。同时，明确每个人的清洁任务和责任，确保清洁工作得到妥善执行。

（3）清洁的内容和标准

明确需要清洁的部位和内容，如地面、墙壁、门窗、垃圾桶等。同时，制定清洁的标准和要求，确保卫生区的清洁程度符合公司的要求和标准。

（4）清洁的方法和工具

确定清洁的方法和使用的工具，如扫帚、拖把、清洁剂、垃圾袋等，确保清洁人员使用正确的清洁方法和工具，以达到最佳的清洁效果。

3. 安排清洁工作

根据清洁计划，安排卫生区的清洁工作。行政文秘人员可以通过设置专门的清洁团队，或者雇用专业的清洁公司来执行清洁工作。在安排清洁工作时，应该考虑到以下几点。

（1）分配任务和责任

将清洁任务分配给具体的清洁人员，并明确每个人的责任和义务。

（2）确定工作时间和工作量

根据卫生区的规模和实际情况，确定每个清洁人员的工作时间和工作量，确保清洁工作得到合理分配和安排。

（3）培训和教育

对清洁人员进行必要的培训和教育，包括清洁方法、安全注意事项等，提高他们的专业水平和工作效率。

4.提供必要工具和材料

为清洁人员提供必要的清洁工具和用品，如扫帚、拖把、清洁剂、垃圾袋等。确保清洁人员有足够的工具和用品来执行清洁工作。同时，定期检查和更新这些工具和用品，确保工具状态良好、用品充足。

5.定期检查

建立卫生巡检制度，安排专门的巡检人员，对卫生区进行定期巡检，及时发现和解决卫生问题。巡检人员可以是对卫生清洁有专业知识的员工或者专门的卫生管理人员，他们可以对卫生区的各个区域进行检查和记录，确保卫生状况良好。定期检查需要包括以下内容。

①检查卫生区的地面、墙壁、门窗、垃圾桶等，确保其整洁、干净。

②检查垃圾分类是否正确，垃圾是否得到及时清理和处理。

③检查卫生设施的使用情况，如洗手间，确保其正常运行和卫生状况良好。

6.及时处理卫生问题

如果在检查中发现卫生问题，行政文秘人员可以通过安排清洁人员进行再次清洁或采取其他措施，确保卫生问题得到及时解决。同时，对卫生问题进行记录和跟踪，以便进行后续管理和改进。

7.记录检查结果

行政文秘人员应记录每次检查的结果和卫生问题处理情况，以便进行跟踪和管理。可以建立卫生检查记录表或使用电子记录系统，方便对检查结果进行查询和管理。记录应该包括以下信息。

①检查日期和时间。

②检查人员的姓名和职务。

③检查的区域和发现的问题。

④采取的措施和处理结果。

8.定期培训和教育

行政文秘人员应该定期对清洁人员进行培训和教育,提高清洁人员的卫生意识和清洁技能,培训应该包括以下内容。

①讲解公司的卫生标准和要求,强调卫生的重要性。

②教授正确的清洁方法和工具使用技巧,提高清洁效率和质量。

③安全注意事项和应急处理方法,确保在工作中保持安全意识。

9.建立奖惩机制

为了鼓励员工积极参与卫生区的清洁工作,行政文秘人员应该建立奖惩机制。奖惩机制可以包括以下内容。

①奖励措施。对表现优秀的清洁人员进行表彰和奖励,如提供奖金等,以激励员工积极参与卫生区的清洁工作。

②惩罚措施。对清洁工作不符合要求的清洁人员进行批评和惩罚,如扣除奖金、责令整改等。

通过奖惩机制,可以营造一个竞争和合作的工作氛围,提高卫生区的清洁质量和工作效率。

10.4.2 传染病防控

随着传染病的流行和扩散,公司的行政文秘人员承担了公司内部传染病防控工作的重要使命。为了更好地保护每一位员工的身体健康,行政文秘人员需要配合公司管理人员制定细致的传染病防控措施(见表10-11),从个人卫生的注意事项到办公环境的清洁消毒,其目标是最大限度地减少传染风险,确保员工能够在安全的环境中工作和相互交流,共同维护公司的健康稳定发展。

表10-11 传染病防控措施

序号	防控措施	具体实施
1	员工健康监测	要求员工定期测量体温,并记录结果
		要求员工如实报告任何与传染病相关的典型症状
		号召员工使用健康监测程序或在线健康调查问卷进行自我评估

续表

序号	防控措施	具体实施
2	个人卫生和防护	强调正确佩戴口罩,并提供口罩供应
		鼓励员工勤洗手,使用肥皂和水或含酒精的手部消毒剂
		洗手间要提供充足的洗手液、纸巾和垃圾桶
3	办公环境管理	加强办公区域的清洁和消毒工作,特别是公共区域和高频接触物品(如门把手、电梯按钮、共享设备等)
		提供清洁消毒用品,如消毒湿巾或喷雾剂,供员工在需要时进行清洁消毒
		保持室内空气流通,定期开窗通风
4	会议和活动安排	鼓励使用远程会议工具进行在线会议,减少大规模集会和面对面会议的频率
		如果必须进行现场会议,确保会议室通风良好,座位间隔合理,并提供防护用品(如口罩、洗手液)
5	出勤和请假规定	强调员工出现传染病症时不要前往办公室,鼓励远程办公或请假
		明确员工请假政策,包括有关病假和居家隔离的规定,并鼓励员工遵守
6	宣传教育	在公司内部通信平台、电子邮件或内部网站上发布传染病相关防控信息、监控指南和防治建议
		提供培训和宣传材料,增强员工的传染病防控意识和知识
7	紧急响应机制	建立紧急响应团队,负责协调和应对传染病防控相关事务
		准备应急联系清单,包括员工紧急联系方式和医疗资源的联系信息等

第 11 章
法务

11.1 合同管理

11.1.1 合同拟订

合同拟订是确保各方合作顺利进行的重要环节。通过明确双方的权益和约定，减少潜在的风险和纠纷。合同的拟订需要认真对待，确保合同内容准确无误、合法合规，并充分保护各方的权益。合同拟订的具体流程如下。

1. 确定合同类型

文秘人员要确定合同类型，并与主管人员、业务部门或利益相关者沟通，了解合同的目的、范围和主要事项，以确保合同能够准确反映所需的法律关系和交易条件。

2. 收集必要信息

文秘人员应确认所有合同参与方的姓名、地址、联系方式及法律身份，并对所有合同参与方进行必要的身份验证。可以通过要求参与方提供身份证件副本、公司注册文件或其他相关证明文件来实现。验证合同参与方的身份有助于规避合同纠纷和欺诈。

3. 定义合同条款

文秘人员要根据业务需求和法律法规，明确合同的条款和条件，例如，支付方式、履行期限、违约责任等，确保合同条款清晰、具体、合法，具体的合同条款须符合以下要求。

（1）使用明确的语言

条款应使用简明扼要、明确清晰的语言，避免模糊和二义性。确保条款的意图和要求对所有合同参与方都是清晰可理解的。

（2）具体详尽地描述

条款应具体描述合同各方的权利和义务，包括履行期限、交付要求、规格要求、品质标准等。尽可能提供确切的细节，以避免日后的争议。

（3）解释定义或术语

对于特定的术语或定义，建议在合同中提供定义或解释部分。以确保合同各方对术语的理解一致，并减少不必要的歧义。

（4）明确条件和前提

明确规定合同成立的条件和前提。例如，如果合同的执行需要满足某些先决条件，如获得许可证或批准，应在条款中明确注明。

（5）明确风险分担和责任

确保条款明确规定各方的风险分担和责任。包括违约责任、损失赔偿、免责条款等。明确规定各方的责任有助于合同的有效执行和争议的解决。

（6）引用适用法律和约定管辖权

在合同中引用适用的法律，明确约定争议解决的属地管辖权，有助于在争议发生时明确法律依据和争议解决程序。

（7）约定可变性和修改规定

考虑到业务需求和法律要求，条款应包括关于合同的可变性和修改的规定。规定应涵盖各方的协商过程和书面确认，以确保条款的合法有效性和变更过程的透明性。

（8）明确保密条款

如果合同涉及保密信息，应在合同中明确规定信息的保护和保密义务，限制非授权披露，并解释违反保密条款的后果。

（9）审查合同条款和进行法律咨询

撰写合同条款时，行政文秘人员应仔细审查合同条款并进行法律咨询，可以确保合同条款符合法律法规的要求；同时，咨询法律顾问或专业律师，以获取专业建议，确保合同条款的合法性。

4. 多方参与确认

文秘人员应与所有合同参与方进行充分的沟通和协商，以确保各方对合同条款和条件的理解和认可。包括业务部门、法律顾问、财务部门、高级管理层等。确保每个参与方对其在合同中的权利和义务有清晰的认识。确认各方的要求和预期，并确保合同的内容能准确反映各方的意图。

5. 草拟合同

根据确认的合同条款，编写合同的初稿。使用专业的合同模板，确保各合同包含必要的条款,避免遗漏重要事项。

> **常犯错误**
>
> 在拟订合同时,常犯的错误包括以下几点:
>
> ①格式不规范。合同格式应该规范,包含必要的标题、编号、日期、当事人信息等事项。不规范的格式会给后续的合同操作和管理带来麻烦。
>
> ②条款表述含义不清。合同中的条款应当准确、清晰地阐述当事人的权益和义务,避免使用晦涩难懂的用语。
>
> ③法律合规性问题。合同在拟订时,须符合当地法律法规,避免合同无效,以及潜在的法律风险。
>
> ④范围不明确。在合同中应该清晰地规定当事人的权责范围和业务范围,以避免后续纠纷或误解。
>
> ⑤没有涵盖未来可能发生的情形。合同拟订时应该考虑到未来可能发生的情况,如员工离职或公司合并等情况,以避免后续发生纠纷。

11.1.2 合同审查

合同审查是合同管理中一项重要的法律程序,旨在对合同文件进行仔细检查和分析以确保其合法性、合规性和可执行性。合同审查通常由经验丰富的法律专业人士负责完成。在审查过程中,审查人员须仔细阅读合同条款、条款之间的相互关系和语言表述,以确定其中是否存在模糊、不合理或不公平的内容。

此外,审查人员还应检查合同是否符合相关法律法规的要求,以及各方应承担的合理责任和义务。合同审查的目标是保护各方的权益,减少法律风险并确保合同的有效执行。进行全面的合同审查,可以帮助合同各方在签订合同前了解合同的内容和影响,从而做出正确的决策,并为未来的交易和协商提供指导。

1.合同审查流程

合同审查人员应首先对合同文件进行初步检查,确保文件完整、清晰、可读。其次逐条审查合同内容,核对各项条款的合法性和合理性,评估合同中的各项条款对各方的风险和利益影响,确定是否存在潜在的风险,再根据审查结果,提出修改建议或补充条款并与对方进行协商和谈判,就修改建议达成共识,进行必要的调整,以保护当事人的利益和权益。最后确认经过修改的合同内容是否符合各方利益和法律要求，并取得合同各方的最终确认。

2. 审查标准

（1）合法性

确认合同是否符合相关法律法规和政策的规定，包括合同的成立条件、格式要求等。

（2）条款明确性

确保合同中的条款和条件清晰、明确，避免含混不清的表述，以免产生争议和歧义。

（3）公平性

审查合同是否公平合理，各方权利和义务是否平衡，避免合同中的霸王条款或不合理的限制。

（4）符合当事人意愿

核实合同是否真实反映了当事人的意愿，并且没有受到误导、欺诈或强迫等非法行为的影响。

（5）经济可行性

评估合同中的价格、付款条件和其他经济条款是否合理，是否符合市场行情和当地法律要求。

（6）利益符合性

确保合同能够保护当事人的权益和利益，包括知识产权保护、保密条款、违约责任等方面。

（7）合规性

审查合同是否符合公司内部的规章制度、政策要求，以及适用的行业标准和行业惯例。

（8）风险管理

评估合同中存在的风险，包括法律风险、商业风险和合同履行风险，并提出相应的建议和措施。

（9）合同完整性

确保合同文件的完整性，包括确认是否存在附件、引用其他文件或合同修订等。

（10）合同语言和格式

审查合同的语言表达是否准确、通俗易懂，以及格式是否符合合同撰写的一般规范。

> **注意事项**
>
> 在审查合同时，必须仔细审查合同的每个条款，确保没有遗漏任何重要内容。例如，自动续签或大幅度地改变条款，这些条款可能会对合同的执行产生重大影响。

11.1.3 合同签订

合同签订是指当各方达成共识并同意在特定条件下履行一项合作、交易或协议时，正式将协议内容写入合同文件并互相签字确认。在合同签订之前，通常需要进行充分的协商和讨论，明确各方的权益、义务和要求。

签订合同的过程中，各方应仔细阅读合同条款，并确保对合同内容有清晰的理解。合同中通常包含双方互相承诺履行的责任、支付方式、服务或商品的交付方式、违约责任等条款。

签订合同时，各方需要确认并确保对方完全理解并同意合同的所有条款，自愿遵守其中的规定。签订合同后，合同文件通常被视为各方之间权威的法律文件，并在争议解决或履行合同时起到重要的作用。

> **注意事项**
>
> 签订合同前须认真阅读合同内容，确保自己了解每个条款的含义，如果有任何异议，应该在签订合同前与对方进行沟通和协商，尽量达成一致。合同一旦签订，应当妥善保管，以备纠纷发生时使用。

11.1.4 合同解除

合同解除是指在合同有效期内，当一方或双方发生违约、不履行合同义务或符合特定解除条件时，通过合法途径终止合同关系的行为。合同解除可以是双方协商达成的共识，也可以是一方向另一方发出的解除通知。

合同解除通常需要遵守合同条款中规定的程序和要求，并确保符合适用的法律法规。一旦合同被解除，各方不再具有进一步的履行义务，并根据合同条款规定可能面临违约责任或者补偿要求。

合同解除是一项重要的法律行为，它可以帮助各方在争议或不可履行情况下终止合同关系，以维护各方的权益。以下是一些常见的合同解除情况和相关事项。

1.合同解除适用情况

（1）合同条款约定

合同中通常会明确规定解除合同的条件和程序。当事人可以根据合同约定的条款进行解除，例如，不可履行情况、提前通知、违约情况等。

（2）协商一致

当事人可以通过协商一致的方式解除合同，双方达成共识并签署解除协议。协商解除合同时，应明确解除的原因、解除生效日期和双方的权益调整等。

（3）不可抗力

当合同履行受到不可抗力因素（如自然灾害、战争等）严重影响时，根据合同约定或适用法律，当事人可以依据不可抗力条款解除合同。

（4）违约情况

当一方严重违约，违反了合同约定的重要条款或义务时，另一方有权解除合同。解除违约合同通常需要提供违约通知，并按照合同约定的程序进行解除。

（5）法律规定

在某些情况下，适用的法律可能规定了特定的解除条件和程序。当事人可以根据法律规定申请合同解除。

2.合同解除注意事项

（1）通知义务

解除合同时，解除方通常需要向被解除方发出书面通知，明确解除的意图和理由。通知应按照合同约定的方式和时间要求进行。

（2）权益调整

解除合同可能导致双方权益的调整。根据合同约定或双方协商，应明确解除后的权益分配、退还款项、违约赔偿等事项。

（3）合同履行中止

合同解除后，各方当事人的义务和责任一般会中止，但已经发生的违约行为仍然需要履行违约责任。

（4）书面记录

解除合同时，当事人应保留相关文件和书面记录，以备将来可能产生的争议或证明需要。

> **操作提示**
> 当事人在解除合同时应遵守合同约定和适用法律的要求，确保合同解除的合法性和有效性。对于复杂的合同解除情况，应寻求法律专业人士的建议和指导，以确保合法权益得到保护。

11.1.5 合同保管

在签署合同之后，合同将成为合同各方履约的重要证明材料和依据，因此应对合同进行妥善保管。合同保管是指将已签署的合同文件进行妥善保存和管理，以确保合同的完整性、可追溯性和易访问性。以下是一些关于合同保管的建议。

1. 归档和分类

将合同按照一定的分类方式进行归档，例如，按合同类型、合同当事人、合同有效期等进行分类。每份合同应标注清晰的编号和日期，并按照一定的顺序进行存档。

2. 安全存放

合同应存放在安全、防火和防水的地方，以防止丢失、损坏或被盗。可以使用专门的文件柜、保险柜或数字化储存等方式进行安全保管。

3. 备份和复制

为防止合同文件的丢失，建议制作电子备份或复印件，并将其储存在安全的电子设备上。同时，备份文件应进行定期更新和维护。

4. 记录索引

建立合同档案记录索引，以便快速查找和检索特定合同文件。索引可以包括合同编号、合同名称、当事人名称、签署日期等关键信息。

5. 储存期限

根据法律法规和组织的规定，确定合同的储存期限。一般来说，合同的储存期限应符合法律规定的时效性要求，同时要考虑到可能的纠纷解决和证明需要。

6. 保密性和访问权限

对于涉及商业机密或敏感信息的合同，应采取必要的措施保护其机密。此外，确保合同存档的访问权限受到限制，只有经授权人员可以查阅和获取合同文件。

7.定期审查和更新

定期审查存档的合同文件，确保其完整性和准确性。如果有需要，进行合同的更新、续签或变更，同时对存档文件进行相应的调整。

8.销毁处理

当合同储存期限到期或不再需要时，根据法律法规的规定，对合同文件进行安全的销毁处理，以保护合同中的敏感信息和隐私不被泄露。

> **常犯错误**
>
> 合同保管十分重要，需要注意以下几个常见错误。
>
> ①未将合同妥善保管在防火、防潮、防盗的场所，如在潮湿、遭受阳光直射、无备用电源的环境下保管合同，会造成合同损坏、遗失等。
>
> ②未对合同进行分类和归档，随意放置在桌面或摆放在易于遗失和破损的地方。办公环境混乱，会给合同保管带来一定困难。
>
> ③未将合同的内容和储存位置做出清晰标识，如未注明文件的类别、时间、地点、放置位置等信息，个别合同甚至没有进行编号操作，会增加合同保管的难度和风险。
>
> ④合同储存时间到期或者未做出储存期限的标注，就会造成合同遗失风险或者合同法律效力下降。
>
> ⑤在保管合同时，缺乏数字化备份，造成合同在合同原件遗失之后无法找回。
>
> ⑥在保管合同时，合同信息泄露导致的风险和纠纷。

11.2　知识产权管理

11.2.1　商标申请

商标申请是指向商标局或相关机构提交申请，以获取商标权的过程。商标是用于标识商品或服务来源的特定标记，可以是文字、图形、标志、图案或组合等形式。下面是商标申请的流程。

1.商标搜索和评估

进行商标搜索和评估是提交商标申请之前重要的步骤，可以帮助确定所申请商标是否与现有商标相似或冲突。商标搜索可以在商标局的数据库或其他商标数据库中进行，也可以咨询专业的商标代理机构进行评估。

2.准备申请文件

商标申请文件包括商标申请表格和相关附件。商标申请表格通常包括商标的描述、分类、注册人信息等。附件可能包括商标样图、优先权证明（如有）、授权委托书等。确保准备完整、准确的申请文件。

3.选择申请范围和类别

商标申请需要选择适当的申请范围和类别。商标分类是根据商品或服务的不同领域划分的，根据商标的实际使用范围选择适当的类别。

4.递交申请并支付费用

将准备好的商标申请文件递交给商标局或相关机构，并支付相应的申请费用。确保按照规定的方式和时间递交申请，以确保申请的有效性。

5.商标审查

配合商标局或相关机构对商标申请进行审查。审查过程包括对商标的合规性、冲突性和可注册性进行评估。根据商标局的审查结果补充材料或提出异议。

6.公示和异议期

在商标审查通过后，商标申请将公示一段时间，通常为30天或更长。在公示期间，其他人有权提出异议，如果没有异议，商标将进入注册阶段。

7.商标注册和维护

如果商标申请顺利通过公示和异议期，商标局将颁发商标注册证书。商标注册有效期通常为10年，可以续展。在商标注册后，行政文秘人员需要维护商标权，包括及时缴纳续展费用和保持商标的有效使用。

注意事项

申请商标时要确保选择的商标具有独特性，不会与其他已注册商标产生混淆，还应能够与其他商标区分开来，并且能在大众心目中留下独特的印象。在商标申请时，要提供清晰、详细的商标描述，确保描述中包含商标的所有元素、颜色、字体等细节。

11.2.2 专利申请

专利是一种由政府机构授予的独占性权利,允许发明人或创新者在法律框架下对其发明进行独立使用、制造、销售或授权他人使用。专利权的持续时间通常为20年。当发明人或创新者想要保护自己的创造时,他们可以选择通过专利申请来获得专利权。专利是一种法律保护,授予发明人在一定时间内对其发明进行独占性的权利。专利申请流程如下所示。

1. 前期调研

行政文秘人员在提交专利申请之前,需要进行充分的前期调研。包括搜索已有的专利文件和相关技术,以确定发明是否具有新颖性和非显而易见性。

2. 准备申请文件

在准备专利申请文件时,通常需要包括以下内容:

(1)发明的详细说明书

详细描述发明的技术方案、原理、结构、功能和实施方式等。

(2)专利要求

明确规定发明的具体保护范围,描述专利权的要求内容。

(3)技术概括

简要概述发明的核心内容和技术特点。

(4)图纸

提供发明的相关图纸和示意图。

(5)其他支持材料

根据需要,可能需要提供补充的实施案例、实验数据、图表等。

3. 提交申请

将准备好的专利申请文件提交给专利局或相关机构。申请人需要支付相应的申请费用。在提交申请后,申请人通常会收到一份确认收据或申请号,以确认申请已成功提交。

4. 审查过程

专利申请会进入审查阶段,由专利局的审查员对申请进行审查。申请人应配合审查员的审查工作,包括申请是否符合专利法律的要求,评估发明的新颖性、非显而易见性和可实施性等。

5.审查意见和修改

在审查过程中，审查员可能会提出对申请进行修改或提供进一步信息的要求。申请人需要回应审查意见并根据需要进行修正，以使申请符合专利法的要求。

6.专利授予或拒绝

如果专利局认可申请，并认为发明满足专利法的要求，将授予专利权。授予专利权后，申请人需要支付相应的专利费用。

7.维护和管理

一旦获得专利权，申请人需要定期支付专利维持费用，以保持专利的有效性。此外，行政文秘人员还需要管理和维护专利文件，包括记录任何对发明的改进、许可他人使用发明、处理侵权行为等。

11.2.3 知识产权代理公司甄选

知识产权代理公司具有深入了解相关法律法规和实践的专业人员，选择合适的知识产权代理公司能够为企业提供专业的知识产权保护和管理服务，最大化权益保护，降低法律风险，并节省时间和精力。

1.知识产权代理公司甄选标准

（1）具备专业资质

确保代理公司具有合法的执业资格和相关的专业认证。包括公司成立时间、执业证书、律师资格、专利代理人资格等。

（2）具备丰富的经验和专业知识

了解代理公司在知识产权领域的经验和专业知识。考虑他们的工作历史、代理的案例数量和类型，以及在各个知识产权领域（如专利、商标、版权等）的专长。

（3）团队实力强大

评估代理公司的团队实力，包括团队规模、成员背景和专业技能。一个强大的团队通常能够提供更全面的服务，并更好地应对复杂的知识产权问题。

（4）客户口碑和代理案例

考虑代理公司的客户口碑和代理案例。寻找代理公司的客户评价、推荐信或成功案例，了解他们的工作质量和客户满意度。

（5）费用和合同条款

了解代理公司的收费结构和合同条款。询问他们的收费方式（按小时、按项目等）及相关费用。同时，阅读和理解合同条款，确保双方的权益得到充分保护。

（6）语言和沟通能力

考虑代理公司的语言和沟通能力。如果需要与代理公司进行频繁的沟通和协商，确保他们能够以熟悉和流利的语言进行交流。

（7）客户支持和响应时间

评估代理公司的客户支持和响应时间。确保代理公司能够及时回应问题和需求，并提供良好的客户支持服务。

（8）可靠性和声誉

了解代理公司的可靠性和声誉。可以查询代理公司的背景信息、查看行业评级、参考业内专家的意见，以及与其他客户交流以了解他们的经验。

（9）专业服务范围

确保代理公司提供所需的服务范围，如专利、商标、版权、商业秘密等领域的注册、维权、诉讼等。能够满足企业方的具体需求，并能够提供专业的知识产权解决方案。

2.知识产权代理公司甄选流程

（1）确定需求

明确企业对知识产权的保护需求，确定需要保护的知识产权类型及预算和时间限制等因素。

（2）市场调研

进行市场调研，了解不同的知识产权代理公司的经营范围和服务质量。可以通过互联网搜索、咨询业内人士、参考业界评级和口碑等方式获得相关信息。

（3）筛选候选公司

根据调研结果，筛选出符合企业需求的候选公司。评估他们的专业资质、经验和声誉等，是否与企业的需求相匹配。

（4）预约面谈

通过电话、视频会议或面对面会议的方式。与候选公司面谈，在面谈中，向候选公司提出需求并了解其服务和解决方案。可以讨论案例、经验、团队组成、收费结构等方面的问题。

（5）评估候选公司能力和专业性

根据面谈和其他资料，评估候选公司的工作能力和专业性。考虑他们的团队实力、专业背景、客户评价等因素。还可以要求候选公司提供代理案例验证他们的工作能力和经验。

（6）考虑成本和合同条款

了解候选公司的收费结构，比较不同代理公司的价格和服务内容，确保费用合理，并注意合同条款的保护措施。

（7）参考客户意见

与代理公司的现有或过去客户进行交流，了解他们对该公司的评价和经验。

（8）最终选择

综合考虑以上因素，根据需求和优先权，最终选择一家知识产权代理公司。

（9）合作与监督

选择了代理公司后，须签订合同并开始履约。在合作期间，及时沟通和监督代理公司的工作，确保他们按照约定履行职责并保护企业的利益。

11.2.4 知识产权变动

知识产权变动是指知识产权（包括专利、商标、版权、工业设计等）在权利范围、所有权或使用权方面发生的变化。这些变动可能由多种因素引起，包括法律法规的修改、合同的签订或终止、诉讼案件的判决及技术创新的影响等。知识产权的变动通常需要依据相关的法律程序和规定来进行，以确保知识产权变动的合法性和有效性。

1.知识产权变动流程

（1）准备必要文件

根据知识产权类型的不同，准备必要的文件和材料。例如，对于商标变动，可能需要准备变更申请书、授权书、商标注册证等。

（2）填写申请表格

根据相关知识产权局或相关机构的要求，填写申请表格并提供必要的信息，如变更的详细说明、所有人信息等。

（3）提交申请

将填写完整的申请表格和必要的文件提交给相关的知识产权局或相关机构。确保按照要求缴纳相关的申请费用。

（4）审查和核准

知识产权局或相关机构将对申请进行审查。主要审核申请的准确性和完整性，并评估变更是否符合相关法律法规和规定。

（5）发布公告

在申请获得批准后，知识产权局或相关机构通常会发布公告，将变更信息公示给公众。以维护知识产权的透明性和公正性。

（6）更新证书或登记信息

一旦变更获得批准，知识产权局或相关机构会更新相应的证书或登记信息，以反映变更后的情况。例如，颁发新的商标注册证或更新专利权的所有人信息。

（7）通知利益相关方

通知利益相关方，如商业合作伙伴、供应商、客户等知识产权的变动情况。更新相关协议和合同中的知识产权信息，并确保他们得到及时的通知。

（8）维护和管理

一旦知识产权变动完成，需继续维护和管理知识产权。包括及时更新任何进一步的变动，如地址变更、许可授权、续展等，并保持知识产权的有效性和被保护。

2.知识产权变动注意事项

（1）定义清晰的权利范围

在进行知识产权转让或许可时，确保清楚定义转让或许可的具体权利范围。明确标明哪些权利被转让或许可，以及转让或许可的地域范围和时间限制等。

（2）检查权利归属

在转让或许可知识产权之前，确保权利的所有者有合法的权利和权益。进行必要的尽职调查，确认该知识产权不存在纠纷或被其他人或实体声称所有。

（3）合同约定

对于知识产权的转让或许可，需要编写详细的合同，合同应明确规定双方的权利和义务，包括权利的转让或许可方式、支付条件、保密义务、违约责任等。

（4）及时更新

确保及时更新知识产权的变动信息，如专利、商标、版权的所有人、地址、联系方式等。

（5）跨境事务考虑

如果知识产权变动涉及不同国家或地区，需要考虑各国的法律要求和程序。根据需要进行必要的国际专利申请、跨国合同的签订等。

（6）保密与机密

在处理知识产权变动时，特别是在涉及商业机密的情况下，确保保密和机密信息的安全。采取适当的措施来防止知识产权的泄露或未经授权的访问。

11.3 纠纷处理

11.3.1 劳动纠纷处理

劳动纠纷是指雇主与雇员之间因劳动条件、劳动权益、劳动报酬等方面发生争议或纠纷的情况，常见的劳动纠纷有工资和福利纠纷、劳动合同纠纷、工作条件和环境纠纷、工伤和职业病纠纷、劳动争议调解和仲裁纠纷。劳动纠纷一般采用协商、调解、仲裁、诉讼等方式解决。

1.劳动纠纷处理原则

（1）公正公平原则

劳动纠纷处理应遵循公正公平原则，确保争议双方在争议解决过程中享有平等的权利和机会。处理劳动纠纷时，应公正对待雇主和雇员，不偏袒一方。

（2）和解协商原则

劳动纠纷处理应鼓励和解和协商，促进双方通过对话和谈判达成互利的解决方案。调解和协商有助于保持劳动关系的稳定，并减少诉讼成本和时间。

（3）法律依据原则

劳动纠纷处理应基于相关的劳动法律和法规依据。法律规定了雇主和雇员的权利和义务，处理纠纷时需要依法行事，确保程序和决策的合法性。

（4）双向保密原则

劳动纠纷处理过程中，双方应保持争议的保密性。有助于避免影响双方的声誉和商业利益，并促进更加开放和诚实的沟通。

（5）及时高效原则

劳动纠纷应尽早解决，避免拖延和长时间的纠纷处理过程。及时解决劳动纠纷有助于维护劳动关系的稳定性和员工的合法权益。

（6）尊重人权原则

劳动纠纷处理应尊重和保护雇员的基本人权，包括言论自由、隐私权和尊严等。应避免任何形式的歧视或侵犯人权的行为。

（7）着重预防原则

在劳动争议的处理过程中，应该注重预防和化解，通过事前预防和事中控制，减少争议的发生和扩大。

2.劳动纠纷处理流程

（1）协商

当劳动纠纷发生时，首先应该尝试通过协商解决。双方可以自行协商，或者借助第三方中介机构进行调解。协商阶段的目的是寻求和解和妥善解决纠纷。

（2）申请仲裁或调解

如果协商与投诉未能解决劳动纠纷，一方或双方可以选择向劳动争议解决机构提出仲裁申请或调解申请，具体机构名称和程序可能因地区而异。劳动争议解决机构会对纠纷进行调查、听取证据和证人证言，并尝试促成双方达成和解。

（3）仲裁或调解决定

在仲裁或调解程序结束后，劳动争议解决机构会做出相应的决定或裁决。该决定可能涉及赔偿金额、劳动关系的解除或其他适当的救济措施。该决定具有法律效力，双方应遵守并执行。

（4）上诉

如果双方或一方对仲裁或调解决定不满意时，可以根据法律规定提起上诉。上诉程序一般由上级劳动争议解决机构或法院来处理，审查原决定的合法性和公正性，并作出最终的决定。

（5）法院诉讼

如果纠纷无法通过仲裁或调解解决，或者一方对仲裁或调解决定的上诉未获得满意结果，双方可以选择将纠纷提交法院进行诉讼。法院将审理案件，听取双方的陈述和证据，并作出最终的判决。

> **注意事项**
>
> 在劳动纠纷发生时，及时收集和保留相关证据，包括工作合同、薪资记录、通信记录、工作时间记录、目击证人等。这些证据有助于支持你的主张，并在争议解决过程中提供支持。

11.3.2 合同纠纷处理

合同纠纷处理是指在商业活动或民事交易中，涉及的合同出现争议或违约情况时，各方通过法律手段解决纠纷的过程。常见的合同纠纷有合同履行纠纷、合同解释纠纷、合同变更纠纷、合同违约纠纷和合同终止纠纷。

在合同纠纷处理中可以选择不同的争端解决方式，如协商、调解、仲裁或诉讼。选择适当的解决方式取决于各方的偏好、合同条款和适用的法律法规。协商和调解通常更快捷和经济，有助于保持合作关系；仲裁提供了一种类似于诉讼的法律程序，但较为迅速和私密；而诉讼则是将争议提交给法院审理，最终由法官做出决策。

1.合同纠纷处理原则

（1）合同自愿原则

根据合同法的基本原则，合同是自愿达成的，各方应当按照合同的约定履行各自的义务。合同纠纷的处理应尊重各方的自愿意愿，并且法院或仲裁机构通常会优先考虑合同的内容和各方的真实意图。

（2）诚实信用原则

合同各方在履行合同义务时应遵守诚实信用原则，即按照诚实守信的原则进行。如果一方存在欺诈、隐瞒信息或恶意违约等不诚实行为，另一方有权要求合同纠纷的解决或寻求损害赔偿。

（3）平等原则

合同是基于各方平等自愿的基础上达成的，各方在合同订立和履行过程中应享有平等的权利和义务。如果合同存在明显的不平等条款或合同订立过程中有欺压、强迫等不平等行为，法院或仲裁机构可能会对合同的有效性进行审查或判定部分无效。

（4）损害赔偿原则

一方未履行合同义务或违反合同约定，给另一方造成损失的，应当承担相应的损害赔偿责任。赔偿应该是合理、可预见且直接的损失，并且根据损失的实际情况进行补偿。

（5）履行原则

根据合同法的基本原则，各方应当按照合同的约定履行各自的义务。在合同纠纷处理中，法院或仲裁机构通常会倾向于鼓励各方履行合同，并采取必要的措施促使履行。

（6）合理解释原则

在合同条款不明确或存在歧义的情况下，法院或仲裁机构会根据合同的整体目的、各方的真实意图、合同背景等因素进行合理解释。解释应该合理、公正，并符合合同法的相关规定。

2.合同纠纷处理流程

（1）协商解决

双方当事人可以通过协商解决合同争议。协商的目的是达成双方都能接受的解决方案。这包括直接的谈判、会议协商或借助第三方中介人进行调解。

（2）法律诉讼

如果协商无法解决合同争议，当事人可以选择通过法律途径解决纠纷。这通常涉及向法院提起诉讼。诉讼程序的具体步骤如下所示。

①起诉。起诉方需向相应的法院递交起诉状或诉讼申请，并支付相关费用。被告方将会收到传票或正式通知，并要求提供答辩状。

②证据交换。在诉讼过程中，双方将提供和交换证据支持自己的主张。包括文件、合同、相关记录、证人证言等。

③庭审阶段。法院将安排庭审，双方当事人及其律师将在庭上陈述自己的观点，提交证据，并进行辩论。

④判决或裁决。法院将根据所提供的证据和适用的法律规定，对合同纠纷做出最终的判决或裁决。判决可能包括给付赔偿、解除合同、违约金等救济措施。

（3）申诉或执行判决

如果不满意判决结果，可以提出上诉或申请再审。如果判决生效，双方需要履行判决。

> **注意事项**
>
> 在纠纷处理过程中，需要综合考虑诉讼或仲裁的成本、时间和可能的结果。评估纠纷的争议金额和处理费用之间的比例，权衡经济效益，合理选择纠纷解决方式。

11.3.3 侵权纠纷处理

侵权纠纷是指在知识产权领域中，一方侵犯了另一方的合法权益，从而引发的法律争议。侵权行为可能包括著作权侵权、商标侵权、专利侵权、网络侵权和不正当竞争等。当发生侵权纠纷时，受害方通常可以采取法律手段维护自己的权益。包括起诉侵权方、要求停止侵权行为、索取经济赔偿或损害赔偿等。侵权纠纷的解决方式涉及诉讼、仲裁或通过谈判和解协议来解决。

1.侵权纠纷处理原则

（1）合法性原则

依法依规处理侵权纠纷，保障各方当事人的合法权益。法律法规对侵权行为和侵权责任进行了明确规定，法律的规定应作为处理侵权纠纷的基本依据。

（2）公正公平原则

处理侵权纠纷应坚持公正公平的原则，不偏袒任何一方。裁决或判决应基于事实和法律，不受其他因素的干扰，确保各方当事人在诉讼过程中享有平等的权利。

（3）侵权行为证明原则

通常，起诉方需要提供充分的证据来证明被告的侵权行为。这可能涉及收集和提交证据，例如，文件、证人证言、专家意见等，提供足够的证据证明被告的侵权行为及造成的损害。

（4）责任追溯原则

侵权责任应当由侵权人承担。处理侵权纠纷时，需要确定侵权行为的实施者，并根据法律规定追究其侵权责任，并赔偿被侵权方的损失。

（5）损害赔偿原则

在确定侵权行为后，受害方通常有权获得相应的损害赔偿。赔偿金额可能根据受到的实际损失、侵权行为的性质和严重程度及其他相关因素进行计算。

（6）救济原则

侵权纠纷的解决应当提供适当的救济方式，以修复受害方的权益。这可能包括经济赔偿、禁止令、修复损害等救济措施。

2.侵权纠纷处理流程

（1）调解协商

通常，在正式提起诉讼之前，被侵权方会尝试通过调解或协商解决纠纷。这一阶段可以通过律师或调解机构的帮助，双方当事人就侵权事实、责任和赔偿等问题进行协商和谈判。

（2）提起诉讼

如果调解或协商无法解决纠纷，被侵权方可以选择向有管辖权的法院提起诉讼。在诉讼程序中，被侵权方需要提供相关证据和事实，说明对方的侵权行为及所受到的损失。同时，侵权方也有权提出辩护和反驳。

（3）证据交换

在诉讼程序中，双方当事人有权提供和交换证据。这包括书面证据、物证、证人证言等。法院会组织双方进行证据交换，以确保公正和透明的审理过程。

（4）开庭审理

在开庭审理阶段，法院会依法组织双方当事人进行辩论，并听取双方的陈述和证据。法院可能会要求双方提供进一步的解释或补充材料。双方可以通过律师代理或自行辩护进行辩论。

（5）判决或裁决

在审理结束后，法院将作出判决或裁决。法院将综合考虑双方当事人的陈述、证据及适用的法律法规，做出对侵权行为和赔偿责任的决定。

（6）执行

如果一方当事人不服判决或裁决结果，他们可以提起上诉或其他救济程序。如果判决或裁决生效，被侵权方可以要求侵权方履行判决或裁决，并获得相应的赔偿。

> **注意事项**
>
> 要注意侵权纠纷的时效性，不同地区对侵权纠纷的时效规定不同，因此要确保了解适用案件的时效期限。如果错过时效期限，可能会失去提起诉讼的权利。

11.4 合规管理

11.4.1 合规体系建设

建设合规体系是确保行政工作符合法律法规和内部规定的重要环节之一，合规体系是一个综合性的框架，旨在指导、管理和监督行政工作的合规、高效。合规体系主要包含组织环境、领导作用、策划、支持、运行、绩效评价、改进7大模块。

1.组织环境

组织环境是合规体系的基础，它包括组织的价值观、道德标准和文化氛围，在行政文秘工作中，建立组织环境意味着组织要树立诚信、规范和透明的价值观，倡导员工遵守法律法规和内部规章制度。组织应通过制定行为准则、道德规范和职业道德守则等来明确行政文秘工作的合规要求，营造一个遵纪守法、诚实守信的工作环境。

2.领导作用

领导作用是确保合规体系有效运行的关键,在行政文秘工作中,领导者扮演榜样和引领者的角色,以身作则,注重合规意识的培养和传播。领导者应推动合规政策和规程的制定和执行,通过有效的沟通和培训,提高员工对合规要求的认识和理解。同时,领导者还应建立合规风险意识,加强风险管理和控制,为行政文秘工作提供明确的方向和支持。

3.策划

组织应识别与行政文秘工作相关的合规风险,制定相应的合规政策和规程,并确保其与法律法规保持一致。组织还应明确行政文秘工作的目标和任务,并制订相应的执行计划和时间表。在制定合规措施过程中,需要充分考虑行政文秘工作的特点和要求,确保合规措施与工作实际相适应。

4.支持

支持是为行政文秘工作提供必要资源和支持的环节。包括人力资源、技术设备、培训和教育等方面的支持。配置足够的人力资源,确保有合规专业人员参与行政文秘工作,并提供必要的培训和教育,提高员工的合规意识和技能。同时,提供必要的技术设备和信息系统,以支持行政文秘工作的合规要求。

5.运行

运行是实施合规措施和管理行政文秘工作的保障。行政文秘工作人员应确保行政文秘工作按照合规要求进行,包括规范操作文件管理、信息保护、数据隐私等。建立相应的工作流程和操作规范,明确行政文秘工作的职责和权限,制定合规检查和监督机制,及时发现和纠正合规问题。

6.绩效评价

绩效评价是对行政文秘工作合规性和效果的评估阶段。建立绩效评价机制,定期对行政文秘工作是否合规进行评估,并根据评估结果制定改进措施。评估指标包括工作的达成情况、问题的发现和处理结果等。通过绩效评价,能够了解行政文秘工作是否合规,并采取相应的措施来优化工作流程和提升合规水平。

7.改进

改进工作是合规体系中持续改进的环节。行政文秘工作人员应定期回顾和评估合规体系,总结经验教训,发现问题和不足之处,并制订改进计划和行动方案。改进计划可以涉及流程优化、制度修订、培训加强等方面，以不断提升行政文秘工作的合规性和效率。

> **注意事项**
>
> 合规体系建设是组织中确保工作符合法律法规和内部规定的重要举措。主要涉及制定合规政策和规程、培训员工、建立监督机制等方面。在建设合规体系时，需要特别关注以下事项，以确保合规体系的有效性和可持续性。
>
> ①合规不仅仅是管理层的责任，每个员工都应该参与其中。组织应该积极培养员工的合规意识提升合规能力，通过培训和教育活动提高员工对合规要求的了解，并鼓励员工积极参与合规实践。
>
> ②法律法规和行业规定是不断变化的，合规体系应相应调整和更新。组织应密切关注法律法规的变化，及时进行合规政策和规程的修订，并确保员工及时了解并遵守最新的合规要求。

11.4.2 合规监督管控

合规监督管控是企业管理中一项重要的工作，旨在确保组织内的各项工作符合法律法规和内部规定。在行政文秘工作中，合规监督管控显得尤为重要，行政文秘工作涉及大量的文件管理、信息保护、数据隐私等敏感信息，必须严格遵守相关法律法规，以保障信息的安全和合法使用。

1.合规监督管控原则

（1）法律合规原则

行政文秘工作必须遵守相关的法律法规和政策要求，以确保工作的合法性和合规性。合规监督管控需要根据最新的法律法规进行调整和更新，确保行政办公人员充分了解和遵守。

（2）全面性原则

合规监督管控应覆盖行政文秘工作的各个方面，包括文件管理、信息保护、数据隐私、安全风险管理等。确保行政文秘工作的全面合规。

（3）领导责任原则

领导层应承担起监督管控的责任，确保合规政策的制定和执行，并提供必要的支持和资源。领导层的参与和支持对于行政文秘工作的合规性起到至关重要的作用。

2.合规监督管控措施

（1）制定合规政策

企业须制定明确的合规政策和规程，规范行政文秘工作的各项要求和流程。合规政策和规程应包括文件管理、信息安全、数据隐私、合规培训等方面的内容，确保工作的合规性。

（2）加强培训与教育

组织开展合规培训和教育活动，提高行政文秘工作人员的合规意识和知识水平。培训内容包括法律法规知识、合规要求、工作流程等，确保员工了解合规要求，并能够应用于行政文秘工作中。

（3）建立内部监督机制

建立行政文秘工作的内部监督机制，包括内部审计、自查等。通过定期或不定期的内部监督，发现行政文秘工作中存在的违规问题，并及时采取纠正措施。

（4）风险管理与控制

识别和评估行政文秘工作中的合规风险，制定相应的风险管理和控制措施。例如，建立合规风险评估机制、加强信息安全管理、设立数据隐私保护措施等，以降低合规风险的发生。

（5）监测与报告

建立监测和报告机制，定期对行政文秘工作的合规情况进行监测和报告。可以通过数据分析、抽样检查、定期巡查等方式进行监测，并且应及时向相关领导层和监管部门提供合规情况的详细报告。

3.合规监督管控流程

（1）合规规程的制定

制定详细的合规规程，明确行政文秘工作的各项要求和流程，明确监督管控责任人、操作流程和监督要求。

（2）合规检查与评估

定期进行合规检查和评估，评估行政文秘工作的合规性和管控效果，并提出改进意见和建议。合规检查包括文件管理的合规性检查、信息安全的评估、数据隐私的审查等，确保工作符合合规要求。

（3）异常情况的处理

建立行政文秘工作异常情况的处理流程和机制。当发现合规问题或违规行为时，应及时采取相应的纠正措施,并且进行记录和报告,确保问题得到妥善处理。

(4)改进与优化

根据合规监督管控的结果和反馈意见,制订改进计划和行动方案,优化合规监督管控的流程,提升工作效率。

> **注意事项**
>
> 合规监督管控是企业管理中确保合规性的重要环节,它涵盖了制定合规政策、监测合规风险、处理违规行为等方面。在进行合规监督管控时,要建立合理的违规行为处理机制。一旦发现违规行为,应立即采取相应的纠正措施,并进行记录和报告。

第 12 章

经费

12.1 行政经费项目与预算

12.1.1 行政经费支出项目

行政经费支出项目如表12-1所示。

表12-1 行政经费支出项目

序号	项目	具体内容
1	人力资源管理费用	1.薪资和福利。员工的基本工资、绩效奖金、津贴,以及社会保险费用和福利费用 2.招聘和培训费用。招聘渠道费用、面试和选拔费用,以及员工培训、开发和进修的费用 3.人力资源系统费用。人力资源信息系统的开发、实施、维护和培训费用
2	办公场所和设施费用	1.租赁费用。租赁办公场所的租金,包括租赁合同中约定的费用和押金 2.能源费用。办公场所的水费、电费、煤气费等能源费用 3.物业管理费用。物业管理公司提供服务的费用,包括物业管理费、公共设施维护费等 4.办公设备和家具费用。购置、维护和更新办公设备和家具的费用 5.办公用品和办公耗材费用。购买办公用品和办公耗材的费用
3	差旅和交通费用	1.交通费用。员工出差的交通费用,如机票、火车票、汽车租赁费等 2.住宿和餐费。员工出差期间的住宿费用和餐饮费用 3.交通补贴。为员工提供的通勤补贴或交通津贴
4	培训和发展费用	1.培训费用。培训员工的费用,包括培训机构的费用、培训师的费用等 2.进修费用。员工参加进修课程、研讨会、学术会议等的费用,包括报名费、差旅费等 3.培训设施费用。租赁培训场地的费用、购买培训设备的费用等
5	营销和宣传费用	1.广告和宣传费用。宣传物料制作、媒体购买、广告投放等费用 2.市场调研费用。包括市场调查、数据采集、市场分析等费用 3.展览和会议费用。参加展览会或举办会议的费用,包括展位费、展示材料制作费、会议场地租赁费等 4.推广和促销费用。促销活动举办、促销物料制作、促销人员工资等费用

续表

序号	项目	具体内容
6	通信和信息系统费用	1.计算机设备和软件费用。购置、维护和更新计算机设备和软件的费用 2.信息系统开发和维护费用。企业内部信息系统的开发、实施、维护和升级费用 3.数据储存和备份费用。数据存储设备、云储存、数据备份和恢复的费用 4.通信费用。电话、宽带、传真等通信设备和服务的费用
7	保险费用	1.财产保险费用。保护企业财产免受损失的保险费用,如房屋、设备的保险购买等费用 2.责任保险费用。保护企业在法律责任方面的保险费用,如产品责任险、雇主责任险等 3.雇员意外伤害保险费用。保护员工在工作期间发生意外伤害的保险费用
8	法律和咨询费用	1.律师费用。律师咨询、法律文件起草等费用 2.咨询顾问费用。管理咨询、财务咨询、人力资源咨询等费用 3.知识产权费用。申请专利、商标注册等知识产权相关的费用
9	公关和礼品费用	1.公关活动费用。组织公关活动、公关媒体等费用 2.礼品和赠品购买费用。购买公司礼品和赠品的费用,如客户礼品、员工福利等
10	其他行政支出	1.办公会议和活动费用。公司内部会议、培训、庆典等的费用 2.办公室维修和清洁费用。办公场所维修、保洁等费用

12.1.2 行政经费预算管理

行政经费预算管理是企业对行政经费进行合理规划、分配和监控的过程,行政经费预算管理可以确保行政经费的有效利用和支出得到控制。

1.行政经费预算管理的原则

(1)战略导向原则

企业的行政经费预算应该与企业的战略目标和长期利益相一致,为企业实现长期发展提供支持。因此,在制定预算时,需要先了解企业的战略规划和发展目标,然后根据规划和目标来安排各项支出,确保预算与企业的战略方向相符。

(2)资源优化原则

企业制定行政经费预算时应合理安排各类资源,包括人力、物力、财力等,优化资源的配置和使用,提高资源的使用效率和效益。因此,在制定预算时,需要对各类资源进行评估和配置,确保资源的合理利用和效益最大化。

(3)经济效益原则

企业制定行政经费预算应注重经济效益,通过合理的资源配置和提高效率来实现企业价值的最大化。这意味着在制定预算时,需要考虑如何以最小的投入获得最大的产出,提高企业的盈利和竞争力。

（4）监督原则

对行政经费的监督应从编制预算开始，整个资金活动要严格按程序管理，健全和完善各个环节的财务管理制度，做到办事有计划、拨款有预算、收支有标准、分析有资料、监督有要求和处理问题有措施。

（5）稳定性原则

企业行政经费预算应保持稳定性，根据企业的实际情况和发展需求，制定科学合理的预算方案，避免预算波动和不确定性。因此，在制定预算时，需要考虑企业的实际情况和未来发展趋势，制定一个稳定、合理的预算方案，避免出现大的预算波动和不确定性。

（6）风险管理原则

企业行政经费预算应考虑风险管理，需要对企业面临的风险进行分析和评估，并制定相应的风险应对措施，以降低企业运营中的风险和不确定性。

2.行政经费预算管理的步骤和要点

通过对行政经费进行预算管理，企业可以更有效地控制行政费用，提高预算执行的准确性和透明度，从而实现经济效益和战略目标的平衡。当涉及企业行政经费预算管理时，以下是详细的行政经费预算管理步骤。

（1）收集和分析信息

①收集企业的财务数据、经营计划和战略目标，了解企业的财务状况和需求。

②与行政部门和利益相关者沟通，了解他们的需求和预期。

③分析历史数据和趋势，评估行政费用的规模和变化趋势。

（2）确定预算目标

①基于企业的战略目标和行政部门的需求，确定行政经费预算的总体目标。

②确定预算周期，如年度、季度或月度预算。

③制定具体的预算目标，如费用限额、成本控制目标和效益目标。

（3）编制预算计划

①将预算目标转化为具体的费用项目和金额。

②对行政费用项目进行分类，如人力资源、办公设备、办公用品、培训和差旅等。

③根据历史数据、需求预测和成本估算，预估每个费用项目的金额。

④编制预算计划将各项费用预算相加得出总预算金额。

> **注意事项**
> 在编制预算计划时，可以制定备选方案，以应对潜在的不确定性和变化。这样可以增加灵活性，并在需要时进行预算调整和修订，避免固化的预算计划导致无法应对变化的局面。

（4）预算审核和批准

①将编制好的预算计划提交给负责预算审批的管理层或相关部门。

②预算审批部门或人员进行预算审查，确保预算的合理性、准确性，并且符合企业经营策略。

③根据审批意见调整和协商预算计划，以满足各部门的需求和经费限制目标。

④确定最终的预算并获得批准，确保相关部门理解和接受预算计划。

（5）预算执行和监控

①将预算计划转化为实际行动，落实费用控制和开支限制。

②建立预算执行的监控机制，跟踪费用支出和预算执行情况。

③定期与相关部门进行预算执行的沟通和协调，解决预算执行中的问题和挑战。

④在执行过程中记录实际费用支出和调整，确保预算执行的透明度和准确性。

> **细节提示**
> 在行政经费预算管理中，需要建立明确的责任制，确保每个费用项目的责任人清楚，并明确其职责和权限。建立明确的费用批准流程和预算执行流程，避免因为责任不清而导致费用超支或执行混乱。

（6）预算修订和调整

①定期对预算执行进行评估，比较实际执行结果与预算目标的差异。

②针对预算差异进行分析，找出原因，并调整预算计划以提高其准确性和可行性。

③当发生重大变化时，如市场环境变化或策略调整，须进行必要的预算修订和重新编制。

④在修订预算时，与相关部门进行协商和沟通，确保预算调整的合理性和可行性。

（7）绩效评估和反馈

①定期对行政部门的预算执行进行绩效评估，比较实际执行结果与预算目标的差异。

②分析绩效差异的原因，确定改进措施和行动计划。

③提供反馈和建议，帮助行政部门改进费用管理和预算控制。

④将绩效评估的结果用于下一期预算的制定和改进。

3.行政文秘人员的职责

（1）数据收集和整理

行政文秘人员负责收集和整理与行政经费预算管理相关的数据和信息，包括企业的财务数据、经营计划和战略目标等，为预算编制提供必要的数据支持。

（2）协助预算编制

行政文秘人员可以协助行政部门和财务部门进行预算编制工作。他们可以参与费用分类和预算项目的设定，协助制订具体的费用预算计划，并整理相关数据和信息以支持预算编制的准确性和可行性。

（3）预算文档的撰写和维护

行政文秘人员负责编写和维护与行政经费预算管理相关的文档和报表。包括起草预算计划、预算解释说明和费用报告等文件，确保文档的准确性、规范性和完整性。

（4）预算审核和审查

行政文秘人员可以协助财务部门和行政部门进行预算审核和审查工作。包括核对预算计划和实际支出的一致性，检查费用估算的准确性，同时还可以提出必要的修改或调整建议。

（5）沟通和协调

行政文秘人员在预算管理过程中起到沟通和协调的桥梁作用。他们可以与行政部门、财务部门和其他利益相关者定期沟通，协调预算编制和执行的事宜，并及时解决预算管理中的问题和难题。

（6）文件和记录管理

行政文秘人员负责行政经费预算管理相关文件和记录的管理和归档工作。确保相关文件的存档安全和妥善保管，以备将来审计和查阅之需。

（7）协助预算执行和监督

行政文秘人员可以协助行政部门和财务部门进行预算执行和监督工作。通过参与费用支出的跟踪和记录，提供实际支出的数据和报告，来协助监督预算执行情况。

12.1.3 行政经费开支标准

通过设定行政经费开支标准,企业可以对行政费用进行控制,确保在合理的范围内进行开支。有助于减少行政费用的浪费和不必要的支出,优化企业的成本管理。企业行政经费的开支标准通常会因企业的规模、行业、地区和其他因素而有所不同。常见的企业行政经费开支标准参考范围如表12-2所示。

表12-2 行政经费开支标准

序号	项目	具体内容
1	人力资源管理费用	员工薪资、福利、培训和招聘费用等通常占据企业行政经费的较大比例。根据行业和地区的平均水平,人力资源费用可能占据总行政经费的30%~50%
2	办公场所租赁和设施费用	租赁费用通常是固定支出,而设施费用会涉及一次性购买和定期维护费用。这些费用通常占据总行政经费的10%~20%
3	通信与信息系统费用	随着企业依赖技术的增加,通信和IT费用在行政经费中的比例也在增加。通常占据总行政经费的5%~15%
4	差旅和交通费用	包括交通费用、补贴和差旅费等。这些费用可能根据企业规模和需求有所差异。一般情况下,差旅和交通费用占据总行政经费的5%~15%
5	公关和礼品费用	公共关系和礼品费用应该严格控制在合理范围内,避免浪费和滥用。这些费用可能根据企业规模和需求有所差异,公关和礼品费用通常占据总行政经费5%~15%
6	营销和宣传费用	营销和宣传费用通常用于提高企业知名度、品牌推广和促进销售。营销与宣传费用的比例可以根据企业的市场策略和行业惯例而有所不同,一般占据总行政经费的5%~15%
7	法律和咨询费用	包括法律咨询、知识产权保护、专利申请、审计费用等。这些费用有助于确保企业运营合规,并维护企业的合法权益。法律与咨询费用的比例可以根据企业规模和法律风险而有所不同,一般占据总行政经费的5%~10%
8	培训和发展费用	包括员工培训、专业发展、内部培训课程、外部培训活动等。这些费用有助于提升员工工作技能、知识和能力,提高组织绩效和员工满意度。培训和发展费用的比例可以根据企业的人力资源策略和培训需求而有所不同,一般占据总行政经费的5%~10%
9	保险费用	包括员工医疗保险、责任保险、财产保险等。这些费用用于保障企业和员工在发生意外事故或财产遭受损失时的风险和安全。保险费用的比例可以根据企业的行业和风险情况而有所不同,一般占据总行政经费的5%~10%
10	其他行政支出	包括内部会议、外部活动、员工福利活动、团建费用等。这些费用用于促进内部沟通、员工互动和团队建设。会议与活动费用的比例可以根据企业文化和员工需求而有所不同,一般占据总行政经费的5%~10%

12.2 行政经费使用与审批

12.2.1 行政经费使用

行政经费使用指的是对组织或机构的行政活动和日常运营所需的经费进行管理和使用。行政经费通常用于支付员工薪资、办公设备和用品采购、办公场所租赁、行政服务外包费用、培训和发展、差旅费用等。

1.行政经费构成

行政经费构成如表12-3所示。

表12-3　行政经费的构成

序号	名称	详细描述
1	人力资源费用	包括员工的薪资、福利、社会保险和培训等费用。这是组织日常运营中最重要的经费之一，用于支付员工的工资和福利待遇，确保组织人力资源的稳定和持续发展
2	办公设备与耗材费用	涵盖办公桌椅、电脑、打印机、复印机等办公设备的购买、维护和更新费用，以及办公耗材如纸张、笔、墨盒等的采购费用
3	办公场所租赁与维护费用	包括办公场所的租金、水电费、清洁费用、维修费用等。这些费用用于提供良好的办公环境和设施，确保员工的工作条件和效率
4	通信与信息技术费用	涉及电话费、网络费、软件许可费、服务器维护费用等。这些费用用于维持组织的通信和信息技术设施的正常运行，保证信息的流畅和安全
5	差旅与交通费用	涉及员工的差旅费、交通费用、住宿费用等。这些费用用于员工出差和日常交通的支出，保证员工能够顺利参与各项工作和活动
6	会议与培训费用	包括会议场地租赁费、培训师资费用、参会人员的交通和住宿费用等。这些费用用于组织内部或外部的会议、研讨会和培训活动，提升员工的专业能力和组织的综合素质
7	营销与宣传费用	涉及市场推广、广告宣传、展览活动、公关费用等。这些费用用于提升组织的知名度，维护组织形象，达到促进产品或服务的销售和推广的目的
8	其他费用	还包括一些特定的费用，如保险费、专业咨询费、法律顾问费等，根据组织的需求和运营情况而定

2.工作要求

对于行政经费的使用，行政文秘人员需要遵守以下工作要求。

（1）遵循预算限制

行政文秘人员应明确预算限额，并且在经费使用过程中严格遵守预算要求，确保经费的合理分配和有效利用，避免超支或不当使用经费。

> **举例说明**
>
> 假设行政部门的年度预算为15万元，其中包括办公用品、设备维护、会议费用等各项支出。行政文秘人员接到一个办公设备维修的申请，需要维修一台打印机。在处理这个申请时，行政文秘人员首先核实预算限额，确认还有足够的余额可以用于设备维修。然后评估打印机维修的必要性，考虑打印机对办公工作的重要性，以及维修后能否延长其使用寿命和提高工作效率。如果打印机的维修是必要且合理的，行政文秘人员可在预算限额内安排资金进行维修。然而，如果维修费用超过预算限额，行政文秘人员则需要与上级管理层协商并获得批准，或者寻找其他解决方案，例如，选择更经济实惠的替代品或推迟维修时间。

（2）合规性和合法性

行政文秘人员应确保行政经费的使用符合相关法律法规和企业内部规章制度，在经费使用过程中，严格遵守财务纪律，不违反相关规定，确保行政经费的合规性和合法性。

（3）审批流程和文件记录

行政文秘人员应熟悉经费使用的审批流程，并按照规定的程序进行审批，同时，需妥善保留相关文件记录，包括经费申请单、审批文件、报销单据等，以便核查和审计。

（4）节约和控制经费

行政文秘人员应积极采取节约措施，合理使用行政经费，在经费预算和安排中，优先考虑经济合理的方案，并寻找节省成本的机会，以提高经费的使用效益。

①行政文秘人员应审慎评估各项支出的必要性和合理性，并选择成本较低但能满足需求的选项。

②行政文秘人员可以与供应商进行谈判，争取更优惠的价格和折扣。同时，还可以探索其他合作或共享资源的可能性，以减少重复性的开支。例如，多个部门可以共同使用某些设备或服务，从而降低总体的经费支出。

③行政文秘人员还可以通过监控经费使用情况来控制经费。应建立健全财务制度和审批流程，确保经费使用的合规性和透明度。定期进行经费核查和审计，以发现并纠正潜在的经费浪费或滥用情况。

> **举例说明**
>
> 　　假设行政部门需要举办一次公司内部的培训活动，预算为20000元。行政文秘人员可以采取以下措施来节约和控制经费。
> 　　①寻找合适的培训场地。行政文秘人员可以与多家培训机构协商，选择价格合理且设施良好的场地，可以与场地管理方商讨折扣或优惠，以降低场地租用费用。
> 　　②精准控制参与人数。行政文秘人员根据培训的目标和需求，仔细筛选参与人员，确保参与人数合理，以节省培训材料、用餐和交通等方面的费用。
> 　　③制订详细的预算计划。行政文秘人员应编制详细的预算计划，明确各项费用的预估金额，并在活动过程中进行费用跟踪和控制。如果发现某项费用超出预算，可以及时采取调整措施，以避免经费超支。

（5）透明度和报告

　　行政文秘人员应保证经费使用的透明，确保相关信息的准确记录和报告，定期向上级管理层和相关部门报告经费使用情况，提供必要的决策支持和信息反馈。

12.2.2 行政经费审批

　　行政经费审批的主要作用是确保行政经费使用的合理性和经济性，以防止资源的浪费和经费的无效使用，有助于企业实现科学决策，提高行政经费使用效率，提升公共服务的品质。

1.行政经费审批流程

（1）填写借款单或请款单

　　企业员工想要申请使用行政经费，需要先填写借款单或请款单，填写信息包括费用类型（如差旅费、会议费、设备购置费等）、费用金额、费用发生时间等。同时，申请者还需要提供必要的附件，如合同、发票、行程单等，以供审批人审核。

（2）相关部门负责人审核

　　行政经费的审批可能涉及的部门有行政部、财务部。相关部门对行政经费申请的审批事项为申请表单是否填写齐全、申请说明是否充分、表单是否经过逐级审批。

（3）总经理审批

　　涉及重大事项、重大经济决策的行政经费使用申请，需要经过总经理审批才能生效。总经理审批事项为金额是否合规合理、申请流程是否完整等。

2.行政经费审批注意事项

（1）不同额度对应不同审批级别

①对于小额度的行政经费，通常由部门经理或主管领导审批即可。

②对于大额度的行政经费，需要由更高级别的领导进行审批，例如，企业总经理或财务总监等。

③对于非常规的行政经费，如超出预算、涉及重大事项等，需要经过特别审批程序，可能需要经过董事会或股东大会的审批。

（2）遵循先有预算、后有支出的原则

在进行行政经费审批之前，需要先确保企业或组织已经制订了相应的预算计划。审批人员要依据预算计划进行审批，确保经费支出在预算范围内，避免超预算或无预算支出的情况发生。

（3）注重附件的审核

在行政经费审批过程中，需要对申请者提供的附件进行认真审核。附件应当真实、完整、清晰，并与申请者填写的信息一致。如果附件存在问题或疑点，需要与申请者进行沟通和核实，确保附件的真实性和合法性。

（4）审批意见应当明确

审批人员在审批行政经费申请时，应当在借款单或请款单上明确签署意见，如"同意""批准"等。如果审批人对申请存在异议或问题，应当在签署意见的同时，提出具体的修改意见或建议，以便申请者进行调整或补充。

（5）关注特殊事项

对于一些特殊事项，如涉及重大支出、超出预算、涉及敏感领域等，审批人员需要特别关注，并按照企业或组织的相关规定进行特别审批或审查。

12.3 行政经费报销与内审

12.3.1 行政经费报销

行政经费报销的目的是对行政活动中使用的各项费用进行规范管理和有效控制，以提高行政活动的效率和质量，保障公共利益。

1. 行政经费报销流程

（1）申请报销

行政经费报销人需要取得原始的费用凭证，例如购买办公用品的发票、出差的发票、交通费用的发票等。这些凭证需要真实、准确、完整，并且符合企业的报销规定。具体经办人需要对这些凭证进行初步审核，并签字确认。

（2）行政部负责人审核签字

行政部门负责人需要对具体经办人提交的凭证进行审核，并签字确认。这个阶段主要是为了确保费用的合法性和合理性，如果审核中发现不符合企业报销规定或存在问题的情况，可以要求具体经办人进行修改或重新提交。

（3）分管领导审核

如果企业的组织结构中有多层次的领导层级，那么在审核签字阶段之后，需要将报销单据和凭证提交给分管领导进行审核。如果分管领导发现有问题或不符合规定的情况，可以要求具体经办人进行修改或重新提交。

（4）总经理及财务部负责人审批

在行政部门负责人审核签字和分管领导审核之后，报销单据和凭证需要提交给财务部负责人、企业总经理进行审批。这个阶段主要是为了对费用进行最终审批，并确保符合企业的报销规定和财务政策。

（5）财务部付款

经过审批后，财务部门需要对报销单据和凭证进行核对和整理，然后根据企业的报销规定进行付款。一般情况下，财务部门会将报销款项直接转账到行政部门或申请人的账户上。

（6）记录和归档

财务部门需要对报销单据和凭证进行记录和归档保存，以便日后的查询和管理。这些记录和凭证可以作为企业财务管理的重要依据，也可以作为税务申报和其他相关事项的证明材料。

2. 行政经费报销注意事项

（1）合规性

行政经费的报销必须符合企业内部的报销规定，例如，发票的开具、报销的范围、标准、程序及报销单的填写、凭证的分类、审批的流程等。

(2)真实性

报销的凭证和单据必须真实、准确、完整，报销的金额和项目必须与实际发生的费用相一致。如果存在虚假或错误的凭证或单据，可能会导致报销被拒绝，甚至引起税务和法律问题。

(3)及时性

行政经费的报销需要及时处理，并保证在有效期内得到解决。一般情况下，报销的时限为一个月左右，超过时限可能会影响报销的申请和审批。

(4)保密性

行政经费的报销需要防止信息泄露和被滥用。因此，报销单据和凭证需要妥善保管，不能随意泄露或丢失。

12.3.2 行政经费内审

行政经费的内部审计是指企业内部对行政经费使用情况进行独立、客观的审查和评估的过程。它旨在保证行政经费的合规性、透明度和有效性，并帮助企业管理层识别和解决与经费管理相关的问题和风险。

1.内审工作程序

作为行政文秘人员，应了解行政经费的内部审计工作程序，以便行政文秘人员协助审计人员开展审计工作，行政经费内部审计工作程序如表12-4所示。

表12-4 行政经费内部审计工作程序

序号	工作程序	详细描述
1	确定审计目标和范围	内部审计人员与行政文秘人员及其管理层沟通，明确审计的目标和范围，确定审计重点和关注的领域，并制订审计计划
2	收集和分析信息	内部审计人员收集相关的文件记录、报销单据和审批流程等信息，对这些信息进行分析和比对，确保经费使用的准确性和合规性
3	进行实地检查和核实	内部审计人员可能会进行实地检查，对行政经费使用情况进行核实，并与行政文秘人员和相关部门进行沟通和访谈，了解实际的经费使用情况
4	进行数据分析和评估	内部审计人员通过数据分析和评估，评估经费使用的合规性、透明度和有效性，发现异常情况和潜在的问题
5	提出审计报告和建议	内部审计人员编写审计报告，总结审计结果和发现的问题，并提出改进建议，向管理层和相关部门提交审计报告，并与他们讨论和解决存在的问题

2.内审工作方法

作为行政文秘人员,应了解行政经费的内审的工作方法,以便行政文秘人员协助审计人员开展审计工作,行政经费内部审计工作方法如表12-5所示。

表12-5 行政经费内部审计工作方法

序号	工作方法	详细描述
1	文件审查	审查相关的文件、合同、凭证和报销单据,核实支出的合规性和准确性
2	数据分析	通过对经费数据的分析和比对,发现异常和风险,识别潜在的经费问题
3	现场检查	实地调查和检查经费使用的实际情况,核实是否符合企业规定和制度要求
4	面谈和访谈	与相关人员进行面谈和访谈,了解经费使用的具体情况、操作流程和控制措施
5	抽样检查	针对大量数据进行抽样检查,验证经费使用的准确性和合规性
6	风险评估	对发现的问题和风险进行评估,确定其对企业的影响程度和优先级

3.工作要点

行政文秘人员可以在行政经费的内审工作中提供以下支持和协助。

(1)提供文件和记录

协助内部审计人员收集和整理与行政经费相关的文件和记录,包括预算编制文件、支出申请单、报销单据、审批流程表等,确保这些文件和记录的完整性和准确性,以便内部审计人员进行审查和分析。

(2)辅助数据分析

提供行政经费使用的相关数据,如经费支出明细、经费使用统计等,协助内部审计人员进行数据分析,发现潜在的问题和异常情况。

(3)协助实地检查

根据内部审计人员的要求,协助进行实地检查和核实,例如,协助安排实地访察员工宿舍、餐厅环境等,收集相关信息并提供协助。

(4)提供沟通协调支持

协助内部审计人员与相关部门和人员沟通和协调,例如,安排会议或访谈,并协调与行政经费相关的财务、行政等部门参与会议或访谈。

(5)协助整理审计报告和建议

在内部审计人员编写审计报告和提出改进建议时,协助整理相关文档和数据,确保审计报告的准确性和完整性,以便后续的审阅和讨论。

（6）遵守保密和道德准则

在协助内部审计工作中，行政文秘人员需要严格遵守保密要求和道德准则；处理和管理审计相关的信息时，确保保密性和机密性。

12.4 行政经费内控与合规管理

12.4.1 行政经费内控管理

行政经费的内部控制管理是指企业在使用行政经费过程中，建立和执行一系列制度、政策和措施，以确保经费使用得合理、透明、高效和安全。它涉及对经费流动的监督、管理和控制，旨在防止错误、滥用、浪费和不当行为的发生，保护企业的财务利益。

1.棘手问题

在行政经费的内部控制管理工作中，行政文秘人员常常会遇到以下难以解决但非常重要的棘手问题。

（1）伪造或篡改报销单据

有些员工可能会伪造或篡改报销单据，以获取未经授权的经费。例如，一位员工提交了多张相似的报销单据，金额相近但内容略有差异，经过进一步核查和调查，发现员工伪造了一些报销单据以获取额外的经费。

（2）财务记录不完整或丢失

由于工作繁忙或人为疏忽，财务记录有时可能不完整或丢失。例如，行政文秘人员发现某个月份的财务记录丢失了一部分，导致无法准确追溯经费使用情况。

（3）内部控制流程的不合理

在实际操作中，可能会发现行政经费的内部控制流程存在不合理或烦琐的情况，导致工作效率低下或存在风险漏洞。例如，行政文秘人员发现某个审批流程中存在多个冗余环节，导致行政经费的申请和审批时间过长，影响了工作进展。

2.解决措施

以下是上述棘手问题的解决措施。

（1）伪造或篡改报销单据

①强化审查程序。加强对报销单据的审查流程，包括核实发票真实性、比对报销内容与实际支出的一致性等。

②引入电子化管理系统。使用电子报销系统或财务管理软件,能够提供更高的数据准确性和防篡改性。

③建立举报机制。鼓励员工匿名举报任何可疑的报销行为,并确保对举报行为进行保密处理。

(2)财务记录不完整或丢失

①建立备份机制。确保财务记录的定期备份,包括硬盘拷贝和电子档案,以防止记录丢失或损坏。

②强化记录管理。建立规范的记录管理流程,包括文件分类、编号、归档等,确保记录的完整性和可检索性。

③加强培训和意识提升。提供培训,使所有涉及财务记录的人员了解记录管理的重要性和规范要求。

(3)内部控制流程的不合理

①定期评估和优化。定期评估内部控制流程的效率和有效性,发现问题并及时优化,确保流程合理简化且能够满足内部控制需求。

②制定明确的流程规范。建立详细的流程规范和操作指南,明确每个环节的职责和要求,减少不必要的审批环节和烦琐操作。

③提供培训和加强沟通。向相关人员提供培训并加强沟通,确保每个人都清楚了解内部控制流程的目的和操作要求,促进流程的顺利实施。

3.工作要点

在行政经费的内部控制管理工作中,行政文秘人员的工作要点如表12-6所示。

表12-6 行政文秘人员的工作要点

序号	工作要点	详细描述
1	预算编制和控制	协助管理层制定行政经费预算,并在预算范围内控制经费的使用,确保经费的合理分配和有效利用,避免超支或不当使用经费
2	支付和报销管理	负责行政经费的支付和报销事务,确保相关单据的准确性和合规性,核对报销单据的真实性和合理性,确保经费的合理支出
3	配合内部审计	协助内部审计人员开展行政经费的内部审计工作,提供相关文件和资料,配合审计程序的进行,确保审计工作的顺利进行,发现并解决经费管理中的问题和风险
4	文件和记录管理	负责行政经费相关的文件和记录的管理工作,妥善保存经费使用的相关文件、报销单据、审批流程等,以便核查和审计
5	内部控制流程建设	参与制定和完善行政经费的内部控制流程和制度,提出改进建议,加强经费使用过程中的监督和控制,提高经费使用效率和合规性

续表

序号	工作要点	详细描述
6	报告和沟通	定期向上级管理层和相关部门报告行政经费使用情况，与相关部门进行沟通和协调，确保经费使用的透明度和合规性
7	审查和监督	审查经费使用的申请和报销单据，确保经费使用符合企业规定和预算要求，监督经费使用的过程，发现并纠正可能存在的违规行为或不当使用经费的情况
8	风险管理	识别和评估经费管理中的潜在风险，采取相应的控制措施和防范措施，降低风险发生的可能性。建立风险管理机制，确保经费管理的安全性和稳定性

12.4.2 行政经费合规管理

行政经费的合规管理对于任何企业来说都至关重要。在日常运营中，行政经费的使用和管理需要遵守法律法规、财务制度和企业内部规定，以确保经费使用的合法性和合规性。

1.合规风险识别

作为行政文秘人员，参与行政经费合规管理是工作责任之一，在此过程中，需要识别和评估合规风险（见表12-7），并采取相应的控制措施来减少风险的发生，以便在行政经费的合规管理中更有效地履行职责，确保经费的合规使用。

表12-7 合规风险点

序号	合规风险点	风险描述
1	费用报销违规风险	如虚假报销、超出预算范围的报销、个人消费报销等，可能导致经费的不当使用和浪费
2	审核不当风险	如滥用职权等为违规费用报销提供不当的支持，能导致不合规的费用报销，损害企业的财务合规性
3	预算控制不力风险	如未能严格遵守预算限制、预算安排不合理，可能导致经费超支、预算执行不符合规定
4	档案记录不完整风险	行政文秘人员负责维护和保管经费使用相关的档案记录，如费用凭证、报销单据等，若档案记录不完整或存在错误，可能导致经费使用的合规性无法准确评估，难以进行审计和监督
5	合规意识不足风险	行政文秘人员可能缺乏对合规管理的理解和培训，意识不足，容易发生违规行为，缺乏合规意识可能导致无法准确识别和遵守合规要求
6	不当利益冲突风险	如与供应商存在利益关系、个人利益与公务经费使用相冲突等，可能导致经费的不当分配和使用，损害经费使用的公正性和透明度

2.工作要求

行政文秘人员在行政经费合规管理中承担了重要的角色和责任，因此在此工作中，需要严格遵守以下几方面的工作要求，以维护行政经费管理工作的合规性。

（1）熟悉相关法规和规定

行政文秘人员需要了解与行政经费合规管理相关的法律法规、规定和政策，包括财务管理法规、行政经费使用规定等。只有深入了解这些规定，才能正确地执行行政经费的合规管理工作。

（2）协助预算编制与执行

行政文秘人员需要协助合规监管部门编制预算计划，为合规管理提供数据和信息支持，帮助合规监管部门掌握经费使用情况，协助监督和控制预算的执行，确保预算的合理性和合规性。

（3）提供费用报销指导与审核

行政文秘人员需要为员工提供费用报销指导，明确合规要求和流程，确保报销单据的完整性、准确性和真实性；进行合规审核，并与财务部门协调，确保费用报销的合规性。

（4）保管经费记录和档案

行政文秘人员需要妥善保存与行政经费相关的文件和数据，包括合规文件、费用凭证、报销单据等，确保相关文件和数据的准确性、完整性和可追溯性，以备审计和监督需要。

（5）协助内部控制与审计

行政文秘人员需要协助企业建立和执行内部控制机制，包括参与内部审计、风险管理等工作。同时协助内部审计部门进行审计工作，配合内部审计的调查和核实，确保经费使用符合规定。

（6）加强沟通与培训

行政文秘人员应加强与相关部门和人员的沟通，及时了解并传达合规管理的要求和变化，组织合规培训和宣传活动，提高员工对合规管理的认识和意识，帮助员工正确理解合规要求并严格遵守。

（7）监测和报告合规情况

行政文秘人员需要监测行政经费的合规情况，并定期向上级主管部门或人员报告。通过收集和整理相关数据，制作合规报告，及时发现和汇报合规问题和风险，并提出改进建议。

第 13 章
ChatGPT 在行政文秘中的应用

13.1 ChatGPT在问题解决中的应用

13.1.1 案例1：合同问题

在企业运营中，合同作为法律与经济活动的重要载体，其质量与管理效率直接关系到企业的决策精准度、经济安全与长远发展。但在合同制定与执行过程中却问题频发，借助ChatGPT等人工智能工具，可以协助深入分析合同文本，精准捕捉字里行间的潜在风险或问题，提高合同问题的解决效率。

1.向ChatGPT提问

（1）提供背景信息

提供与合同问题相关的背景信息，例如企业名称、合同类型、争议的主要内容等。有助于ChatGPT更好地理解问题并提供相关建议。

（2）具体问题陈述

确保陈述的问题具体明确，使ChatGPT能够给出有用的回答。如"作为行政文秘人员，我需要协助解决与客户签订的服务合同中的争议。合同对付款期限没有明确规定，但客户现在要求我们提前支付"。

（3）制定所需的解决方案

如果合同制定人员对特定的解决方案或建议感兴趣，可以明确提出。如"我希望了解解决此次合同问题的最佳做法和可能的后续行动"。

2.向ChatGPT追问

（1）询问具体步骤

如果想了解某个解决方案的具体实施步骤或程序，可以直接询问。如"在解决这个合同纠纷的过程中，我应该采取哪些具体的步骤和程序？"

> 在解决与客户签订的服务合同中的争议时,以下是一些最佳做法和可能的后续行动建议:
>
> 1. 审查合同条款:首先,仔细审查合同的所有条款,尤其是与付款相关的条款。确认合同中是否有明确规定的付款期限。如果没有明确规定,可以查看其他相关条款和约定,例如支付方式、发票要求等,以了解合同中的支付期望。
> 2. 与客户沟通:与客户进行积极的沟通,明确双方的期望和要求。解释合同中未明确规定付款期限的情况,并提出您公司的支付政策。了解客户为什么要求提前支付,并尝试找到双方都能接受的解决方案。
> 3. 协商和修改:如果双方就付款问题存在分歧,建议通过协商和修改合同来解决争议。您可以与客户商讨修改合同条款,明确付款期限、付款阶段或其他支付安排,以便双方都能接受并遵守。

(截图仅展示了部分回答内容)

(2)详细描述情况

如果需要更多细节来理解解决方法的适用性,请详细描述涉及的情况、合同条款或争议的具体细节。如"如果合同上没有该规定,但另附有补充协议表明了该规定,是否有效呢?"

(3)提出特定问题

如果对特定方面或特定问题有疑问,请明确提出。如"在解决合同争议时,如何评估每个争议方的责任和义务?"

(4)请求示例或案例

如果想了解某个解决方法在实际情况中的应用,可以要求ChatGPT提供相关的示例或案例。这将帮助行政文秘人员更好地理解解决方案的可行性。

3.案例分析

(1)背景

小张是某公司的销售员,与公司签订了一年期的劳动合同,但是在合同期满前,公司突然与小张解除了劳动合同,理由是小张工作质量不达标。然而,小张认为自己一直在工作,公司单方面的解除行为是违法的。小张准备起诉公司违规解除劳动合同。假设我是该公司的一名行政文秘人员,负责处理此次起诉,向ChatGPT寻求帮助。

(2)挑战及解决方法

①法律程序和法规。需要了解劳动法中的相关规定,以确保处理行为符合法律法规,包括了解劳动合同的解除条件、程序和争议解决途径等。

> B7　在解决以上合同争议时,如何评估每个争议方的责任和义务?

> 在评估合同争议中各方的责任和义务时,以下是一些关键因素和步骤:
> 1. 仔细审查合同条款:首先,仔细阅读和理解合同的所有条款和条件。了解合同中明确规定的各方的责任和义务,特别是与争议相关的条款。注意支付条款、交付要求、服务质量标准等。
> 2. 识别违约行为:确定涉及争议的具体行为或事件,并判断是否构成违约行为。检查合同中的约定,包括付款期限、交付日期、服务质量要求等,以确定是否有任何一方未履行其在合同中的义务。
> 3. 收集证据:收集与争议有关的证据和文件,如通信记录、支付凭证、交付确认、服务报告等。这些证据将有助于确定责任和义务的履行情况,并支持您的立场。
> 4. 解释合同条款:根据合同的具体条款和上下文,解释和理解各方的责任和义务。有时候,合同的条款可能存在模糊或可解释性的问题,需要依靠合同解释原则、行业惯例和法律法规来解决争议。

(截图仅展示了部分回答内容)

②证据收集。为了支持公司的辩护,需要收集小张工作质量、公司解除合同的理由及双方的沟通记录等证据,确保有充分的证据来支持公司的立场。

③调解和解决争议。劳动争议一般可通过调解或仲裁解决。可能需要与小张或其代表进行沟通,探讨解决争议的可能性,并尝试达成和解。

④维护公众形象和声誉。处理此类争议时,公司的公众形象和声誉可能受到影响,需要考虑如何处理和回应公众关注,以维护公司的形象和声誉。

(3)答辩状

ABC公司

××××地址

××××年××月××日

××法院

××××法院地址

案号:×××

关于小张对公司违规解除劳动合同的起诉一案的答辩状

尊敬的法院：

我代表ABC公司，就小张对公司违规解除劳动合同的起诉提出答辩如下：

一、关于小张工作质量的问题：

我们公司对员工的工作质量有严格要求和质量标准。小张在签订劳动合同期间被明确告知工作质量的标准，并经过培训和指导。公司在其工作期间进行了定期评估和反馈，以确保工作质量达到要求。

我们公司有充分的证据证明小张在其工作期间未能达到公司所要求的工作质量标准。包括详细的工作记录、绩效评估报告和其他相关文件。这些证据明确表明小张的工作质量存在明显不足，公司已经进行了多次沟通和警告。

公司根据劳动合同约定的解除条件和程序，依法解除了与小张的劳动合同。公司的行为是基于小张未能履行其职责和未能达到工作质量标准的合理行为。

二、关于合同解除的程序：

公司在解除劳动合同前，与小张进行了充分的沟通。我们公司的人力资源部门在解除合同前与小张进行了多次面谈，并就其工作质量问题提出了合理的改进要求和建议。

公司在解除劳动合同时，按照相关法律法规的要求，向小张提供了书面通知，并向其进行了解释和协商。我们公司遵循了合同中规定的解除程序，并为小张提供了合理的解释机会。

三、和解及解决争议的愿望：

我们公司一直主张通过和解或谈判解决劳动争议，以保持良好的劳动关系，维护双方的权益。我们愿意继续与小张或其代表进行积极的沟通和协商，寻求可能的解决方案，以避免长期的法律争议和司法程序。

我们公司尊重法院的决定，并将按照法律法规的要求积极配合和履行相关义务。

基于上述理由，我们请求法院采纳我们的答辩意见。

13.1.2 案例2：纠纷问题

【案例背景】

某化工企业位于城市周边一个工业园区内，主要生产化学产品。该企业长期以来存在排放污染物的问题，尤其是废水和废气排放超过环保标准。由于企业位于城市附近，周边居民对其排放的污染物对环境和健康造成的影响感到担忧。一些居民和环保组织开始对企业的环境管理进行关注，企业可能面临环境监管部门的处罚，并需要与居民和环保组织进行协商，解决环境纠纷问题，以改善企业的环境影响和社会形象。

作为一名行政文秘人员，需要协助企业管理层有效处理环境纠纷问题，保证信息流通、协调沟通，并为环境纠纷解决提供必要的支持和配合。此时，行政文秘人员可以借助ChatGPT，获得一些纠纷问题解决方面的建议。

1.向ChatGPT提问

（1）直接提问

简要介绍一下问题背景后，直接陈述问题，以获得明确的回答。例如："该化工企业如何减少污染物排放？""如何与居民进行协商？"

（2）分解提问

由于该纠纷问题涉及多个方面，需要得到详细的解答，可以将问题分解为多个步骤，逐步提问。例如："首先，该企业应采取哪些污染物治理措施？其次，如何促使企业与居民和环保组织进行合作？"

（3）比较提问

可以通过比较不同方法或观点的优缺点，得到最符合当下困境的纠纷问题解决建议。例如："在改善环境状况方面，应该选择减少废水排放还是降低废气排放？"

2.筛选建议并及时处理纠纷

（1）收集和整理资料

通过向ChatGPT的提问，搜索和整理与案例相关的资料、法律法规、案例等信息，以更好地了解和分析该纠纷问题。同时分析收集到的环境数据和信息，协助编制环境报告和统计分析，提供相关数据给企业管理层和决策者。

（2）厘清思路，制定解决方案

根据ChatGPT提供解答和建议，结合企业自身的纠纷背景、实际情况和相关的法律法规，厘清思路、找到解决方案。

（3）组织会议进行沟通和讨论

包括企业内部会议、与居民和环保组织的对话会议等。记录会议纪要和重要讨论内容，并及时分发给相关人员。

（4）保持联系

作为企业与居民、环保组织之间的沟通桥梁，及时与各方保持密切联系，及时传达信

> 要促使该企业与周边居民和环保组织进行合作和对话，以解决纠纷，可以考虑以下措施：
>
> 1. 建立沟通渠道：设立一个开放、透明的沟通渠道，使居民和环保组织能够与企业进行直接对话。这可以包括定期召开公开会议、成立环境委员会或设立在线平台，以便交流意见、分享信息和解决问题。
> 2. 倾听和回应关切：企业应认真倾听居民和环保组织的关切和意见，并及时回应。对于他们提出的问题和建议，应积极采取行动，展示解决问题的决心和能力。
> 3. 透明披露信息：企业应主动披露环境数据、排放情况和改善措施的信息，增加透明度。这有助于建立信任，并让居民和环保组织了解企业正在采取的行动和取得的进展。

（截图仅展示了部分回答内容）

息、回应问题，并协调双方的意见和需求。

（5）协助开展企业的社会责任项目

如环境保护宣传活动、社区参与计划等，与相关部门和组织合作，推动项目的顺利实施。可以通过再次向ChatGPT提问，获取组织各项活动的创意支持。如"如何策划一场环境保护宣传活动""我想了解如何进行社交媒体宣传和宣传材料设计，可以提供一些建议吗？"等。

（6）协助处理法律事务

为企业法务部门提供必要的文件和信息支持，协助处理与环境纠纷相关的法律事务，如起草法律文件、配合律师调查等。

（7）风险评估和预防

借助ChatGPT，识别环境纠纷的风险因素，进行风险评估，并提出相应的预防措施，帮助企业降低环境纠纷再次发生的可能性。

13.1.3 案例3：公关问题

【案例背景】

ABC餐厅是一家知名的餐饮企业，在当地拥有庞大的顾客基础。然而，最近发生了一起食品安全事件，引发了公众的负面关注。一名顾客在ABC餐厅就餐后，出现食物中毒症状，经医院诊断确认是因为食用了ABC餐厅提供的食品引起的。该顾客的经历在社交媒体上广泛传播，引起了公众对ABC餐厅食品安全问题的担忧。公众开始质疑ABC餐厅的食品安全管理和质量控制体系，担心是否还会有其他顾客遭遇类似的食物中毒事件。许多人对

ABC餐厅的食品安全措施表示不信任,认为企业没有足够地关注食品安全问题。

【公关挑战】

(1)媒体报道

媒体对该事件进行了广泛报道,引发公众对食品安全问题的广泛讨论,对企业声誉造成负面影响。

(2)负面口碑

社交媒体上出现大量负面评论,削弱了ABC餐厅在公众心中的形象和信任度。

(3)调查和追责

监管机构将对ABC餐厅进行调查,如果发现企业存在食品安全管理上的问题,可能会面临罚款和追责。

如果ABC餐厅没有对该事件做出及时回应和公关,将会对ABC餐厅的声誉造成负面影响,进而影响餐厅的经营。当企业面临公关问题,行政文秘人员可以寻求ChatGPT的帮助,拓宽思路,为企业提供适当的公关策略和措施,最大化地减少企业损失,维护企业的公众形象。

1.向ChatGPT提问

通过询问ChatGPT,行政文秘人员能够得到针对此事件的公关策略和措施,在询问ChatGPT的过程中,需要掌握以下提问技巧。

(1)明确问题

需要明确地描述所面临的问题或需要达成的目标。例如:"我们面临着一系列公关危机,我们如何迅速有效地解决这些问题?"

(2)设定情境

为ChatGPT提供详细的背景信息和情境描述,使其更好地理解行政文秘人员所面临的问题。例如:"我们的公司最近因为某项决策引起了公众的不满,我们的公关团队需要制订一份应对计划。"

(3)提出具体要求。可以在问题中明确地提出行政文秘人员希望得到的回答类型,例如:"请给出一些具体的公关策略和措施,可以帮助我们应对这种危机。"

(4)询问风险和效果

在获得ChatGPT提供的策略和建议时,可以询问ChatGPT这些策略可能带来的风险和效果,以便更好地评估和决策。例如:"这些策略可能会带来哪些风险?我们如何衡量它们的有效性?"

请问这时候ABC餐厅应该采取什么样的公关策略和措施？请保证策略和措施的详细、完整、可行。

> 在面对这样的食品安全事件时，ABC餐厅可以采取以下公关策略和措施来处理负面影响和恢复公众信任：
>
> 1. 及时回应和道歉：
>   - 餐厅应立即回应事件，展示对顾客遭遇的关切和重视。
>   - 公开向受害顾客道歉，表达深切的歉意，并表示愿意承担责任。
> 2. 透明沟通和信息公开：
>   - 提供准确、全面的事实信息，解释事件的起因和调查进展。
>   - 公开与事件相关的食品安全控制措施和质量检测流程，以证明公司对食品安全的重视。
> 3. 快速调查和合作：
>   - 立即展开内部调查，查明事件的原因和责任。
>   - 主动配合相关部门和调查机构的调查工作，以展示餐厅的合作态度。
> 4. 采取紧急措施和改进措施：
>   - 餐厅应立即采取紧急措施，停止供应可能存在问题的食品，并进行全面清查。
>   - 加强食品安全管理和质量控制体系，修正潜在问题，并制定改进计划。
> 5. 加强员工培训和意识：
>   - 对员工进行食品安全培训，确保他们充分了解食品安全的重要性和操作规范。

（截图展示了部分回答内容）

2.追问ChatGPT

如果行政文秘人员对之前ChatGPT给出的答复有疑问，可以通过以下几种追问方式，对ChatGPT进行追问，帮助ChatGPT更好地理解行政文秘人员的问题。

（1）提出疑问

可以在追问中直接表达疑问，帮助ChatGPT更好地了解行政文秘人员的问题，从而给出更准确的回答。例如："我们对这些策略的实施效果存在疑虑，如何确保它们的有效性？"

（2）提供情境

可以提供更多的情境信息，以便ChatGPT更好地理解目前的情况和行政文秘人员的需求。例如："在实施这些策略时，我们需要注意哪些细节和因素？"

（3）请求举例

如果行政文秘人员需要更多的例子来理解ChatGPT给出的建议，还可以请求ChatGPT给出更多的实例。例如："能否给出一些具体的实例来解释这些策略的可行性？"

（4）澄清理解

如果行政文秘人员对ChatGPT的回答理解的不够清晰，可以请求ChatGPT进一步解释其回答。例如："能否再解释一下这些措施的具体含义和实施方式？"

（5）引导建议

如果行政文秘人员需要更多的建议和指导，可以请求ChatGPT给出更多的建议。例如："能否为我提供一个回应稿？""除了这些措施，我们还需要注意什么或者应该采取哪些进一步的行动？"

> ST 请以ABC餐厅的名义，写一封针对此次事件的回应稿。

> 尊敬的顾客和社区居民，
>
> 我们是ABC餐厅的管理团队，针对最近发生的食品安全事件，我们向您致以最真诚的回应和道歉。
>
> 首先，我们深感抱歉，因我们的疏忽和管理不善，给您带来了担忧和困扰。对于这次食品中毒事件，我们感到无比的遗憾和内疚。我们明白这次事件给您的生活带来了不便和不安，我们对此深感愧疚。
>
> 自事件发生以来，我们立即采取了紧急措施。我们暂停了所有可能存在问题的食品供应，并展开了全面的调查和检查。我们与卫生部门紧密合作，全力追踪问题的根源，并确保其他食品没有受到任何影响。
>
> 我们诚挚地向受影响的顾客表示道歉，并保证我们将全力负责，为您提供必要的支持和协助。如果您需要任何医疗帮助或进一步的沟通，请及时联系我们的客户服务团队，我们会竭尽全力为您提供帮助。
>
> 同时，我们正在加强我们的食品安全管理和质量控制体系。我们已经加强了员工培训，确保每一位员工都深刻认识食品安全的重要性，并严格按照操作规程进行工作。我们将加强监督和内部审核，确保食品质量和安全。

（截图仅展示部分回答内容）

13.2 ChatGPT在文案写作中的应用

13.2.1 应用1：活动策划方案

活动策划方案的目的是规划、组织和实施一次或多次特定活动，以达到特定的目标和效果。作为一名行政文秘人员，可以借助ChatGPT等人工智能工具来迅速获取关键信息、实施步骤及相关注意事项，以便更好地写出一份活动策划方案。

1.向ChatGPT提问

（1）具体描述活动的目标和性质

明确说明要策划的活动类型、目标受众、时间和地点等信息，以便ChatGPT更好地理解需求。如"我需要策划一次公司内部团建活动，目标是促进员工之间的团队合作和沟通。活动预计在下个月的某个周末进行，地点是一个附近的度假村"

（2）列举所需的关键要素

提供活动策划所需的关键要素和限制条件，例如，预算、时间限制、参与人数等。以帮助ChatGPT在设计方案时考虑到这些因素。如"我们有一个预算限制，希望在5000美元以内完成整个活动，参与人数大约为50人"

（3）请求具体的策划建议

要求ChatGPT提供活动的整体框架、内容的设计、参与者的互动方式、餐饮安排、团队建设活动等方面的建议。如"请帮我设计一个包括团队合作游戏、小组讨论和户外活动在内的活动方案，以提升员工之间的互动和沟通能力"

（4）要求添加创意和亮点

如果希望方案具有创新或独特之处，可以明确要求ChatGPT提供一些创意和亮点。如"我希望这次团建活动有一些特别的亮点，可以让员工们记忆深刻，激发他们的参与度。请提供一些创意和独特的活动元素"

> 假设我是公司的一名行政文秘人员，我需要策划一次公司内部团建活动，目标是促进员工之间的团队合作和沟通，现在需要做一份团建活动方案，请给我一些建议

> 当策划公司内部团建活动时，以下是一些建议可以帮助促进员工之间的团队合作和沟通：
>
> 1. 活动目标确定：
>   - 明确活动的目标，例如增进员工之间的互动与合作、提升团队凝聚力或促进沟通交流等。
> 2. 团建活动选择：
>   - 根据员工的兴趣和喜好，选择适合的团建活动形式，例如户外拓展训练、团队竞赛、文化体验活动或创意工作坊等。
> 3. 团建活动时机和地点：
>   - 确定活动的时间和地点，确保大部分员工都能参与。可以考虑在工作日的午休时间或周末安排，同时选择一个适宜的场地，可以是室内或室外的场所。
> 4. 团队合作项目：
>   - 设计团队合作项目，通过小组合作任务或挑战来促进员工之间的团队合作和协作能力。例如团队解谜、团队建设项目或共同参与的创意工作坊等。
> 5. 沟通与交流活动：
>   - 安排一些活动，鼓励员工之间的交流和沟通。可以是团队分享会、交流讨论环节或者小组互动游戏等，以促进彼此之间的理解和沟通能力。

（截图仅展示了部分回答内容）

2.向ChatGPT追问

（1）请求具体的细节

如果需要更多关于活动某个方面的具体细节，可以直接询问相关内容。如"您提到的团队合作游戏，可以提供一些具体的例子吗？"

（2）要求进一步地解释或给出理由

如果某个提议、建议不够清晰或行政文秘人员想要了解其背后的原因，请直接追问。如"为什么您认为这个团队合作游戏对于员工的团队合作能力提升有效？"

（3）要求提供多个选择或对比

如果想要比较不同的选项或方案，可以直接要求ChatGPT提供多个选择或不同方案进行对比。如"除了团队合作游戏，您还能给我提供其他几种促进团队合作的活动选项吗？""对于年会活动的亮点，您可以给我提供两个不同的方案，并列出它们的优缺点吗？"等。

（4）引导ChatGPT提供更具体的建议

如果ChatGPT给出了较为泛泛的建议，可以通过提出更具体的问题来引导它给出更详细和实用的建议。如"在户外活动方面，我希望活动能够结合自然环境和团队合作，您有什么建议吗？"

B7 在户外拓展训练方面，我希望活动能够结合自然环境和团队合作，您有什么建议吗？

当结合自然环境和团队合作进行户外拓展训练时，以下是一些建议可以帮助您设计活动方案：

1. 绳索挑战：
   - 在自然环境中设置绳索挑战项目，例如高空滑索、攀岩或团队悬崖绳索下降等。这些项目要求团队成员互相支持、合作克服困难，增强团队凝聚力和信任。

2. 导航探险：
   - 设计一个导航探险活动，团队成员需要使用地图、指南针和团队合作精神，探索指定的自然区域，完成一系列任务或找到特定目标。这个活动鼓励团队沟通和决策能力。

3. 水上团队挑战：
   - 在水域进行团队挑战项目，例如皮划艇竞速、水上拓展训练或筏建设等。这些活动要求团队成员协作配合、平衡船体、调整节奏，增强团队的协作和沟通能力。

4. 野外生存挑战：
   - 创建一个野外生存挑战活动，团队成员需要在自然环境中寻找食物、建立庇护所、学习基本的野外生存技能等。这个活动鼓励团队合作、资源共享和问题解决能力。

5. 团队迷宫：
   - 在森林或草地设置一个团队迷宫，团队成员需要一起制定策略、分工合作，通过迷宫并找到出口。这个活动强调团队沟通、协作和决策能力。

（截图仅展示了部分回答内容）

3.整合和优化ChatGPT的回答

（1）评估回答

仔细阅读ChatGPT提供的建议，并确保对每个建议都有清晰的理解。评估每个建议的可行性和适应性，考虑是否与活动目标、预算、时间限制和参与人数等要求相符。

（2）筛选出最适宜的建议

从ChatGPT提供的建议中筛选出最适宜的、最具价值的建议，这些建议应该能够满足活动的核心需求并具有实际可行性。

（3）整合多个建议

如果ChatGPT给出了多个建议，可以将它们整合起来，创造一个综合的活动策划方案。在整合过程中，尽量保留每个建议的优点和创意，并确保它们能够相互协调和补充。

（4）编写最终策划方案

将整合和优化后的建议整理成最终的活动策划方案，确保整理后的方案内容清晰明了，包含活动目标、时间安排、活动内容、参与者互动、预算分配等关键要素。注意方案各部分之间的衔接和逻辑关系，以确保活动的流程和内容有条不紊地展开。

13.2.2 应用2：调查研究方案

公司行政文秘人员通过借助ChatGPT撰写调查研究方案，可以获取有关研究设计、数据收集和分析方法的知识，确保方案的高质量和可行性。此外，ChatGPT还可以节省时间和精力，快速获取所需信息，提高效率并降低错误风险，帮助行政文秘人员编写出更完整、准确且高质量的调查研究方案。

使用ChatGPT编写一个调查研究方案有以下几个步骤。

1.向ChatGPT提问

（1）提供背景信息

描述行政文秘人员的职位和角色，以及行政文秘人员所属的公司或所在行业。同时，提供此次调查研究的背景信息，确保ChatGPT理解行政文秘人员的工作背景和需求。行政文秘人员可以这样提问："我是一名公司行政文秘人员，目前在一家IT咨询公司工作。我计划进行一项关于员工满意度的调查研究，以帮助我们改进员工福利和工作环境"。

（2）定义研究目标

清晰地说明行政文秘人员的调查研究目标和想要解决的问题。确保问题具有明确的范围和目标，以便ChatGPT能够提供相关的建议和信息。如"我希望了解员工对公司文化、福利设计和领导力等方面的看法和满意度水平。此外，我还想了解员工对工作环境、培训机会和职业发展的期望"。

（3）细化问题

当行政文秘人员对方案的某一点存在疑惑的时候，可以将整体问题分解为具体的子问题，逐步探讨各个方面，帮助ChatGPT提供更详细和具体的回答。例如：有什么常用的调查工具或指标，可以衡量员工对公司文化和领导力的满意度？

> ST 我是公司的一名行政文秘人员，现在要策划一个员工满意度的调查研究方案，可以为我提一些建议吗？

> 当你作为公司的行政文秘人员策划员工满意度调查研究方案时，以下是一些建议可以帮助你：
> 1. 确定调查目的：明确你希望通过员工满意度调查了解的问题，例如员工对工作环境、福利待遇、领导力等方面的满意度。
> 2. 定义调查范围：确定调查的覆盖范围，包括调查对象（全体员工还是特定部门）、调查时间周期和频率等。
> 3. 设计调查问卷：构建一份综合的调查问卷，涵盖不同方面的员工满意度。确保问题具体、明确，使用简洁的语言，避免主观性和引导性问题。可以包括关于工作环境、薪酬福利、晋升机会、培训发展等方面的问题。
> 4. 保障匿名性和保密性：强调调查的匿名性和保密性，这样员工会更愿意提供真实的反馈意见。确保调查过程和数据处理过程中的保密性和隐私保护。
> 5. 选择适当的调查方式：考虑使用在线调查工具或纸质调查问卷，根据公司的规模和员工分布情况选择最合适的方式。在线调查可以提供方便的数据收集和分析，同时也能确保数据的匿名性。
> 6. 确定样本选择：根据公司规模和员工分布情况，确定样本的代表性和有效性。可以使用随机抽样或分层抽样的方法，确保样本能够准确代表整个员工群体。
> 7. 确定数据收集和分析方法：考虑如何收集和整理调查数据，以及使用哪些统计方法来分析数据。可以使用数据分析软件或工具，对数据进行整理和统计分析。

（截图仅展示了部分回答内容）

2.追问ChatGPT

（1）进一步解释

如果ChatGPT给出的回答还不够详细或不够清晰，行政文秘人员可以要求进一步解释或提供更多细节。追问举例如下：

①你能详细说明一下关于样本选择的最佳实践吗？

②请进一步解释关于数据分析方法的建议。

（2）比较和对比

请求ChatGPT对不同方法、工具或策略进行比较和对比，以帮助行政文秘人员做出更明智的决策。追问举例如下：

①你能比较一下在线调查和面对面调查的优缺点吗？

②对于员工满意度调查，你认为定量方法和定性方法哪种更适合？

（3）引用研究和案例

询问ChatGPT是否了解相关的研究、案例或经验，并请求提供相关的参考资料或实际应用的例子。追问举例如下：

①有没有关于员工满意度调查的先前研究或案例，可以为我的研究提供参考？

②是否有一些成功的企业在员工满意度方面采取了特定的措施，可以作为我们的借鉴？

（4）探索方法的局限性

询问ChatGPT关于特定方法、工具或策略的局限性和限制，以便行政文秘人员能够全面考虑研究的可行性和有效性。追问举例如下：

①在使用在线调查工具时，有没有一些常见的限制或问题需要注意？

②关于员工满意度调查，有哪些潜在的偏差或误差可能影响调查结果？

3.整合与优化内容

（1）回顾和整理信息

行政文秘人员要仔细阅读ChatGPT提供的信息，包括背景、目标、研究问题、方法和数据收集等方面的内容。确保理解每个部分的要点和细节。

（2）确定关键要素

识别出对调查研究最重要的关键要素和问题。这可能涉及调查研究方案的核心内容、样本选择、数据收集方法和数据分析等方面。

（3）整合信息

将相关的信息整合在一起，建立一个完整的调查研究方案。确保每个部分之间的逻辑和连贯性。

（4）优化方案

审查和优化方案，确保方案具备以下几个特点：

①目标导向。确保调查研究方案与改进员工福利和工作环境的目标一致。

②可操作性。保证方案在实施过程中是可行的，充分考虑了时间、资源和技术限制。

③有效性。确保调查研究方法和工具能够收集到准确、可靠的数据，以支持最终的分

析和结论。

（5）伦理考虑

确保方案符合伦理准则，尊重员工隐私并保护数据安全。

通过整合和优化，行政文秘人员可以快速策划并撰写出一个详细完整，具备可行性的调查研究方案。下面是针对上述例子的完整调查研究方案，供参考。

员工满意度调查方案

一、研究目的和背景

作为一名公司行政文秘人员，正在计划进行员工满意度调查研究，旨在改进员工福利和工作环境，提高员工满意度和工作效率。调查结果将为公司的管理决策提供有价值的参考。

二、研究对象和样本选择

将调查对象定为公司所有在职员工，包括各部门和职位层级。为确保研究对象具有代表性，可采用随机抽样或分层抽样的方法，选择一定比例的员工作为样本。

三、调查内容

1.个人信息。调查员工的基本个人信息，如年龄、性别、工作部门、职位等。

2.员工福利。了解员工对公司福利制度的满意度，包括薪酬、健康保险、年假、培训机会等方面。

3.工作环境。调查员工对工作环境的评价，包括办公设施、工作氛围、团队合作、工作压力等方面。

4.职业发展。了解员工对于晋升机会、职业发展规划及培训机会的看法和需求。

5.沟通与反馈。调查员工对公司内部沟通与反馈机制的满意度，包括上级反馈、团队沟通、员工参与决策等方面。

四、调查方法

1.问卷调查。设计一份结构合理的调查问卷，包括封闭式选择题、开放式问题和评分题等，以全面了解员工的意见和建议。可以选择在线调查平台或电子邮件发送问卷，并设定截止日期。

2.面对面访谈。选择一部分员工进行个别或小组访谈，以深入了解其对于某些问题的看法，并提供更具体的建议和意见。

五、数据收集和分析

收集问卷和访谈数据后，进行数据整理和分析。可以使用统计软件（如SPSS）进行定量分析，计算各项指标的得分和统计结果。同时，对于开放式问题和访谈内容，进行内容分析和归纳，提取关键词和主题。

六、结果呈现和报告

将调查结果进行呈现和报告，采用图表、统计数据和文字描述等形式，清晰地展示员工满意度的整体情况和各项指标的得分情况。同时，提出改进建议和行动计划，为公司管理层制定相关政策和措施提供参考。

七、行动计划和改进措施

基于调查结果和报告，制订一套行动计划和改进措施，包括提升薪酬福利、改善工作环境、加强沟通与反馈机制、提供职业发展机会等方面。确保这些措施能够有效地改善员工满意度和工作环境。

八、跟踪和评估

定期跟踪和评估改进措施的实施效果，通过再次进行员工满意度调查或其他形式的反馈机制，了解员工对改进措施的反应和评价，进一步优化和调整措施，实现持续改进。

13.2.3 应用3：会议接待方案

随着人工智能技术的不断发展，作为一名行政文秘人员，在制定会议接待方案时除了采取常规的工作步骤外，还可以借助人工智能助手如ChatGPT来快速获取相关信息、获得灵感和建议，提升工作效率和创造力，以更好地策划和执行会议接待方案。

行政文秘人员在使用ChatGPT协助策划一份会议接待方案时，可以按照以下工作步骤来进行。

1. 向ChatGPT提问

（1）设置身份和场景

设置一个身份，并且将行政文秘人员面临的工作描述出一个场景，可以让ChatGPT能更好地代入行政文秘人员所处的情况中，为行政文秘人员设身处地地提供一些建议与支持。如"我是一名行政文秘人员，我需要策划一场以'可再生能源和清洁技术'为主题的会议……"

（2）提出具体问题

确保提出的问题是具体明确的，以便ChatGPT能够给出具体的答案和建议。避免模糊和宽泛的问题，尽量提供详细的背景信息和要求。如"如何安排会议期间的茶歇和饮食服务？""有什么适合接待高级客户的独特活动建议吗"等。

（3）确定提问的范围

明确行政文秘人员希望ChatGPT提供帮助的特定方面或主题，以便它能够更有针对性地回答问题。如"请提供几个在会议期间提供晚宴的餐厅推荐""如何组织一个成功的欢迎仪式"等。

> GD 我是一名行政文秘人员，我需要策划一场以'可再生能源和清洁技术'为主题的会议，现在需要做一份会议接待方案，请给我一些可行的建议

> 当您需要策划一场以"可再生能源和清洁技术"为主题的会议时，以下是一些建议，可帮助您制定会议接待方案：
> 1. 主题场地选择：选择一个与主题相关的场地，例如可再生能源发电站、清洁技术研究中心或环保科技园区。这将为与会人员提供一个直观的学习和体验环境。
> 2. 演讲嘉宾邀请：邀请业界知名专家和学者作为主题演讲嘉宾，分享他们在可再生能源和清洁技术领域的研究成果、创新理念和最新趋势。
> 3. 分论坛和小组讨论：组织分论坛和小组讨论，以促进与会人员之间的互动和知识分享。可以安排专题讨论，涵盖太阳能、风能、生物能源等不同方面的可再生能源和清洁技术。
> 4. 展览和科技展示：安排展览区域，展示最新的可再生能源技术和清洁技术产品。邀请相关企业、创业公司和科研机构展示他们的创新解决方案和成果。

（截图仅展示了部分回答内容）

2.向ChatGPT展开追问

（1）请求具体细节

如果ChatGPT给出的只是一个概括性的笼统回答，可以要求其提供更具体的细节或具体的实施步骤。如"您能详细说明一下如何制订一个成功的欢迎仪式计划吗？""请提供一些关于会议茶歇的具体建议"等。

（2）设置限制和预算

可以将特定的限制条件或预算要求明确向ChatGPT提出，并要求根据这些限制给出相应的建议。如"如果我们只能在会议期间安排一次团建活动，您有什么建议？"

（3）请求优缺点比较

如果ChatGPT给出了一些建议或方案，追问时可以要求它对不同选项的优缺点进行比较，以帮助行政文秘人员做出更明智的决策。如"能否对两个不同的会议场地进行比较，包括优劣势和适用情况""可以列举一些常见的接待活动，然后对它们的优点和限制进行比较吗？"等。

> 在绿色交通和住宿方面，你能给我一些更详细的建议吗？

当涉及到绿色交通和住宿时，以下是一些更详细的建议，可以帮助您在会议期间选择环保的交通方式和住宿场所：

绿色交通建议：

1. 公共交通：鼓励与会人员使用公共交通工具，如地铁、公交车或轻轨。提供与会人员所在地区到会议场地的公共交通线路和时刻表，以方便他们选择公共交通出行。
2. 共享交通服务：推荐使用共享交通服务，如出租车共享、网约车和拼车服务。提供相关信息和推荐应用程序，方便与会人员共享交通资源，减少车辆拥堵和碳排放。
3. 自行车和步行：鼓励与会人员使用自行车或步行作为短途出行的方式。提供安全的自行车停车场和步行指南，以鼓励健康的出行方式并减少尾气排放。
4. 电动交通工具：为与会人员提供电动汽车充电设施，并鼓励他们使用电动交通工具。与当地电动汽车充电站合作，为与会人员提供方便的充电服务。
5. 碳抵消计划：考虑与碳抵消计划合作，为与会人员提供机会补偿其交通排放。合作伙伴可以通过投资可再生能源项目或进行森林保护计划来抵消与会人员的碳排放。

> 请详细说明一下可持续餐饮选择这一项

可持续餐饮选择是指在会议期间提供环保、健康的餐饮选项，以减少对环境的影响，并促进可持续发展。这些餐饮选择强调使用可持续的食材、减少浪费、降低碳排放，以及支持当地社区和农民。以下是一些可持续餐饮选择的具体措施：

1. 素食和植物性选项：提供丰富多样的素食和植物性选项，以减少肉类消耗和碳足迹。植物性餐饮不仅对环境友好，还符合一部分与会者的宗教或文化要求。
2. 有机食材：选择使用有机种植的食材，避免使用化学农药和化肥，减少对土地和生态系统的负面影响。
3. 当地食材：优先选择当地的食材和产品，减少运输距离和碳排放。这样还能支持当地农民和社区的可持续发展。
4. 少包装和可回收餐具：尽量避免使用一次性塑料餐具和包装。选择使用可回收、可生物降解的餐具，或鼓励与会者自带环保餐具。
5. 食物浪费减少：合理估计与会人员的用餐量，减少食物浪费。采取措施进行食物回收或捐赠剩余食物给慈善机构。

（截图仅展示了部分回答内容）

3.整合与优化内容

（1）审视和评估

对ChatGPT所有的回答进行仔细审查，同时考虑本次会议的预算、会议目标和参会人员的需求，辨别哪些建议对会议接待方案最具价值和适用性，对所提供的信息和建议进行筛选。

（2）做好预算控制

根据可用的预算，对每个方面进行预算控制，寻找经济高效的解决方案，以确保预算的合理分配。

（3）撰写接待方案

整理并撰写一份详细的接待方案，包括接待流程、时间计划表、接待人员联系信息、场所和餐饮安排、交通指南等信息，以便参会人员参考和遵循。

通过以上提问、追问、整合优化步骤，结合ChatGPT为行政文秘人员提供的信息及建议，相信行政文秘人员一定很快能完成一份优秀会议接待方案。